贵州省一流大学建设农村区域发展专业一流师资团队建设培育项目（黔教办高〔2017〕86号）成果

# 风险控制、投资动机与制度质量

## ——"一带一路"能源投资模式选择

翟玉胜　著

WUHAN UNIVERSITY PRESS
武汉大学出版社

图书在版编目(CIP)数据

风险控制、投资动机与制度质量:"一带一路"能源投资模式选择/
翟玉胜著.—武汉:武汉大学出版社,2018.12
ISBN 978-7-307-18271-4

Ⅰ.风…　Ⅱ.翟…　Ⅲ.能源—海外投资—投资风险—研究—中国
Ⅳ.F426.2

中国版本图书馆 CIP 数据核字(2018)第 291092 号

责任编辑:陈　红　沈岑砚　　责任校对:汪欣怡　　版式设计:马　佳

出版发行:**武汉大学出版社**　(430072　武昌　珞珈山)

(电子邮箱:cbs22@whu.edu.cn　网址:www.wdp.com.cn)

印刷:北京虎彩文化传播有限公司

开本:720×1000　1/16　印张:16.75　字数:298 千字　插页:1

版次:2018 年 12 月第 1 版　　2018 年 12 月第 1 次印刷

ISBN 978-7-307-18271-4　　定价:40.00 元

# 前　言

习近平提出的"一带一路"倡议是为破解人类发展难题而贡献的"中国方案"。"一带一路"倡议是使相关国家人民受益的全面而坚实的合作，是建立人类命运共同体的"中国智慧"。能源以其独特的战略性特质影响着国际经济的活力、世界政治的稳定以及全球居住的环境。当前国际能源供需格局、能源技术和能源地缘政治都在发生深刻变化。尤其是全球能源增量消费中心从发达国家向亚太地区国家转移；以美国页岩气技术为代表推动着非常规油气发展，迫使中东、非洲、南美、中亚等传统能源供给国"向东看"的趋势不断固化。而中国以能源消费体量优势，取得了世界能源变革格局的主导地位。

从能源消费结构来看，在中国，传统能源在未来相当长的时间内仍会处于主导地位，这样就存在着石油天然气供给不足和煤炭生产能力过剩的现实矛盾。这些现实矛盾的存在，加剧了中国油气进口的依赖性和煤炭清洁技术改善的复杂局面，由此引发了能源供应与社会环境可持续发展的一系列挑战。在应对矛盾和挑战的各种预案中，中国能源企业"走出去"配置国内外两种资源、发挥国内外两个市场作用是重点方案之一。因此，本书依据国际投资理论、风险管理理论和制度理论，对中国能源企业海外投资模式选择的决定因素进行综合性剖析与措施重构。

本书评价中国能源企业海外投资发展现状，为投资模式选择研究奠定历史基础。首先梳理中国油气、煤炭企业海外投资的发展历史，概括央企投资主体和并购主导模式两大特征。以中石油、中石化、中海油、神华集团、兖州煤业等12家能源企业的跨国指数作为被解释变量，以企业微观指标和中国开放度作为解释变量，对中国能源企业 ODI 的阶段性现实进行实证研究。根据固定效应估计法的结果，能源企业总资产、资产息税前利润率和中国开放度对跨国指数存在显著正向效应，但是反映投资绩效的资产息税前利润率对海外投资的

1

促进作用最小。实证结果与中国能源企业投资过于短期化和忽视经济效益问题相一致；而问题产生与模式选择不当、投资溢价成本突出和企业体制性障碍相关。这个实证分析是研究的主线，即中国能源企业投资模式选择的决定因素是风险控制、投资动机和制度质量。

接下来探究能源企业投资模式区域分布和区域风险评价，并对中国石油、天然气和煤炭等能源企业海外投资的绿地投资、并购投资、非股权投资等模式进行理论界定；根据 2002—2014 年电力、油气和煤炭 17 家企业样本数据，统计投资模式与区域分布，并分析六大区域中国家采矿业投资存量、政治、经济和社会的基本特征。对能源企业投资存在的风险因素进行识别，并建立了 3 个大项、6 个二级指标和 21 个三级指标的风险评价体系，对 41 个样本国家和所属的六大区域、"一带一路"沿线国家的政治、经济和社会风险进行因子分析。实证的结论是，样本所涉及的发达经济体国家的投资风险评级结果普遍高于发展中经济体。发展中国家投资风险排名靠后的国家，集中在中东、非洲、南美洲和东南亚国家。从地区投资风险总体评价结果来看，投资风险从小到大的地区依次为北美洲、亚太地区、欧洲及欧亚大陆、中南美洲、中东国家、非洲。"一带一路"沿线国家除新加坡外总体风险处于负值区域。

其次，进一步研究投资动机、制度质量与能源企业投资模式选择的关系。建立多元选择 Logit 模型，以 2002—2014 年 17 家能源企业面向 41 个国家的110 起投资项目为样本，研究制度质量（包括政治民主度、政权稳定性、政府效率、监管质量、腐败控制、法治规则六类制度维度质量）和投资动机（市场寻求型、技术寻求型、资源寻求型）对中国能源企业 ODI 模式选择的影响。分别讨论了投资动机与总体制度质量对投资模式选择的影响，投资动机与各制度维度质量对投资模式的影响，投资动机和总体制度质量对投资模式的交互影响和面向不同地区投资动机和制度质量对投资模式的异质性的影响。研究发现，市场寻求型动机和技术寻求型动机对投资模式选择的影响显著；资源寻求型动机和总体制度质量对投资模式的作用并不显著。在能源企业面向"一带一路"沿线国家的投资模式选择会展现出差异化的投资动机，总体制度质量未表现出异质性偏好。

基于"一带一路"煤炭投资和国家能源通道风险分析及中国能源企业海外投资实践案例，讨论了混合型投资模式、非洲模式、委内瑞拉模式、哈萨克斯坦模式和煤炭投资模式等。这些模式与不同区域制度、区域风险管理相匹配。重点对兖州煤业澳大利亚并购案例进行分析，归纳谨慎选择投资区域、合理选用并购模式的成功经验和存在的风险。

最后，根据事实分析与实证结果，建议中国能源企业海外投资应从投资区域、投资模式与风险管控综合思考入手，分区域整合投资措施。应以"一带一路"倡议为指引，与资源国、国际能源公司等多方合作，以非股权投资模式为主导，逐步形成以中国资本和市场为支撑，能源、先进技术获取与能源的技术服务、工程建设和装备制造输出相结合的双向互惠、共建共享链式投资模式。

本书聚集能源企业海外投资模式，以油气、煤炭和电力企业对外直接投资为研究样本，突破原来单一行业碎片式研究范式；运用国际投资理论、风险管理理论与制度理论整体思考，将投资模式选择和区域风险控制、投资动机、制度质量等因素联系起来形成多视角的研究框架，为能源企业海外投资的模式选择提供了相对完整的理论框架，拓展了能源投资研究的新边界。运用统计、计量和案例分析相结合的综合研究方法，在事实描述和统计分析、计量实证的基础上，提出了能源企业海外投资模式与影响因素综合实证框架，建构了风险控制、投资动机和制度质量的多维相互支持的评估体系。案例分析从总体实践到个体案例，再次证明了能源企业海外投资模式与风险控制、投资动机和制度质量的关系。

本书基于多维视角研究，认为能源企业海外投资属于国家战略主导型投资，中国能源企业海外投资是有效和有竞争力的，应当继续推进。但是要建立系统化风险控制体系，以区域风险评价为依据，按投资动机、制度质量来选择投资模式，分区域整合投资策略，完善能源投资风险防范的支持性制度体系。着重从"一带一路"总体布局出发，以中国资本和市场为支撑，实现能源和先进技术的获取与能源的技术服务、工程建设和装备制造输出相结合，致力于以市场与技术双重优势来巩固世界能源变革中的地位。

本课题研究持续了五年之久。这五年正是"一带一路"倡议逐渐取得世界认可和共识的五年，相信"一带一路"倡议将成为中国梦最为辉煌的篇章。在课题研究的道路上，有许多老师、同学和朋友让我难言感谢！他们的治学力道、家园情怀和知识风骨，让我终生受益。我以虔诚之心，向恩师曹阳教授、李润国研究员、徐黎明博士后和好朋友谌仁俊博士、胡继亮博士、钟君博士等所有帮助过我的人，说声"谢谢"！向武汉大学出版社的胡荣编辑等为书籍出世而踏实付出的好朋友，说声"辛苦您了"。

　　本书对"一带一路"投资研究仍然处于基础性层次。国际政治环境可能发生颠覆性改变，民族意识与技术创新、制度创新可能对海外投资的影响力日渐加强，该领域研究将是可持续性的课题。由于作者的知识能力、研究方法有限，不妥之处，敬请批评指正。

作　者

2018 年 10 月于武陵山

# 目　　录

# 第一章　绪　　论

## 一、研究背景与意义

2013 年，出于对世界大发展大变革大调整形势的观察和思考，习近平提出"一带一路"倡议。这个破解人类发展难题的"中国方案"，顺应了全球治理体系变革的内在要求，彰显了同舟共济、权责共担的命运共同体意识。共建"一带一路"倡议及其核心理念已被纳入联合国、二十国集团、亚太经合组织、上合组织等重要国际机制成果文件。中国以共建"一带一路"为实践平台推动构建人类命运共同体。2016 年 9 月《建设中蒙俄经济走廊规划纲要》公布，同年 10 月份，中国与哈萨克斯坦联合发布的《"丝绸之路经济带"建设与"光明之路"新经济政策对接合作规划》正式启动实施。在"一带一路"框架下双边合作规划和国家间的政策协调（包括俄罗斯的欧亚经济联盟、东盟的互联互通总体规划、土耳其的"中间走廊"、越南的"两廊一圈"、英国的"英格兰北方经济中心"、波兰的"琥珀之路"等）都坚持对话协商、共建共享、合作共赢，谋求合作的最大公约数，推动各国加强政治互信、经济互融、人文互通，实现共同发展。5 年来，已有 100 余个国家和国际组织同中国签署了近 120 份共建"一带一路"的合作协议。共建"一带一路"，大幅提升了我国贸易投资自由化、便利化水平，形成了陆海内外联动、东西双向互济的开放新格局。同时，海外投资成为拉动全球对外直接投资增长的重要引擎。5 年来，我国对"一带一路"相关国家直接投资超过 700 亿美元，在相关国家建设 82 个境外经贸合作区，总投资 289 亿美元，为当地创造 24.4 万个就业岗位和 20 多亿美元税收。双边货物贸易累计超过 5 万亿美元，成为 25 个相关国家最大贸易伙伴。其中能源独特的战略属性，影响着国际经济的活力、世界地缘政治的稳定以及全球环境的未来。自进入工业社会以来，国家能源结构调整经历了从传统柴薪能源到以煤为主的能源结构，再到石油和天然气主导的时代。历史告诉我们，每次能源革命都将导致生产方式和政治结构发生变革。

进入 21 世纪以来，国际能源供给格局和地缘政治局面正在发生深刻变化。油气消费"东进"和能源供给"西移"的趋势，改写着世界经济乃至地缘政治版图。面对新的问题，保持定力，用发展、合作的办法，解决发展合作中的问题，不断完善保障体系和国际合作机制，推进共建"一带一路"走深走实，行稳致远。

（一）世界能源需求重心东移　亚太消费增长幅度最大

埃克森美孚发布的《2030 年能源展望报告》和英国石油公司（British Petroleum，BP）发布的《BP 2030 年世界能源展望》都预测，未来世界能源需求量增速最快的地区为发展中国家和地区。根据英国石油公司预测，中国、印度将成为能源需求增量最多的国家。中国能源消费量分别在 2007 年、2010 年和 2012 年超过欧盟、美国（见图 1-1）和整个北美。

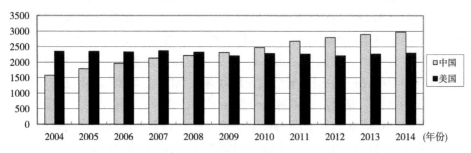

图 1-1　中国与美国一次能源消费量比较（单位：百万吨油当量）

资料来源：根据《BP 世界能源统计年鉴 2015》整理。

**1. 石油消费变化趋势**

世界进入石油相对过剩的时代之后，国际供需市场格局朝区域化方向发展的趋势十分明显。欧洲与北美、亚太市场是世界石油消费主力。中国的石油消费从 2003 年的 38964 万吨标准煤增加到 2013 年的 69000 万吨标准煤，增长幅度为 77.1%。中国从 2009 年原油进口依存度达到 50% 国际警戒线后，2011 年超越美国的 53.5% 达到了 55.2%。据中国石油集团经济技术研究院发布的《2015 年国内外油气行业发展报告》估算，2015 年石油表观消费量约为 5.43 亿吨，对外依存度突破了 60%。预计到 2020 年石油消费量约为 6 亿吨，到 2030 年石油需求保障的 80% 需要国外供给。

**2. 天然气消费变化趋势**

全球天然气形成了北美、欧洲和亚太三大消费市场。21 世纪以来全球天然气消费增长 42%，年均 2.6%。其中亚太地区天然气消费增长了 1.2 倍，年均增速达 6.3%，成为仅次于北美的第二大消费区。全球液化天然气（以下简称 LNG）现货交易自 2000 年以来已经增长 12 倍，LNG 贸易与管道贸易的现有比例为 31∶69。全球主要天然气消费国消费现状如表 1-1 所示，中国天然气消费增长趋势预测如图 1-2 所示。

表 1-1　　　　　　　　　　**全球主要天然气消费国消费现状**

| 国家 | 用途 | 经营商 | 未来需求 |
|---|---|---|---|
| 日本 | LNG 主要用于发电和城市燃气，2013 年发电 LNG 用量占 70% | LNG 进口的操作单位集中于东京电力、中部电力等燃气发电公司 | 全球 LNG 进口量最大的国家。预测 2020 年天然气在一次能源消费中的份额将达到 24% |
| 韩国 | 天然气消费的 60% 为城市燃气，40% 为电力工业 | 韩国天然气公司（KOGAS）是国有垄断燃气公司。是全球最大的 LNG 单一买家 | LNG 进口总量处于世界第二位。天然气在一次能源供应中比例为 15% 左右 |
| 印度 | 天然气发电、化肥工业消费占比约 33% 和 28%；其他部分用于居民生活 | GAIL 负责国有天然气加工及分销。同 BG、俄气、Cheniere 等签订长期购买协议 | 全球第四大 LNG 进口国，LNG 消费量占全球总量的 6% |
| 美国 | 美国居民用气占 22%，商业用气占 14%，工业用气占 30%，发电用气占 33% | 《FERC636 号法令》强制实施销售和输送业务分离，用户有权自由选择服务商 | 发电用气年均增长速度为 2.7%。预计 2040 年前发电用气将以年均 0.8% 的速度继续增长 |
| 中国 | 国内居民消费为主，发电比例低于主要消费国 | 天然气进口依赖海上通道。国有企业垄断大部分市场供应 | 天然气消费比例为 6%，CNG 和 LNG 汽车保有量处于世界前列 |

资料来源：根据东方财富网信息整理，2015 年 12 月 24 日。

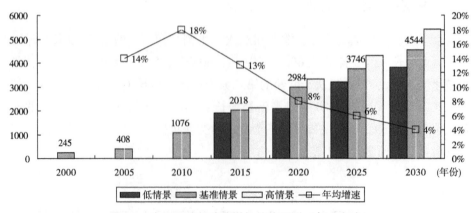

图 1-2　中国天然气消费增长趋势预测（亿立方米）

资料来源：中国石油集团经济技术研究院。

但是受全球经济增长放缓、煤炭和核电与可再生能源的替代效应等多种因素的影响，全球天然气需求增速明显回落。2014 年全球天然气消费仅增长了 0.4%；全球天然气贸易占全球消费也收缩了 3.4%。全球液化天然气（LNG）价格持续走低，已导致亚太 LNG 市场价格由 2014 年的每百万英热单位 15.6 美元下降到 2016 年初的 4 美元，降幅高达 74%。2016 年世界天然气产量仅增长 0.3%，是除 2008 年金融危机之外的天然气产量增长最低的一年。世界天然气消费总量仅上升 15%，低于十年平均增长率。2009—2030 年世界天然气主要地区增量预测如图 1-3 所示。

近年中国天然气消费量增长幅度居世界首位，占世界天然气消费总量的 5%。中国天然气对外依存度 2015 年达到了 32.7%，管道气和 LNG 进口量分别占比 56.7% 和 43.3%。世界天然气市场对中国的影响显著增强。

### 3. 煤炭消费变化趋势

由于能效提高、电力需求减少、燃煤向燃气转型、可再生能源项目扩张以及大气污染防治等诸多因素影响，全球煤炭需求结构性下降日益成为共识①。世界煤炭消费在一次能源消费中的占比已经跌至 2014 年的 30.0%。欧盟煤炭消费市场总量基本稳定在 7 亿~8 亿吨。美国燃煤发电量占总发电量的比重下

---

① 巴黎气候变化大会．全球煤炭消费已达峰值电煤需求萎缩［EB/OL］．中商情报网，http：//www.askci.com/news/chanye/2015/12/06/15256o9nx.shtml，2015-12-06.

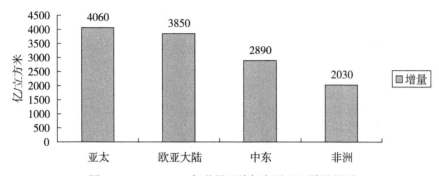

图 1-3　2009—2030 年世界天然气主要地区增量预测

资料来源：根据《BP 世界能源统计年鉴 2017》整理。

降至 2013 年的 39%，页岩气发电的比重上升到 30.6%。

目前，南亚、东南亚、非洲是煤炭消费的重要市场。亚洲仍处于煤炭消费量上升的阶段，其中印度、孟加拉国、马来西亚和泰国煤炭需求增长最快。南非煤炭消费占一次能源比重为 73.4%，其中燃煤发电是最大消费市场，占到全部电力的 90%。

煤炭是中国能源消费的主导燃料，占一次能源比重为 66%。近年煤炭消费比重总体呈现逐年下降趋势。按照《中国能源统计年鉴 2014》修正后的数据来计算，2014 年煤炭消费为 35.1 亿吨，占世界煤炭消费量的 50.6%，同比下降 2.9%；2015 年全国煤炭销量 34.61 亿吨，消费需求继续萎缩 5.96%。中国 2007—2015 年煤炭消费量如图 1-4 所示。

本书对中国能源需求侧的总体评价是，因中国经济增长动力从要素驱动、投资驱动转向创新驱动之后，能源需求总量及结构将发生深度改变。中国政府在《能源发展战略行动计划（2014—2020 年）》中提出，2020 年中国的能源消费总量控制在 48 亿吨标准煤；《中国能源展望 2030》报告预计，2016—2030 年能源消费年均增长 1.4%。事实上，中国 2015 年能源消费同比增长 0.9%，创下了自 1999 年以来的最低增速①。这些都标志着中国能源消费已进入整体宽松阶段，相对应的是能源产业将步入深度调整期。中国的石油消费预计 2025—2030 年接近峰值，煤炭消费占能源消费比重将降低 5.4%，天然气预

---

① 国家统计局. 2015 年中国能源消费同比增 0.9% ［EB/OL］. 新浪网，http：// finance. sina. com. cn/roll/2016-02-29-doc-ifxpvutf3673351. shtml？ cre = financepagepc&mod = f&loc = 3&r = 9&rfunc = 33，2016-02-29.

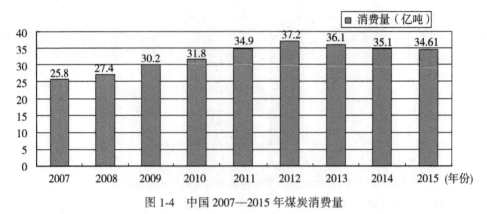

图 1-4 中国 2007—2015 年煤炭消费量

资料来源：根据《中国能源统计年鉴 2014》整理，2014 年、2015 年数据来自媒体。

计占能源消费总量的比重将升至 12%。

## （二）世界能源供给中心西进 美国可能重塑世界能源平衡

### 1. 全球石油的供给变化

目前，石油生产国在美国启动的新工业革命和新能源革命中噩梦连绵。委内瑞拉和尼日利亚、阿塞拜疆的货币崩溃，深陷经济危机；巴西和俄罗斯的经济处于严重衰退的边缘；沙特阿拉伯面临严重财政危机。中东地区石油全球供给比重已经从 1990 年的 75.7% 下降到 2010 年的 54.4%。大西洋两岸的加拿大和委内瑞拉的油砂带、美国的页岩油、巴西和西非的深海油气资源开发，使得西半球成为油气增长最活跃的地区。其中，美国是非石油输出国组织（OPEC）中石油产量增长最大的国家。美国能源信息署（以下简称 EIA）预测，2020 年可能占到全球新增原油供应的 1/3 左右，石油自给率有可能上升至 70%。

伴随着伊朗西方制裁的解除，全球石油供给日益多元化，无疑将加剧石油供给的过剩。而石油资源国的供给竞争，也使得石油价格的低价时期延长。于是，在传统能源国和新兴经济体的供需博弈中，中国消费需求成为影响全球油价未来走势的关键要素。为此，原油出口大国的俄罗斯、沙特、伊朗为争夺中国市场展开了激烈竞争。

**2. 全球天然气的供给变化**

天然气是世界各国能源发展的重点。据国际能源组织（IEA）的预测，2020 年全球天然气产量将达到 $3.94 \times 10^{12} m^3$，2035 年将达到 $4.96 \times 10^{12} m^3$。未来天然气出口增量主要集中在俄罗斯、里海地区、中东和非洲。美国自 2005 年以来天然气产量增长 35%，页岩气产量占比增至 44%。美国于 2009 年超过俄罗斯成为全球第一大生产国，使得非洲、拉美和加勒比地区的天然气供给国重要性在减弱。随着欧洲对俄罗斯天然气的依赖程度趋向降低，俄罗斯正在加快俄东部地区的天然气开发，东部天然气资源量将占俄天然气总量的 27%。

全球液化天然气（LNG）产能目前是 3 亿吨，2016—2020 年天然气产量将步入迅猛增长期，天然气供给将逐渐宽松，甚至可能出现供大于求的局面。

中国天然气资源禀赋较差，除地面条件复杂外，还具有成藏时代老、埋藏深（多位于 3000 米）、物质条件差（低渗致密）、圈闭类型复杂等特点，致使勘探难度和成本高于国际水平。国内气田进入中后期开发阶段，天然气自给率逐年降低。基于中国天然气的资源情况和消费增长现实，发展天然气工业必须利用国外资源。中国天然气海外供给，既有来自管道陆上输送，又有海运液化天然气供应（见表 1-2）。而世界天然气产量主要集中在埃克森美孚、壳牌、康菲等全球一体化石油天然气公司、独立石油天然气公司和天然气专业化经营公司手里，它们通过兴建管道或控制管道来达到控制天然气市场份额的目的。

表 1-2　　　　　　中国天然气的来源（单位：亿立方米）

| 年份 | 国内生产量 | 管道进口量 | LNG 进口量 | 共计 | 消费量 | 自给率% |
|---|---|---|---|---|---|---|
| 2006 | 586 | — | 10.0 | 596.0 | 561 | 104 |
| 2007 | 692 | — | 38.7 | 730.7 | 705 | 98 |
| 2008 | 803 | — | 44.4 | 847.4 | 813 | 99 |
| 2009 | 852 | — | 76.3 | 928.3 | 895 | 95 |
| 2010 | 968 | 35.5 | 128 | 1131.5 | 1090 | 89 |
| 2011 | 1025 | 143 | 166 | 1334 | 1307 | 78 |
| 2012 | 1072 | 214 | 200 | 1486 | 1438 | 75 |
| 2013 | 1171 | 274 | 245 | 1690 | 1616 | 72 |

续表

| 年份 | 国内生产量 | 管道进口量 | LNG 进口量 | 共计 | 消费量 | 自给率% |
|------|-----------|-----------|------------|------|--------|---------|
| 2014 | 1345 | 313 | 271 | 1929 | 1855 | 73 |
| 2015 | 1318 | 353 | 270 | 624 | 1910 | 67.3 |
| 2016 | 1390 | | 300 | | 2000 | 66.3 |

资料来源：根据《BP 世界能源统计年鉴 2012》整理。

2015 年主要产煤国煤炭产量和出口汇总如图 1-5 所示。

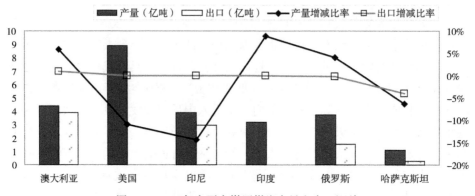

图 1-5　2015 年主要产煤国煤炭产量和出口汇总
资料来源：根据中国煤炭市场网数据整理。

### 3. 世界煤炭的供给变化

世界煤炭资源可采储量的 77%以上分布在美国、俄罗斯、中国、澳大利亚、印度、德国和南非等国家。全球煤炭供给和消费的市场主要集中在亚太地区。印度煤炭储量居世界第五，而 2014 年的煤炭生产只有 6.44 亿吨，不能满足国内能源需求。印度尼西亚是全球最大的动力煤出口国，煤炭主要分布在卡里曼岛和加里曼丹岛，煤炭可采储量占世界总量的 0.6%。澳大利亚是世界煤炭第一出口大国，过去 20 年内煤炭出口占世界总量的 28%。澳大利亚煤炭可采储量 764 亿吨，占世界总量的 8.9%。其他煤炭生产国家中，俄罗斯的煤炭资源主要分布在亚洲。蒙古的煤炭勘探储量为 1000 亿吨，南部戈壁经济区储量为 497.853 亿吨，占该国储量的 30.6%。

中国是全球煤炭供应产量最大的国家。截至 2014 年底，中国煤炭探明储

量为 114500 百万吨, 其中无烟煤和烟煤为 62200 百万吨, 次烟煤和褐煤为
52300 百万吨, 占世界煤炭探明储量的 12.8%, 储采比仅为 31, 远低于世界
109 的均值 (见表 1-3)。

表 1-3                    中国煤炭可采储量 (单位: 亿吨)

| 地区 | 年度 | 无烟煤和烟煤 | 次烟煤和褐煤 | 比重 | 储采比 |
|------|------|------------|------------|------|--------|
| 中国 | 2012 | 622 | 523 | 13.3% | 31 |
|      | 2014 | 622 | 523 | 12.8% | 30 |
| 亚太 | 2012 | 1593.3 | 1065.2 | 30.9 | 51 |
| 世界 | 2012 | 4047.6 | 4561.6 |  | 109 |

资料来源:《BP 世界能源统计年鉴》2013 年、2015 年。

与世界其他国家煤炭资源相比, 中国煤炭分布在大陆板块交会处, 原地应
力普遍偏高, 平均开采深度为 400 米, 适合露天开采的储量不足 4%。而美国
多水平煤层, 煤层埋深一般为 10~40 米, 平均深度为 90 米, 适合露天开采的
比例达到 60% 左右。澳大利亚平均深度为 250 米, 但适合露天开采的比例达到
76% 左右。与世界煤炭企业规模相比, 全球大型煤炭企业的经营模式日趋国际
化和规模化。美国前 5 家煤炭公司产量占全国的 52%; 印度 2 家国营煤炭集团
产量占全国的 93%; 澳大利亚前 5 家煤炭公司产量占全国产量的 70% 以上;
南非前 4 家煤炭公司产量占全国的 87%; 俄罗斯前 5 家煤炭公司产量占全国总
量的 66%; 印度尼西亚前 5 家煤炭公司产量占全国的 75%。而中国神华、中
煤等前 5 家企业产量约占全国总产量的 27%。从上述分析可以看到, 煤炭的自
然禀赋和生产规模都阻碍了中国煤炭企业的发展。

中国煤炭行业在生产高成本、经营低规模下, 从 2001—2011 年的 "黄金
时代" 直接跌落至 "垂死时代"。"黄金时代" 的暴利激发煤炭固定资产投资
"十一五" 期间是 "十五" 期间的 5.5 倍。疯狂扩张之后的产能过剩, 其结果
直接表现为全国规模以上煤炭企业 2015 年利润同比下降 62%, 主产矿区动力
煤和炼焦煤亏损面分别达到 91% 和 95%①。中国煤炭供需关系发生根本性改
变, 其价格下跌是长期性、趋势性、历史性的。2007—2015 年中国煤炭供需

---

① 曹恩惠. 煤炭业凛冬继续: 8 家煤企预亏超 10 亿陕煤成亏损王 [EB/OL]. 中国能
源网, http://www.china5e.com/news/news-931720-1.html, 2016-02-02.

关系如图1-6所示。

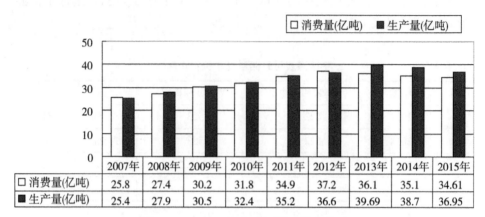

图 1-6　2007—2015 年中国煤炭供需关系

资料来源：根据国家统计局历年统计数据整理。

### （三）世界能源环境变迁对中国能源企业海外投资的影响

#### 1. 中国能源市场地位提升，海外投资机遇显著增加

从能源供需关系发展来看，美日欧等发达经济体经济持续增长乏力，发达国家的能源需求已出现结构性减少趋势。由于全球需求持续不振，油价维持在超低位，炼化剩余产能增长，必然加剧石油下游产业竞争，增加能源企业盈利难度（见图1-7）。加之美联储加息将导致新兴经济体的资金加速外逃，依赖资源能源出口的新兴市场国家将受到更大冲击，其金融与债务风险累积，一些拉美能源国家面临国家风险。尽管中国经济结构的调整，发展方式的转变，同步制约着能源需求的新增长。但中国作为全球屈指可数的消费大户，势必成为能源供给方争夺的重点。

中国石油对外依存度已超过 60%①的发展态势要求能源进口实现多元化。而油价下跌导致资本撤出油气行业，为中国获得海外油气资源创造了历史机遇

---

① 中石油经济技术研究院．石油对外依存度首破 60%，液化天然气进口首现负增长 ［EB/OL］．新华网 http：//news. xinhuanet. com/energy/2016-02/03/c _ 1117976499. htm，2016-02-02．

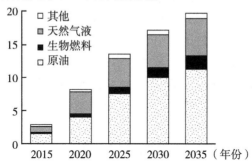

全球液体燃料供应的增长

百万桶/日，2013年以来的累积量

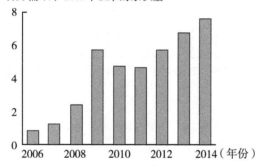

炼厂剩余产能的增长

百万桶/日，2005年以来的累积量

图 1-7　全球液体能源供应和炼化企业产能过剩趋势

资料来源：《BP 2035 年世界能源展望》（2015 版）。

（王成洋，2014）①。随着中国"一带一路"倡议起航，亚洲基础设施投资银行（AIIB）正式运营，中国与东盟经济共同体打造经济合作"钻石 10 年"，中国与中亚和西亚国家经济走廊建设起步等，将有利于推动"一带一路"沿线国家的全产业链合作。这种全新的区域和跨区域合作，也必将为能源企业海外投资提供更多机遇。

**2. 全球能源供需平衡打破，海外投资风险显著加大**

如前文所述，能源供需平衡状态已经基本突破。国际货币基金组织

---

① 王成洋 . 油价暴跌给中国能源业海外并购创造机会［N］. 金融时报，2014-12-24.

（IMF）曾预测世界经济在 2016 年、2017 年分别增长 3.4%、3.6%。与之相对应的石油保障，按国际能源署（IEA）预测供应量比需求量高出约 200 万桶/天。即使最看好的天然气，2014 年全球天然气消费和产量仅分别增长 0.4% 和 1.6%。中国天然气 2015 年表观消费量 1910 亿立方米，增速创 10 年新低；液化天然气（LNG）现货进口量甚至首现负增长，同比降幅超过 50%；煤炭作为中国"十三五"能源规划控总量的重点，消费占能源消费的比例将由目前的 65% 降到 2020 年的 62%，再降至 2030 年的 55%。这种趋势对海外能源投资给予了大幅度降温。如果逆势投资，无疑会面临巨大风险。

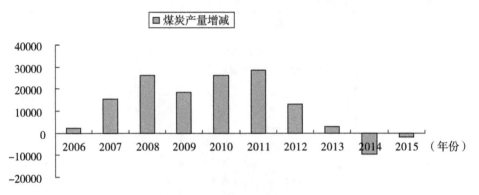

图 1-8　中国煤炭产量增量变化

资料来源：根据中国煤炭网数据整理。

### 3. 能源企业向"技术为王"过渡　投资模式应当相向而行

世界能源消费结构在改变，能源消费清洁化日益明显。美国在 2020 年前实现由化石能源向非化石能源过渡。欧盟把推广可再生能源等多个目标纳入"20—20—20 方案"。能源产业结构调整与技术创新相辅相成，能源产业加快从"资源为王"向"技术为王"过渡。在影响本轮供需格局变革因素中，页岩油气开发成套技术的问世和推广，无疑是成就美国世界第一大天然气生产国的最大推手。联合国环境规划署报告指出，亚太地区能源消耗强度是世界其他地区的 3 倍。而美国形成 10 亿美元 GDP 的日消耗原油与 20 年前相比降幅高达 33%。在市场规则作用下，领先的科技优势和灵活应变的管理模式成为能源企业生存的关键。与产业发展相向而行的能源企业海外投资行为，必须通过技术导向型投资，更好地发挥协同竞争优势。

### （四）研究能源企业海外投资模式的意义

综上所述，由于能源利用效率的提高和发达国家对化石能源的需求持续降低，全球能源消费中心从发达国家向新兴市场国家转移。中东、非洲和中亚、俄罗斯等能源供给国逐渐"向东看"。中国作为国际能源最主要的消费国之一，具备了参与世界能源治理格局调整的条件。与此同时，美国借助页岩气非常规油气开采技术，重新塑造世界能源供给中心。伴随美国能源逐步独立而来的是，"亚太再平衡战略"的步步紧逼，推动与地区盟友及伙伴的军事联盟，拉拢中国周边国家，签订具排他性质的"跨太平洋伙伴关系协议"（TPP）。世界能源格局的变化迫使中国面临一系列新的挑战。

中国对外直接投资 2013 年达 1010 亿美元，仅居美国、日本之后，为全球第三大对外投资国。中国渐进式改变国际经济规则是国内发展的必然诉求（李稻葵，2015)①。供给侧改革亟待中国企业实现国际产能合作。能源企业海外投资是最重要的国际合作领域，也是促进中国产业升级和经济增长的重要路径。欧美能源公司的油气储量、产量、炼油能力和营业收入的 50% 以上均来自海外，对外资本支出和员工比例接近 60%。而中国石油天然气对外依存度持续高涨，煤炭粗放发展方式下生态环境承载达到了极值。石油天然气供给不足和煤炭生产能力过剩的现实矛盾，必将增加能源安全和生态可持续的风险。近年来，中国能源企业海外投资增强了可持续发展的市场竞争力，但是海外投资风险问题日益突出。因此，研究中国能源企业海外投资是富有战略意义的课题。其意义在于：

（1）有利于能源企业发展战略的调整和中国企业国际竞争力形成。根据全球能源革命的情势变迁，落实国家"一带一路"总体部署，推进与沿线经济体合作，成为海外投资的关键环节。由于能源的高度敏感性和现行能源获得博弈的复杂性，需要中国能源企业海外投资控制风险。在国内产业结构调整的大背景下，统筹国际国内两个大局、两个市场、两种资源，更加重视区域制度质量判断，完善投资动机，有区别地开展国际合作，提高投资的质量与效益。

（2）有利于中国对外直接投资理论的完善和发展。中国企业"走出去"

---

① 李稻葵：中国必须走出去 发力出击改变国际经济规则（原标题：迎接"中国时刻"：渐进式改变国际规则是国内发展的诉求）［EB/OL］. http：//www. 360doc. com/content/15/0916/22/2289804_499617301. shtml2015-09-15.

将存在着国情不同、制度不同和发展阶段不同的困惑。本书在国内外学者研究成果的基础上，利用国际投资学、风险管理和制度理论等学科知识和理论，对投资模式选择的影响因素进行深度研究，努力建构风险控制、投资动机与制度质量多维相互支持的评价体系，提出符合中国国情的有指导意义的区域整合投资策略。

## 二、国内外海外投资模式及相关因素研究评述

现有海外投资模式研究涉及两个方面：一是投资动机的分析。不同的投资动机导致不同投资模式的选择，进而决定不同的投资风险。二是投资区域的研究。海外投资区域的政治、经济、社会等制度环境，既是风险因素的来源，又是投资模式存在的现实基础。

### （一）海外投资模式研究综述

#### 1. 国外投资模式选择的研究文献简评

在模式选择的内部因素研究方面，一是有研究控制程度与模式选择的关系。控制程度是反映投资企业的所有权优势。Hymer 首创将规模经济作为投资模式选择的重要因素的研究范式；Barkema 和 Vermeulen （1998）①、Erramilli 和 Rao （1993）②、Kogut 和 Singh （1988）③、Padmanabhan 和 Cho （1995）④ 都同意企业规模与模式控制程度强弱呈正相关性的观点；Evans 等 （2002）⑤ 则认为规模对控制程度的影响并不显著。二是有研究企业运营经验对模式选

---

① Barkema H. Cz. , Vermeulen F. International expansion through start up or acquisition：A Learning Perspective ［J］. The Academy of Management Journal, 1998 （41）：7-26.

② Erramilli M. K. , Rao C. P. Service firtri s international entry-mode choice：A modified transaction-cost analysis approach ［J］. Journal of Marketing, 1993, 57 （3）：19-38.

③ Kogut Bruce, Singly Harry. The effect of national culture on the choice of entry mode ［J］. Journal of International Business Studies, 1988, 19 （3）：411-432.

④ Padmanabhan Prasad, Kang Rae Cho. Methodological Issues in International Business Studies：the Case of Foreign Establishment Mode Decision by Multinational Firms ［J］. International Business Review, 1995, 4 （1）：55-72.

⑤ Evans J. , Mavondo F. T. Psychic distance and organizational performance：An empirical examination ofinternational retailing operations ［J］. Journal of International Business Studies, 2002, 33 （3）：515-532.

择产生影响。学者认为模式选择与该企业在东道国市场经验有关。Vernon（1966）①、Anderson 和 Coughlan（1987）② 认为产品在市场初期会选择少量出口的方式。企业多是从间接出口到直接出口、再到海外投资（绿地模式）发展过程。东道国运营经验越多的企业越会采用并购模式（Andersson et al. ，1986③；Kogut et al. ，1988；④ Root，1994⑤；Hennart et al. ，1997⑥；Anand，Delios，2002⑦）。而且"心理距离"的存在，使得企业在运营经验逐步丰富、经营不确定性降低时，才选择投入资源更多的模式（Johanson，Vahlne，1977）⑧。三是企业专用性资产决定模式选择。当产品的技术含量较高、资产专用性较强时，企业采取控制程度较高的模式（Ming，Yung，2004⑨），绿地模式是降低技术传播风险的常用模式。当企业采用并购模式时，其研发的投入非常有限（Hennart et al. ，1993⑩，1998⑪；

① Vernon R. International Investment and International Trade in the Product Cycle［J］. The Quarterly Journal of Economics，1966，80（2）：190-207.

② Anderson E. ，Coughlan A. T. International Market Entry and Expansion via Independent or Integrated Channels of Distribution［J］. Journal of Marketing，1987，51（1）：71-82.

③ Anderson E. ，Gatignon H. Modes of foreign entry：A transaction cost analysis and proposition［J］. Journal of International Business Studies，1986，17（3）：1-26.

④ Kogut Bruce，Singly Harry . The effect of national culture on the choice of entry mode［J］. Journal of Internatiottal Business Studies，1988，19（3）：411-432.

⑤ Root F. R. Entry Strategies for International Markets［J］. Strategic Management Journal，1994，15（8）：627-642.

⑥ Hennart J. F. ，Reddy S. The choice between mergersfacquisitions and joint ventures：The case of Japanese investors in the United States［J］. Strategic Management Journal，1997，18（1）：1-12.

⑦ Anandand J. ，Delios A. Absolute and relative resources as determinants of international acquisitions［J］. Strategic Management Journal，2002，23（2）：119-134.

⑧ Johanson J. ，Vahlne J. The Internationalization Process of the Firm—A Model of Knowledge Development and Increasing Foreign Market Commitments［J］. Journal of International Business Studies，1977，8（1）：23-32.

⑨ Ming T. T. ，Yung M. C. Asset Specificity，Culture，Experience，Firm Size and Entry Mode Strategy：Taiwanese Manufacturing Firms in China，South—east Asia and WesternEurope［J］. International Journal of Commerce & Management，2004，14（3）：1-27.

⑩ Hennart J. F. ，Park Y. R. Greenfield vs. acquisition：the strategy of Japanese investorsin the United States［J］. Management Science，1993，39（9）：1054-1070.

⑪ Hennart J. F. ，Larimo J. The impact of culture on the strategy of multinational enterprises：Does nationalorigin affect ownership decisions［J］. Journal of International Business Studies，1998，29（31）：515-538.

Andersson, Svensson, 1994①; Brouthers et al., 2000②; Larimo, 2003③; Cho, Padmanabhaii, 2005④; Pabmanabhan, Cho, 2005⑤）。Nocke 和 Yeaple（2008）⑥ 建立了包含异质性企业的一般均衡框架，分析企业出口、绿地和并购模式时，发现企业的异质性作用显著。其他学者也同意企业的人力、物质和能力资源等同样影响投资模式的选择（Anderson et al., 1994⑦; Anand, Delios, 2002⑧; Elango, 2005⑨），当然也取决于企业的生产率水平（Helpman, Melitz, Yeaple, 2004）⑩。Wang 等（2012）⑪ 对中国企业国际化的分析中证实了上述观点。这些研究成果揭示了企业海外投资时应当遵循内在影响因素来选择投资模式，违背自然规律则可能产生投资风险。

---

① Andersson T., Svensson R. Entry modes for direct investment determined by the composition offirm-specific skills [J]. The Scandinavian Journal of Econamics, 1994, 96 (4): 551-560.

② Brouthers K. D., Brouthers L. E. Acquisition or Gxeenfield Start-up? Institutional, Cultural and Transaction Cost Influences [J]. Strategic Management Journal, 2000, 21 (1): 89-97.

③ Larimo J. Form of investment by Nordic firms in world markets [J]. Journal of Business Research, 2003, 56 (10): 791-803.

④ Cho K. R., Padmanabhan P. Revisiting the role of cultural distance in MNC´s foreign ownership modechoice: the moderating effect of experience attributes [J]. International Business Review, 2005, 14 (3): 307-324.

⑤ Padmanabhan P., Cho K. R. Decision specific experience in foreign ownership and establishment strategies: Evidence from Japanese firms [J]. Journal of lnternational Business Studies, 1999, 30 (1): 25-43.

⑥ Nocke V., Yeaple S. An Assignment Theory of Foreign Direct Investment [J]. The Review of Economic Studies, 2008, 75 (2): 529-557.

⑦ Anderson T. et al. Entry Modes for Direct Investment Determined by the Composition of Firm-Specific Skills [J]. Scandinavian Journal of Economics, 1994, 96 (4): 551-560.

⑧ Anand J., Delios A. Absolute and Relative Resources as Determinants of International Acquisitions [J]. Strategic Management Journal, 2002, 23 (2): 119-134.

⑨ Elango B. The Influence of Plant Characteristics on the Entry Mode Choice of Overseas Firms [J]. Journal of Operations Management, 2005, 23 (1): 65-79.

⑩ Helpman E., Melitz M. J, Yeaple. S. R. Exports VS FDI with Heterogeneous Firms [J]. The American Economic Review, 2004, 94 (3): 300-316.

⑪ Wang C., Hong J., Kafouros M., Boateng A. What Drives the Outward FDI of Chinese Firms? Testing the Explanatory Power of Three Theoretical Frameworks [J]. International Business Review, 2012, 21 (3): 426-438.

在投资模式选择的外部影响因素研究方面，根据 Dunning① 的折衷理论可知，具有所有权和内部化优势的跨国公司投资流向取决于区位禀赋。区位禀赋包括东道国的市场规模、市场特征、生产技术等经济因素、政治经济制度以及与投资国的经贸关系等。部分学者认为还包括两国的税收差异、东道国成本、体制要求等有关的一切因素（Bradley, Gannon, 2000②；Enrico Pennings, Leo Sleuwaegen, 2004)③。Markusen（1984)④ 假设在不完全竞争的市场结构和规模经济下，研究发现国家市场规模、贸易成本、相对要素禀赋、贸易壁垒及国家特征都可能对海外投资模式的选择产生影响。Hill、Hwang 和 Kim（1990)⑤ 提出影响模式决策的关键性因素可分为战略、环境和企业特定因素等，企业根据各种因素所属的内在特性综合决策。Gomes-Gassers（1990)⑥ 将交易成本和议价能力相结合，检验了 R&D 强度、市场集中度、子公司规模、内部销售强度、市场吸引程度、东道国熟悉程度、东道国限制性政策等因素对模式选择的影响。学者发现信息不对称可能带来投资标的价值评价不当的"柠檬市场"效率损失局面（Akerlof, 1970）⑦。Kogut 和 Singh（1988)⑧ 第一次提出文化差异会影响模式的选择。但学者对于文化差异与模式选择影响结论并不一致。

① John H. Dunning. The Eclectic Paradigm of International Production: A Restatement and Some Possible Extensions [J]. Journal of International BusinessStudies, 1998, 17 (9): 1-34.

② Bradley E, Michael G. Does the firm's technology and marketing profile affect foreign market entry [J]. Journal of international marketing, 2000, 8 (4): 12-36

③ Enrico Pennings, Leo Sleuwaegen. The Choice and Timing of Foreign Direct Investment under Uncertainty [J]. Ecomomic Modelling, 2004, 21 (6): 1101-1115.

④ Markusen, J. Multinationals, Multi—plant Economics and the Gains from Trade [J]. Journal of International Economics, 1984 (6): 205-226.

⑤ Hill, Hwang, Kim. An eclectic theory of the choice of International Entry Mode [J]. Strategic Management Journal, 1990 (11): 117-128.

⑥ Gomes-Casseres B. Firm Ownership Preferences and Host Government Restrictions: An Integrated Approach [J]. Journal of International Business Studies, 1990, 21 (1): 1-22.

⑦ Akerlo G. A. The Market for "Lemons": Quality Uncertainty and the Market Mechanism [J]. The Quarterly Journal of Economics, 1970, 84 (3): 488-500.

⑧ Kogut Bruce, Singh Harry. The effect of national culture on the choice of entry mode [J]. Journal of International Business Studies, 1988, 19 (3): 411-432.

Hennart 等（1997）①、Larimo 等（1998）② 认为，投资国与东道国文化差异程度越大，企业越会选择绿地模式。也有学者认为，跨国企业在文化差异程度比较小时应选择绿地模式，相反，文化差异比较大时，选择并购模式则更有利于赢得东道国的合法性（Barkema，Vermeulen，1998 ③）。

学者对模式选择的影响因素进行了实证研究。Yigang Pan 和 David K. Tse（2000）④从风险与收益、区位投资环境、管理模式、控制程度等角度对股权投资模式进行评价，认为可以根据内部因素来选择某一确定的股权或非股权模式。Theo Eicher 和 Jong Woo Kang（2005）⑤ 把市场规模、FDI 的固定成本、关税及运输成本建立函数模型，结论证明市场规模较大的国家更可能吸引并购投资。Meyer 等（2005）⑥ 对发达国家跨国企业投资于新兴市场 ODI 模式选择的影响机制进行了实证分析。

在对投资模式选择的内外部影响因素研究方面，现有的关于经济要素和单边东道国自然、市场要素的研究成果相当丰富，但是部分学者认为对区位选择与模式差异问题讨论较少（Tolentino，2010⑦）。这些普遍性规律，对能源企业投资而言依旧有效。尤其是投资区域与投资模式差异，确实是中国能源企业海外投资进行深度研究时需要重视的领域。

---

① Hennart J. F. , Reddy S. The choice between mergers lacquisitions and joint ventures: The case of Japanese investors in the United States ［J］. Strategic management journal, 1997, 18 （1）: 1-12.

② Hennart J. F. , Larimo J. The impact of culture on the strategy of multinational enterprises: Does national origin affect ownership decisions ［J］. Journal of International Business Studies, 1998, 29 （3）: 515-538.

③ Barkema H. , Vermeulen F. International expansion through start up or acquisition: learning Perspective ［J］. Academy of Management Journal, 1998, 41 （1）: 7-26.

④ Yigang Pan, David K. Tse. The Hi-erarchical Mode of Market Entry Modes ［J］. Journal of International Business Studies, 2000, 31 （4）: 535-554.

⑤ Theo S. Eicher, Jong Woo Kang. Trade, foreign direct investment or acquisition: Optimal entry modes for multinationals ［J］. Journal of Development Economics, 2005, 77 （1）: 207-228.

⑥ Meyer K. E. , H. V. Nguyen. Foreign Investment Strategies and Sub-national Institutions in Emerging Markets: Evidence from Vietnam ［J］. Journal of Management Studies, 2005, 42 （1）: 63-93.

⑦ Tolentino P. E. Home country macroeconomic factors and outward FDI of China and India ［J］. Journal of International Management, 2010, 6 （2）: 102-120.

### 2. 国内海外投资模式与能源投资模式研究

在国内学者对中国企业在英国、美国投资模式的研究方面。鲁桐（2003）① 发现中国企业对英国投资采用的是新建模式。而张一弛（2003）② 研究中国进入美国市场主要的模式却是并购投资。卢进勇和闫实强（2005）③ 将中国企业海外投资模式细分为九大模式。对于能源企业海外投资模式研究较少，吴绍曾（2007）④ 研究了国际石油通用的租让制、产量分成、服务合同、回购、联合经营五种石油合作模式。郜志雄（2011）⑤ 分析了中石油在 50 个国家的直接投资模式、特征及模式选择的影响因素及效益等问题。年轻学者总结了中国能源企业海外直接投资进入模式存在的问题，并且进行了国际比较研究（潘宇，2011⑥；张旭海，2007⑦；杨静，2011⑧）。

在国内学者对企业 ODI 模式选择的影响因素研究方面。一是从投资企业的内部影响因素出发。尹盛焕（2004）⑨ 从所有权的维度对中国在韩国投资模式进行分析，实证结果是营销能力高的企业选择独资模式，而技术能力高的企业选择合资模式。程炼（2015）⑩ 认为通常以获得战略性资产为目的或者市场进入壁垒较高时，并购模式更加有效；对于拥有生产技术优势而资金不充裕的企业，或向技术与管理水平较低的国家投资时，采用新建模式较为有利。从风

① 鲁桐．中国企业跨国经营战略［M］．北京：经济管理出版社，2003.
② 张一弛．我国两岸三地对美直接投资进入模式：一项基于数据的分析报告［J］．管理世界，2003，（10）：33-39.
③ 卢进勇，闫实强．中国企业海外投资模式比较分析［J］．2005（3）：24-29.
④ 吴绍曾．国际石油勘探开发合作模式比较与分析［D］．中国石油大学（华东）硕士学位论文，2007.
⑤ 郜志雄．中国石油公司对外直接投资模式研究［D］．对外经济贸易大学博士学位论文，2011.
⑥ 潘宇．我国资源型企业对外直接投资进入方式研究［D］．东北财经大学硕士学位论文，2011.
⑦ 张旭海．中国石油企业国际市场进入模式研究［D］．对外经济贸易大学硕士学位论文，2007.
⑧ 杨静．中国企业对外直接投资进入模式选择研究——基于跨国并购和绿地投资的角度［D］．东北财经大学硕士学位论文，2011.
⑨ 尹盛焕．企业所有权优势与进入模式——中国企业在韩投资研究［J］．国际贸易问题，2004（11）：73-78.
⑩ 程炼．中国企业对外直接投资的风险控制［J］．中国金融，2015（3）：40-42.

险管理角度来看，存在着东道国总体经营环境不确定性与具体企业运营管理中的不确定性之间的权衡。前者选择并购相对更为有利，后者新建企业更为可取。如果选择合资企业运营，那么在股权份额的选择上应结合风险因素进行决策。二是从研究东道国的因素影响出发。许晖（2003）① 对中资企业在荷兰投资调查结论是，东道国的市场因素对进入模式选择决策影响程度大于母国的环境因素及地区之间的差异性等其他因素。中国学者还对东道国的产业结构、跨文化影响进行了深度研究。杨丹丹（2011）② 对比分析了中日美海外投资的产业结构、区域结构。郑磊（2011）③ 提出了中国对东盟直接投资的产业选择、区位选择、进入方式与股权比例等方面的策略。付竹（2010）④ 选择以霍夫斯塔德（Hofstede）理论作为跨文化理论研究的基础，认为影响投资模式与绩效的主要是国家文化特征与文化距离两个文化因素的作用。李平和徐登峰（2010）⑤ 的实证结果表明，东道国的资本市场程度对并购模式有正影响；技术优势和企业国际化程度有负影响；产业壁垒以及文化距离的影响并不显著。曾修涛（2013）⑥ 选取企业规模、成长性、研发投入、文化距离和东道国政府治理质量5个变量做实证检验。实证表明规模和文化差距越大，越倾向于选择绿地模式；企业的成长性、东道国的政府治理质量、研发投入的影响并不显著。张吉鹏和衣长军（2014）⑦ 用负二项回归模型论证了东道国的技术资源与中国企业区位选择关系，以及文化距离对两者关系的调节作用。综合看来，国内外学者对投资模式的研究维度和深度基本相同。但是在能源企业海外投资模式方面的研究成果相对较少。已有的投资模式研究多数是以单个行业或单独企业为视角，缺少对能源企业综合性的分析与评价。

① 许晖. 中国企业拓展国际市场的模式与策略研究——以荷兰中资企业的实证分析为例 ［J］. 南开管理评论，2003（10）：26-30.

② 杨丹丹. 中外对外直接投资比较研究 ［D］. 辽宁大学博士学位论文，2011.

③ 郑磊. 中国对东盟直接投资研究 ［D］. 东北财经大学博士学位论文，2011.

④ 付竹. 文化距离、进入模式与绩效——基于中国跨国企业 FDI 的实证研究 ［D］. 西南财经大学博士学位论文，2010.

⑤ 李平，徐登峰. 中国企业对外直接投资进入方式的实证分析 ［J］. 国际经济合作，2010（5）：86-94.

⑥ 曾修涛. 中国企业 OFDI 进入模式选择研究 ［D］. 西南财经大学硕士学位论文，2013.

⑦ 张吉鹏，衣长军. 东道国技术禀赋与中国企业 OFDI 区位选择——文化距离的调节作用 ［J］. 工业技术经济，2014（4）：90-97.

## （二）海外投资动机和制度质量研究综述

### 1. 国外研究成果评述

（1）海外投资动机与模式选择研究简评。

国外学者从发达国家和发展中国家的视角开展研究。美国学者 Hymer（1960）① 提出了垄断优势理论，认为对外直接投资可赚取比国内投资更高的利润。Hymer（1926）② 注意到美国寡头公司只有通过全资绿地模式，才能在企业内部进行所有权优势转让。只有对外投资收益大于固守本国市场收益时，才有美国寡头公司实施海外投资的最初动机（Knickerbocker，1973③）。美国学者 Raymond Vernon（1966）④ 提出了产品生命周期理论，认为寻求低生产成本地区和产品出口方式替代是对外投资的动机。后来的内部化理论学者认为对外直接投资动机的选择，就是要关注对外投资的实质，不是资本的国际转移，而是企业在所有权基础上的管理权的扩张（Buckley，Casson，1976⑤；Rugman，1981⑥）。内部化理论为中国能源企业海外投资模式完善提供了理论依据。

英国学者 Dunning（1981）⑦ 认为跨国公司对外直接投资应满足所有权优势（企业优势）、内部化优势和区位优势三个基本条件。Dunning（1998）⑧ 最

① Stephen Herbert Hymer. International Operation of National Fims：A Study of Direct Foreign Investment ［D］. Doctoral Dissertation，Massachusetts Institute of Technology，1960.

② Stephen Herbert Hymer. International Operation of National Firms：A Study of Direct Foreign Investment ［M］. Cambridge：MIT Press，1976.

③ Knickerbocker F. Toligopolistic reaction and multinational enterprise ［M］. Cambride，MA：Harvard University Press，1973.

④ Raymond Vernon. International Investment Trade in the Product Cycle ［J］. Quarterly Journal of Economics，1966，80（2）：190-207.

⑤ Buckley P. J.，Casson M. C. The Future of Multinational Enterprise ［M］. London Macmillan Press，1976.

⑥ Rugman A. M. Inside the multinationals：the economics of internal markets ［M］. New York：Columbia University Press，1981.

⑦ John H. Dunning. International Production and the Multinational Enterprise ［M］. London：Allen & Unpin，1981.

⑧ Dunning J. H. The Eclectic Paradigm of International Production：A Restatement end SomePossible Extensions ［J］. Journal of International Business Studies，1988，19（1）：1-31.

先将海外投资的动机分为资源寻求型、市场寻求型、效率追求型和战略投资型
四类，同时证明在不同国家吸引海外投资的因素或者影响海外投资的动机存在
着差异性的特征。日本学者小岛清（Kiyoshi Kojima，1977）① 提出了边际产
业扩张理论（即比较优势理论），该理论认为垄断优势理论忽略了国际间比较
成本的作用。国内处于比较劣势产业（即边际产业），在国外却可能成为有比
较优势的产业。该理论主张通过对外直接投资向国外转移边际产业，依靠投资
国的资金、先进的技术和管理形成在东道国新的比较优势。小泽辉智（Ozawa
Terutomo，1992）② 认为世界经济结构升级具有相应的阶段性和继起性，对外
投资模式应是一种与经济结构变动相对应的资本有序流动。内部化理论和边际
产业扩张理论（比较优势理论）为能源企业海外投资提供了理论支持，尤其
为中国国际产能合作和内部管理提供了基本方向。

以新兴经济体或发展中国家为研究对象，美国学者 L. T. Wells（1983）③
的小规模技术理论为发展中国家不具备垄断优势的中小企业对外直接投资提供
了理论依据。英国经济学家拉奥（Lall Sanjaya，1983）④ 的技术地方化理论认
为发展中国家的企业，在引进技术后进行适当的技术消化、吸收和创新，也可
以使其产品比发达国家的产品更具有竞争优势。Cantwell 和 Tolentino（1987）
认为发展中国家跨国公司的技术学习累积与海外投资是相辅相成的。这些理
论所强调的是，发展中经济体企业对外投资要坚持比较优势原则，通过技术
学习、整合来形成比较优势。这个主张为能源企业海外投资动机调整提供了
理论方向。

中国能源企业海外投资与发达经济体企业相比没有"垄断优势"，更没有
"绝对竞争优势"，但与其他发展中国家相比确实在勘探开发、炼化技术以及
品牌管理等方面存在"比较优势"。并且中国企业规模经济和资金实力所产生
的比较优势，可以使企业在国际能源上下游一体化中产生内部化优势，通过技

---

① ［日］小岛清. 对外直接投资论［M］. 日本钻石出版社，1977.

② Ozawa Terntomo. Foreign Direct Investment and Economic Development［J］.
Transnational Corporations. 1992，（1）：43.

③ Wells Louis T. Third World Multinationals—The Rise of Foreign Direct Investment from
Developing Countries［M］. Cambridge，Mass，MIT Press，1983.

④ Lall S. The New Multinationals：The Spread of Third World Enterprises［M］. New
York：John Wiley & Sons，1983.

术学习、整合来强化比较优势。这些对于研究中国能源海外投资具有理论上的参考价值，也是继续坚持能源企业海外投资的最基本动机之一。

（2）海外投资模式与制度质量研究简评。

在现有文献中，从交易费用、产权理论和总体制度质量等角度，构建了国际投资的微观基础。克鲁格曼（Krugman，1980）[1] 在古典贸易理论的基础上引入了规模经济和垄断竞争，从而解释了产业内贸易的产生和发展。基于发达国家拥有企业市场化运作和国家制度优越的优势，学者认为东道国的经济发展程度越高，企业越愿意采用跨国并购模式（Andersson et al.，1994[2]；Wilson，1980[3]；Padmanabhan et al.，1995[4]；Enrico Pennings，Leo Sleuwaegen，2004[5]）。Gani（2007）[6] 认为发达国家制度环境的优劣与 FDI 流入正相关。Globerman 和 Shapiro（2002）[7]、Asiedu（2006）[8] 和 Gani（2007）[9] 证明了制度环境对 FDI 的流入和流出量均有显著影响，东道国制度质量与 OFDI 正相

[1] Krugman Paul. Scale Economics, Product Differentiation, and the Pattern of Trade [J]. American Economic Review, 1980, 70 (5)：950-959.

[2] Andersson T., Svensson R. Entry modes for direct investment determined by the composition of firm-specific skids [J]. The Scandinavian Journal of Economics, 1994, 96 (4)：551-560.

[3] Wilson B. The propensity of multinational companies to expand through acquisitions [J]. Journal of International Business Studies, 1980, 11 (1)：59-65.

[4] Padmanabhan Prasad, Kang Rae Cho. Methodological Issues in International Business Studies：the Case of Foreign Establishment Mode Decision by Multinational Firms [J]. International Business Review, 1995, 4 (1)：55-72.

[5] Enrico Pennings, Leo Sleuwaegen. The Choice and Timing of Foreign Direct Investment under Uncertainty [J]. Ecomomic Modelling, 2004, 21 (6)：1101-1115.

[6] Gani A. Government and foreign direct investment links：Evidence from panel data estimations [J]. Applied Economic Letters, 2007, 14 (10)：753-756.

[7] Globerman S., D. Shapiro. Global foreign direct investment flows：the role of governance infrastmcture [J]. World Development. 2002, 30 (11)：1899-1919.

[8] Asiedu E. Foreign direct investment in Africa：The role of natural resources, market size, government policy, institutions and political instability [J]. The World Economy, 2006, 29 (1)：63-77.

[9] Gani A. Governance and foreign direct investment links：evidence from panel data estimations [J]. Applied Economics Letters, 2007, 14 (10)：753-756.

关。Garibaldi 等（2001）① 的研究表明，市场规模、通胀水平、贸易开放度、自然资源及投资壁垒等变量对发达国家直接投资的影响显著。制度质量对投资模式选择影响体现在两个方面：一是制度质量是企业比较优势的重要来源。Levchenko（2007）② 将南北方国家存在的制度质量差异归结为资产专用性的程度。Nunn（2007）③ 用世界银行的法治指数来度量东道国的制度质量，将产业对制度质量的依赖程度指标称之为"契约密集度"（contractual intensity）。认为行业的资产专用性程度越高，越是依赖于制度。二是契约制度环境直接影响投资模式。Acemoglu 等（2007）④ 认为在不完全契约下中间品供应商由于敲竹杠风险存在将减少投资，从而导致最终品生产者采用先进技术的收益下降，最终影响了不同国家的投资模式。Carluccio 和 Fally（2012）⑤ 也证明了在不完全契约环境下，融资约束降低了供应商的投资积极性。Conconi 等（2011）⑥ 发现要素市场自由化会影响内部化优势决策。以 Du 等（2008）⑦ 为代表的学者通过构建包括产权保护程度和契约实施程度的总体制度质量评价指标，发现总体制度质量更高的地区，跨国公司在当地投资的概率更大。

国外学者对中国 ODI 的影响因素研究，或利用面板数据分析东道国经济

① Gatignon, Hubert, Erin Anderson. The Multinational Corporation's Degree of Control over Foreign Subsidiaries: An Empirical Test of a Transaction Cost Explanation [J]. Journal of Law, Economics, & Organization, 19884, 4 (2): 305-336.

② Levchenko. Institutional Quality and International Trade [J]. Review of Economic Studies, 2007, 74 (3): 791-819.

③ Nunn Nathan. Relationship-specificity, Incomplete Contracts and the Pattern of Trade [J]. Quarterly Journal of Economics, 2007, 122 (2): 569-600.

④ Acemoglu, Antràs, Helpman. Contracts, Technology Adoption [J]. American Economic Review, 2007, 97 (3): 916-943.

⑤ Carluccio Juan, Thibault Fally. Global Sourcing under Imperfect Capital Markets [J]. Review of Economics and Statistics, 2012, 94 (3): 740-763.

⑥ Conconi, Paola, Patrick Legros, Andrew Newman. Trade Liberalization and Organizational Change [J]. Journal of International Economics, 2011, 86 (2): 197-208.

⑦ Du Julan, Yi Lu, Zhigangtao. Economic Institutions and FDI location choice: Evidence from US Multinationals in China [J]. Journal of Comparative Economics, 2008, 36 (3): 412-429.

水平、自然资源禀赋、市场规模、生产成本等（Buckley et al.，2007①；Rodriguez et al.，2011②；Queretal，2012③；Hu et al.，2014④），或通过案例研究中国对外开放政策、战略资源需求等影响（Buckley et al.，2008⑤；Gonzalez-Vicente，2012⑥；Zhang et al. 2015⑦；Mathews，2006）⑧。Feenstra 等（2012）⑨ 利用司法质量作为制度质量的代理变量，对中国省级地区的制度质量对 FDI 企业的影响进行了研究。结论是制度质量对 FDI 企业的出口影响最大，经济特区与制度质量之间存在替代关系。Buckley 等（2007）⑩、Kolstad 和 Wiig（2011）⑪ 发现东道国政治制度与中国 ODI 有着显著的负相关性，也就是说政治制度质量不影响中国企业的海外投资。

① Buckley P. J. , Clegg L. J. , Cross A. R. , et al. The determinants of Chinese outward foreign direct investment ［J］. Journal of International Business Studies, 2007, 38（4）: 499-518.

② Rodriguez C. , Bustillo R. A critical revision of the empirical literature on Chinese outward investment: a new proposal ［J］. Panoeconomicus, 2011, 58（5）: 715-733.

③ Quer D. , Claver E. , Rienda L. Political risk, cultural distance, and outward foreign direct investment: empirical evidence from large Chinese firms ［J］. Asia Pacific Journal of Management, 2012, 29（4）: 1089-1104.

④ Hu A. G. , Ma W. , Yan Y. L. Connotation, definition and passage of "Silk-road Economic Belt" strategy ［J］. Journal of Xinjiang Normal University: Edition of Philosophy and Social Sciences, 2014, 35（2）: 1-10.

⑤ Buckley P. J. , Cross A. R. , Tan H. , et al. Historic and emergent trends in Chinese outward direct investment ［J］. Management International Review, 2008, 48（6）: 715-747.

⑥ Gonzalez-Vicente R. Mapping Chinese mining investment in Latin America: politics or market ［J］. The China Quarterly, 2012, 209（3）: 35-58.

⑦ Zhang S. , Wang W. , Wang L. , Zhao X. Review of China's wind power firms internationalization: status quo, determinants, prospects and policy implications ［J］. Renewable and Sustainable Energy Reviews, 2015, 43（3）: 1333-1342.

⑧ Mathews J. A. Dragon Multinationals: New Players in 21st Century Globalization ［J］. Asia Pacific Journal of Management, 2006, 23（1）: 5-27.

⑨ Feenstra, Robert, Chang Hong, Hong Ma, Barbara Spencer. Contractual versus Non-contractual Trade: the Role of Institutions in China ［J］. Working Paper, 2012.

⑩ Buckley P. J. , L. J. Clegg, A. R. Cross, X. Liu, H. Voss, P. Zheng. The determinants of Chinese outward foreign direct investment ［J］. Journal of International Business Studies, 2007, 38（4）: 499-518.

⑪ Kolstad I, A. Wiig. What determines Chinese outward FDI ［J］. Journal of World Business, 2010, 47（1）: 26-34.

　　这些研究成果清楚地表明，海外资产专用性程度包括制度质量差异，而合同实施程度又直接影响投资绩效和内部化优势。中国能源企业在制度质量差的区域投资特点包括自然产生较高的投资风险，这对现有能源企业投资区域调整提供了理论上的依据。

## （二）国内研究成果评述

### 1. 海外投资动机与模式选择研究简评

　　国内学者杨大楷和应溶（2003）①、杨增雄和唐嘉庚（2004）② 根据折衷理论探讨了中国企业的 ODI 动机、模式以及投资行业和地区分布。陈浪南等（2005）③ 从投资动机的角度，分析了并购与新建、独资与合资的各国选择经验和影响因素。阎大颖、洪俊杰和任兵（2009）④ 以中国企业 ODI 的微观数据为样本进行了多因素回归分析。实证表明政府政策扶植、海外关系资源及自身融资能力等制度因素对企业贸易型、生产型、资源型和研发型的投资动机和能力有重要影响；分类研究表明各自影响程度有所不同。蒋冠宏和蒋殿春（2012）⑤ 基于投资引力模型考察中国 OFDI 的区位选择的动机，通过检验发现东道国制度对中国资源寻求型 OFDI 影响显著。在发展中国家投资有市场和资源寻求型动机；在发达国家投资则是寻求战略资产。邱立成、赵成真（2012）⑥ 按收入区别东道国制度环境与中国企业 ODI 关系。王恕立、向姣姣（2015）⑦ 从母国投资动机和东道国制度质量双重约束视角，考察东道国的政

　　① 杨大楷，应溶. 我国企业 ODI 的区位选择分析［J］. 世界经济研究，2003（1）：25-28.

　　② 杨增雄，唐嘉庚. 国际生产折衷理论的发展及对我国对外直接投资的启示［J］. 国际商务，2004（3）：46-50.

　　③ 陈浪南，洪如明，谢绵陛. 中国企业跨国市场进入方式的选择战略［J］. 国际贸易问题，2005（7）：85-90.

　　④ 阎大颖，洪俊杰，任兵. 中国企业对外直接投资的决定因素：基于制度视角的经验分析［J］. 南开管理评论 2009，12（6）：135-142.

　　⑤ 蒋冠宏，蒋殿春. 中国对发展中国家的投资——东道国制度重要吗［J］. 管理世界，2012（11）：45-56.

　　⑥ 邱立成，赵成真. 制度环境差异、对外直接投资与风险防范：中国例证［J］. 国际贸易问题，2012（12）：112-123

　　⑦ 王恕立，向姣姣. 制度质量、投资动机与中国对外直接投资的区位选择［J］. 财经研究，2015（5）：134-144.

治、经济与法律制度对不同类型 ODI 投资选择和投资规模的约束作用。研究表明中国投资动机使 ODI 表现出国家或地区差异化的制度偏好。技术寻求型 ODI 投资规模对优越制度的依赖较弱；而政权稳定性、政府效率、监管质量和腐败控制等制度因素影响市场和资源寻求型 ODI，对投资规模有正向作用。黄速建和刘建丽（2009）① 认为中国企业的进入模式选择必须考虑特定战略动因，由此构造了一个分层次树型选择模型和动态的多目标进入模式决策模型。董秀成、曹文红（2003）② 构建了"综合动力场"理论，分析了中国石油企业海外投资动机。从国内研究来看，投资动机与制度质量、模式选择存在密切关系，但能源企业对于三者关系的研究成果还比较少见。

**2. 海外投资模式与制度质量研究简评**

程惠芳、阮翔（2004）③ 运用引力模型分析投资国与东道国之间的投资流量与经济变量之间的相关关系，发现两国间的投资流量越大，经济制度状况越相似。周长辉等（2005）④ 和吴先明（2007）⑤ 建立了中国企业 ODI 决策创新的分析框架。阎大颖（2008）⑥ 的研究结果是，国家以及企业的制度约束性越强，企业越会选择合资模式。若企业经营越丰富，则越会选择并购模式，而若两者同时发生作用，制度约束与国际化经验将相互抵消。吴先明（2011）⑦ 选择调节机制、规范机制和模仿机制三个维度研究制度环境对中国企业进入模式选择的影响。企业投资活动总是地理嵌入和网络嵌入在特定的国家下，正式制度和非正式制度不仅制约企业投入资源所提升生产力的水平，而且影响组织

---

① 黄速建，刘建丽．中国企业海外市场进入模式选择研究［J］．中国工业经济，2009（1）：108-117.

② 董秀成，曹文红．经典跨国经营理论与中国石油企业跨国经营"综合动力场论"［J］．石油大学学报（社会科学版），2003，19（4）：27-31，32.

③ 程惠芳，阮翔．用引力模型分析中国对外直接投资的区位选择［J］．世界经济，2004（8）：23-30.

④ 周长辉，张一弛，俞达．中国企业对外直接投资驱动力与进入模式研究的理论探索［J］．南大商学评论，2005（7）：149-162.

⑤ 吴先明．中国企业对发达国家的逆向投资，创造性资产的分析视角［J］．经济理论与经济管理，2007（9）：52-57.

⑥ 阎大颖．中国企业国际直接投资模式选择的影响因素——对跨国并购与合资新建的实证分析［J］．山西财经大学学报，2008（10）：24-33.

⑦ 吴先明．制度环境与我国企业海外投资进入模式［J］．经济管理，2011（4）：68-79.

成本，进而影响企业投资模式的选择。东道国的制度环境就是从上述两个方面影响了中国企业的海外投资模式选择（李国学，2013①）。周经和张利敏（2014）②同样检验了正式制度距离和非正式制度距离对海外投资建立方式和股权比例安排的影响机理和调节效应。李坤望和王永进（2010）③使用司法效率指标来衡量中国省区的制度质量与贸易模式的关系，用契约密集度衡量行业对制度质量的依赖程度。聂辉华和贾瑞雪（2011）④用腐败水平和契约效率度量中国省域的总体制度质量对 FDI 企业选择合资、合作和独资形式的影响。这些研究方式为本书对投资动机、制度质量与模式选择的实证研究提供了路径参考。

### （三）海外投资风险及应对措施研究述评

#### 1. 国外研究文献成果简评

东道国稳定的经济政治环境能够提供一个可靠的、可预期的外部空间，企业相应地可以规避各种风险（Henisz et al.，2001⑤；Garcia-Canal et al. 2008⑥）。Gatignon 和 Anderson（1988）⑦从交易费用的角度，发现提高资产专用性会显著增强海外投资的控制权，而国家风险又会降低其控制权。Henisz 和 Williamson（1996）⑧认为由于东道国制度本身不完备，跨国公司可能面临沉没成本风险。与当地企业组建合资公司可以规避政府规制风险，但也

① 李国学. 制度约束与对外直接投资模式 [J]. 国际经济评论，2013（1）：160-173.
② 周经，张利敏. 制度距离、强效制度环境与中国跨国企业对外投资模式选择 [J]. 国际贸易问题，2014（11）：99-108.
③ 李坤望，王永进. 契约执行效率与地区出口绩效差异——基于行业特征的经验分析 [J]. 经济学（季刊），2010，9（2）：1007-1028.
④ Nie Huihua, Ruixue Jia. Institutional Quality and the Ownerships of Foreign Direct Investment in China [D]. Working Paper, 2011.
⑤ Henisz W. J.，A. Delios. Uncertainty，Imitation，and Plant Location：Japanese Multinational Corporations，1990—1996 [J]. Administrative Science Quately，2001，46（3）：443-475.
⑥ Garcia-Canal，E.，M. F. Guillen. Risk and the Strategy of Foreign Location Choice in Regulated Industries [J]. Strategic Management Journal，2008，29（10）：1097-1115.
⑦ Gatignon Hubert, Erin Anderson. The Multinational Corporation's Degree of Control over Foreign Subsidiaries：An Empirical Test of a Transaction Cost Explanation [J]. Journal of Law, Economics, & Organization，1988，4（2）：305-336.
⑧ Henisz Witold，Oliver Williamson. Comparative Economic Organization-Within and between Countries [J]. Businessand Politics，1996（3）：261-277.

可能带来契约风险。Henisz 和 Williamson（1999）① 使用政策变动性、腐败感受指数两类指标度量了政治风险对美国制造业跨国公司治理模式的影响。Delios、Andrew 和 Henisz（2003）② 以日本制造企业为例分析了政治风险与制度变量的关系，他们发现学习效应以及文化、社会和市场制度完善程度可以部分抵消政治风险的负面效应。

国外对能源海外投资的风险管理研究起步较早。Kim 等（1992）③ 认为要对东道国的环境因素和特有因素导致的风险进行全面的评价。学者们也对能源国的风险、跨国公司经营风险进行了研究（Beamish et al.，1987④；Mille，1996⑤；Formigli，2011⑥）。学者认为能源投资的政治风险是政治、经济、社会因素的综合作用的产物（Oetzel et al.，2001⑦；Conklin，2002 ⑧）。Mona Verma Makhija（1993）⑨和 Michael 等（1996）⑩ 讨论了石油企业海外投资的政治风险种类以及阻碍时间，分析了风险带给公司绩效的后果，并得出公司规

① Henisz, Williamson. Comparative Economic Organization-within and between Countries［J］. Bussiness and Politics, 1999, 1（3）：261-278.

② Delios, Andrew, Witold Henisz. Political Hazards, Experience, and Sequential Entry Strategies：the International Expansion of Japanese Firms, 1980—1998［J］. Strategic Management Journal, 2003, 24（11）：1153-1164.

③ Kim, Chan W., Peter H. Wang. Global Strategy and Multinationals' Entry Mode Choice［J］. Journal of International Business Studies, 1992（19）：411-432.

④ Beamish P., Banks J. Equity Joint-Ventures and the Theory of the MNE［J］. Journal of International Business Studies, 1987, 19（2）：1-16.

⑤ Miller K. D. A. Framework for Integrated Risk Management in International Business［J］. Journal of International Business Studies, 1996（2）：311-331.

⑥ Formigli J. Brazil pre-salt：opportunities and challenges［J］. World Oil, 2011（5）：29-32.

⑦ J. M. Oetzel, R. A. Bettis, M. Zenner. Country Risk Measures：How Risky Are They?［J］. Business, 2001, 36（2）：128-145.

⑧ D. W. Conklin. Analyzing and Managing Country Risks［J］. Ivey Business Journal, 2002, 66（3）：36-41.

⑨ Mona Verma Makhija. Government intervention in the Venezuelan petroleumindustry：an empirical investigation of political risk［J］. Journal of International Business Studies, 1993, 24（3）：531-535.

⑩ Michael R. Walls, James S. Dyer. Risk Propensity and Firm Performance：A Study of the Petroleum Exploration Industry［J］. Management Science, 1996, 42（7）：1004-1021.

模与承受风险程度相关结论。学者们还对拉美、北美、中亚等国家或地区投资环境、生态环境进行了分析（Randall，Jones，1984①；Oughton，Strømman，Salbu，2013；② Steven Globerman，Daniel Shapir，2003）③。Boemh（1991）④ 将风险发生的可能性和风险的不利后果分级构造了风险管理层次矩阵。Miller（1992）⑤ 提出了五种应对投资风险的措施：规避、控制、合作、模仿与灵活性。对于中国能源海外投资研究较少，Andrews 等（2000）⑥ 对中国在中亚石油投资进行了地缘政治环境分析。Randall 等（2008）⑦ 讨论了中国投资的政治、经济、文化、法律等风险。

从国外文献的归纳中发现，这些研究对国有企业的投资特殊性理解相对片面，但是为中国能源企业海外投资的风险定量评价提供了经典的范式。

**2. 国内能源企业海外投资风险研究概况**

（1）能源投资风险识别与评价研究。

风险识别是能源企业投资风险管理的基础。蒋长流和熊小奇（2001）⑧ 认为央企海外投资最重要的风险是制度风险，包括管理制度风险、国有资产体制风险、监管制度风险、法规制度风险和投资体制风险。有学者分析了中

---

① Randall J. Jones Jr. Empirical Models of Political Risks in U. S. Oil Production Operations in Venezuela［J］Journal of International Business Studies，1984，15（1）：81-95.

② D. H. Oughton，G. Strømman，B. Salbu. Ecological risk assessment of Central Asian mining sites：application of the ERICA assessment tool［J］. Journal of Environmental Radioactivity，2013，12（3）：90-98.

③ Steven Globerman，Daniel M. Shapiro. Governance Infrastructure and Us Foreign Direct Investment［J］. Journal of International Business Studies，2003，34（1）：19-39.

④ Boehm B. W. Software Rik Management：Principles and Practice［J］. IEEES Software，1991（8）：32-41.

⑤ Miller Kent. A framework forintegrated risk management in international business［J］. Journal of International Business Studies，1992，2（3）：311-331.

⑥ Philip Andrews-Speed，Sergei Vinogradov. China's Involvement in Central Asian Petroleum：Convergent or Divergent Interests［J］. Asian Survey，2000，40（2）：377-397.

⑦ Randall Morck，Bernard Yeung，Minyuan Zhao. Perspectives on China's Outward Foreign Direct Investment［J］. Journal of International Business Studies，2008，39（3）：337-350.

⑧ 蒋长流，熊小奇. 制度风险是我国海外投资的瓶颈［J］. 经济问题探索，2001（5）：22-24.

国石油公司海外投资的政治和经济等外部风险（舒先林，2005①；龚雪蓉，王彬，2010②）。刘桂珍③（2012）将中国石油企业海外投资风险分为内外部风险两大类，其中政治和管理是最主要的风险因素。也有学者认为中国企业最主要是经营风险，其次才是政治风险和法律风险（李一文，李良新，2014）④。

中国学者在能源投资风险评价研究上取得了丰硕成果。一是对石油企业投资风险评价方法不断完善。有学者对资源国政治、经济、法律、科技、社会文化和自然环境等综合环境进行了模糊综合评价（董秀成，朱瑾，2005⑤；司潮，2009⑥；戴祖旭，舒先林，2007⑦）。孙洪罡和王来生（2009）⑧用层次分析法建立石油项目风险评估指标体系，再运用平移专家评分中心点的方法进行风险评价。钟雪飞和陈惠芬（2008）⑨运用政治制度稳定指数、产品政治敏感性指数等方法来衡量政治风险。陈菲琼和钟芳芳（2012）⑩运用主成分分析和BP神经网络模型分析政治、经济和社会层面对政治风险的作用关系。王琛（2009）⑪以美国传统基金会的国家风险模型为例，分析了评级结果的波动集

---

① 舒先林. 中国石油企业海外投资风险及其规避［J］. 企业经济，2005（6）：103-104.

② 龚雪蓉、王彬. 我国石油企业对外投资风险分析［J］. 企业导报，2010（3）：80.

③ 刘桂珍. 我国石油企业海外投资风险研究［D］. 中国地质大学（北京）硕士学位论文，2012.

④ 李一文，李良新. 中国企业海外投资风险与预警研究——基于中国非金融对外直接投资案例调查［J］. 首都经济贸易大学学报，2014，（3）：99-103.

⑤ 董秀成，朱瑾. 我国石油企业的跨国经营环境模糊综合评价—以南美三国为例［J］. 石油大学学报（社会科学版），2005，21（1）：7-11.

⑥ 司潮. 中国石油企业海外投资风险评价研究［D］. 对外经济贸易大学硕士学位论文，2009.

⑦ 戴祖旭，舒先林. 中国石油企业跨国经营政治风险模型论纲［J］. 中外能源，2007，12（6）：10-14.

⑧ 孙洪罡，王来生. 基于层次分析法的石油开发项目投资风险评估［J］. 大庆石油学院学报，2009，33（5）：107-110.

⑨ 钟雪飞，陈惠芬. 中国石油企业海外投资面临的政治风险及评价［J］. 产业与科技论坛，2008，7（11）：59-61.

⑩ 陈菲琼，钟芳芳. 中国海外直接投资政治风险预警系统研究［J］. 浙江大学学报（人文社会科学版），2012，42（1）：87-99.

⑪ 王琛. 海外油气投资视角下的国家风险及其管理研究［D］. 中国人民大学博士学位论文，2009.

群性和非对称调整性。从投资模式角度分析国家风险防范的特点，构建了国家风险约束下的海外投资合作模式博弈模型。张意翔（2009）① 以国际原油 WTI 现货价格作为分析因子，证明了海外并购过程中存在的价格风险，进而提出中国石油企业可采取市场评估等方式来有效应对风险。二是对中国石油海外投资项目风险的深度研究。朱磊（2011）② 认为中国石油投资处于风险较大地区，未来投资重点应是北美和亚太地区。有学者也对格鲁吉亚、哈萨克斯坦的投资进行了具体研究（韩恩泽，朱颖超，张在旭，2010③；马斌，陈瑛，2014④；刘明辉，2015⑤）。有学者还对中亚投资的现状和影响因素以及相关对策进行了广泛研究（何丹，2007⑥；赵炜，2012；⑦ 苏华，王磊，2014⑧；赵旭，董秀成，2008⑨；郎一环，王礼茂，李红强，2012⑩）。有学者认为政治、经济和社会风险将威胁中国能源通道安全（蒋新卫，2007；⑪ 张耀，2009⑫；石

---

① 张意翔．基于 ARMA 预测方法的中国石油企业跨国并购价格风险分析［J］．工业技术经济，2009（12）：111-114．

② 朱磊．能源安全与气候变化背景下的能源投资建模与应用研究［D］．中国科学技术大学博士学位论文，2011．

③ 韩恩泽，朱颖超，张在旭．基于 Fuzzy-AHP 的中国石油企业海外投资风险评价［J］．河南科学，2010（2）：235-239．

④ 马斌，陈瑛．新形势下中国与中亚的能源合作——以中国对哈萨克斯坦的投资为例［J］．国际经济合作，2014（8）：79-82．

⑤ 刘明辉．"丝绸之路经济带"背景下中哈能源合作效应实证研究［J］．新疆农垦经济，2015（1）：23-29．

⑥ 何丹．中国与中亚能源合作的战略思考［D］．华中师范大学硕士学位论文，2007．

⑦ 赵炜．中国与中亚能源合作安全的俄罗斯和美国因素分析［D］．华中师范大学硕士学位论文，2012．

⑧ 苏华，王磊．论我国与中亚国家能源合作互补性［J］．经济纵横，2014（10）：63-67．

⑨ 赵旭，董秀成．中亚里海地区油气地缘环境分析及中国的突围策略［J］．改革与战略，2008，24（3）：23-26．

⑩ 郎一环，王礼茂，李红强．世界能源地缘政治格局与中国面临的挑战［J］．中国能源，2012（6）：17-21．

⑪ 蒋新卫．中亚石油地缘政治与我国陆上能源安全大通道建设［J］．东北亚论坛，2007，16（3）：62-66．

⑫ 张耀．中国与中亚国家的能源合作及中国的能源安全——地缘政治视角的分析［J］．俄罗斯研究，2009，（6）：116-128．

岚，2011①）。李玉蓉（2004）② 对不同地区和不同财务制度下油田勘探项目的效益进行了评价。钟桂东（2008）③ 分析了国际石油勘探合同模式和勘探项目风险，提出从项目决策层面和执行层面的风险规避与转移措施。三是建立了煤炭综合评价指标体系（宋拴臣，2010；④ 崔小琳，于萌，2010⑤；万善福，2008⑥；王涛，2009⑦）。特别是宋明智和王立杰（2012）⑧ 运用模糊评价方法推导塔尔煤田投资风险度；申万和柴玮（2015）⑨ 通过确定资源、政治法律环境、社会因素、经济状况、基础建设 5 个指标的权重，选用理想解法将目标国的评价方案视为多维空间的点，判断各个方案距离与理想方案的距离而实现了方案的优劣排序。

综合上述研究可知，国内学者大多集中研究油气、煤炭海外投资风险，并从不同角度建立了风险评价指标体系。已有研究侧重于风险识别、风险评估和风险防控中的某一方面定性或定量分析和决策建议，而对能源投资模式与区域风险多维评价的研究则尚属于空白状态。

（2）海外直接投资风险的控制研究。

对于中国 ODI 投资风险控制，首先要判定区位制度环境的影响。有学者认为中国偏好于制度质量较高的国家或地区（Zhang 等，2011⑩；阎大颖，

① 石岚. 中国中亚能源通道与中国能源安全 [J]. 东南亚纵横. 2011，（10）：86-89.

② 李玉蓉，陈光海，胡兴. 国际石油勘探开发项目的经济评价指标体系和综合评价 [J]. 勘探地球物理进展，2004，27（8）：383-387.

③ 钟东桂. 海外石油勘探开发项目的投资风险分析 [D]. 中南大学硕士学位论文，2008.

④ 宋拴臣. 巴基斯坦 Thar 煤田煤质特征及利用研究 [J]. 煤质技术，2010（2）：4-5.

⑤ 崔小琳，于萌. 煤矿项目投资风险分析方法研究 [J]. 物流工程与管理，2010，32（8）：175-176.

⑥ 万善福. 煤炭企业风险多级模糊综合评价方法的研究 [J]. 中国矿业，2008（11）：39-42.

⑦ 王涛. 煤炭企业战略风险管理研究 [D]. 西安科技大学硕士学位论文，2009.

⑧ 宋明智，王立杰. 巴基斯坦塔尔煤田投资风险综合评价 [J]. 煤炭工程，2012（9）：133-136.

⑨ 申万，柴玮. 煤炭行业海外投资国别风险评价研究 [J]. 煤炭经济研究，2015（7）：80-84.

⑩ Zhang J. H., Zhou C. H., Ebbers H. Completion of Chinese overseas acquisitions：institutional perspectives and evidence [J]. international Business Review, 2011, 20 (2)：226-238.

2013①）；邓明（2012）②、池建宇和方英（2014）③发现中国对发展中国家的ODI有显著的正向效应。也有学者认为制度变量对中国ODI区位选择的影响不显著（张建红和周朝鸿，2010）④。有学者更是发现存在中国市场寻求型与战略资产寻求型企业对制度因素的重视程度不够的问题，尤其是东道国制度质量较差不会影响中国资源寻求型ODI的投资规模（陈丽丽，林花，2011⑤；Kolstad，Wiig，2012⑥）。王永钦、杜巨澜和王凯（2014）⑦进一步研究了东道国的制度性因素、税收（避税）和资源因素的作用以及它们与制度因素的交互作用。张中元（2013）⑧则利用面板门限回归模型考查了制度质量与双边投资协议（BIT）对中国ODI的影响。郑磊（2015）⑨研究发现制度因素对投资区位选择呈现出比经济因素更为复杂的特点。这些研究虽然没有直接提出风险控制的直接措施，但是从区域风险与制度质量的作用角度，指出了中国能源企业风险控制与投资动机、区域制度质量相关联的解决问题方向。另外，有学者从宏观到行业层面提出了风险控制措施。宏观层面主要有从体制制度、预警机制和国有资产投资内部制度提出办法（张留禄，1997⑩；衣长军，胡日东，

① 闫大颖．中国企业对外直接投资的区位选择及其决定因素［J］．国际贸易问题，2013（7）：128-135.

② 邓明．制度距离、"示范效应"与中国（OFDI）的区位分布［J］．国际贸易问题，2012（2）：123-135.

③ 池建宇，方英．中国对外直接投资区位选择的制度约束［J］．国际经贸探索，2014（1）：81-91.

④ 张建红，周朝鸿．中国企业走出去的制度障碍研究——以海外收购为例［J］．经济研究，2010（6）：80-91.

⑤ 陈丽丽，林花．我国对外直接投资区位选择：制度因素重要吗——基于投资动机视角［J］．经济经纬，2011（1）：20-25.

⑥ Kolstad I., Wiig A. What determines Chinese outward FDl［J］. Journal of World Business, 2012, 47（1）：26-34.

⑦ 王永钦，杜巨澜，王凯．中国对外直接投资区位选择的决定因素：制度、税负和资源禀赋［J］．经济研究，2014（12）：126-142.

⑧ 张中元．东道国制度质量、双边投资协议与中国对外直接投资——基于面板门限回归模型（PTR）的实证分析［J］．南方经济，2013（4）：49-62.

⑨ 郑磊．东道国经济、制度因素对中国对外直接投资的影响——基于亚洲主要国家（地区）的实证分析［J］．财经问题研究，2015（11）：99-106.

⑩ 张留禄．中国海外投资的风险与防范［J］．河南大学学报：社科版，1997（3）：60-63.

2006①；刘红霞，2006②；睦水炳、何有世，2008③；李飞，2012④）。在微观层面，杨景海（2011）⑤认为应当通过债务融资制约投资风险。于丁一（2014）⑥建议运用衍生金融工具、产业集群的抱团模式来控制风险。具体到石油投资，李岩和田泽（2007）⑦认为可从政府和石油企业两个层面减少政治风险。刘鼎和陈丽华（2010）⑧认为应建立政治或金融问题相应的预防机制。段宇平和吴昊（2015）⑨认为需要细化能源投资产业，并有区别地加以扶持。有学者还提出了富有价值的风险因素控制措施（程立茹，2006；⑩李兴国，2008⑪；范秋芳、戴秀芝等，2009⑫；赵旭，2011⑬）。

综上文献所述可以看出，现有文献对中国能源企业海外投资的研究成果还比较零散，尚未形成统一的研究框架和理论范式。能源企业海外投资的模式选择、区域风险因素是密切联系的整体，碎片式研究可能导致结果与事实相差遥

---

① 衣长军，胡日东．我国企业海外投资风险预警与防范［J］．商业时代，2006（32）：23-24.

② 刘红霞．中国境外投资风险及其防范研究［J］．中央财经大学学报，2006（3）：63-67.

③ 睦水炳，何有世．国有资产投资主体的投资风险控制［J］．中国管理信息，2008（3）：91-95.

④ 李飞．中央企业境外投资风险控制研究［D］．财政部财政科学研究所博士学位论文，2012.

⑤ 杨景海．国有企业非效率投资风险控制的政策建议［J］．商业会计，2011（15）：8-10.

⑥ 于丁一．国有企业国外投资风险及其防范对策研究［J］．金融经济，2010（16）：59-61.

⑦ 李岩，田泽．中国石油企业跨国经营若干风险及对策分析［J］．石油化工技术经济，2007，23（3）：4-7.

⑧ 刘鼎，陈丽华．我国石油企业国际化经营风险及防范［J］．经济述评，2010（Z2）：59-61.

⑨ 段宇平，吴昊．中国全球能源投资分析［J］．中外能源，2015，20（3）：9-15.

⑩ 程立茹．中国企业海外并购非经济风险的凸显及防范［J］．工业技术经济，2006（6）：72-76.

⑪ 李兴国．我国企业境外石油投资的法律风险防范机制［J］．福建行政学院福建经济管理干部学院学报，2008（2）：59-63.

⑫ 范秋芳，戴秀芝，李平．中国石油企业海外经营风险及对策［J］．中国石油大学学报（社会科学版），2009，25（4）：1-4.

⑬ 赵旭．海外油气投资目标筛选决策支持系统研究［J］．技术经济与管理研究，2011（3）：8-12.

远。因此，本书尝试运用综合研究范式，通过对石油天然气煤炭一次能源企业海外投资的模式与风险因素结合事实进行分析与识别，并加以实证研究，旨在为该领域研究提供一个新的空间。

## 三、研究目标与研究内容

### （一）研究目标

在广泛挖掘和吸收利用已有能源海外投资的研究成果，认识我国能源海外投资环境变迁与能源海外投资现状的基础上，将能源企业海对外投资置于"一带一路"倡议背景之中，分析能源企业海外直接投资模式转变与风险管理完善。本书将从国际投资、风险管理和能源地缘政治体系建立研究的复合视角，确定能源企业海外投资模式和风险管理的系统性研究框架；依据理论和实证相结合，结合能源企业投资的时间序列数据和投资区域环境相关数据，建立投资模式和风险管理实证模型，对投资模式选择和风险评价进行实证分析，提出中国能源企业海外投资的发展模式与风险管理的操作性的对策建议。

### （二）研究内容

第一章，绪论。叙述在全球能源格局和能源结构变化大环境下，研究中国能源企业海外投资的意义。简要梳理国内外相关研究成果，围绕研究目标与意义，确立研究内容、研究方法、分析框架以及论文创新点。本章重点探讨能源企业海外投资环境的变迁问题，为本书研究问题和解决奠定现实基础。通过文献评述，确立研究结构和研究办法。

第二章，概念界定及理论基础。对能源、风险概念进行界定，对海外投资的基本理论、风险管理和制度理论进行归纳。重点阐述海外投资的进入模式理论、风险管理理论和制度理论的基本观点。归纳进入模式的优势理论、内部化理论、折衷主义理论、模式选择影响因素及理论推导过程；梳理风险内涵、分类、风险管理基本流程及内部控制。论述制度的内涵、制度质量与模式选择的关系。在解析表述中，均不同程度地体现出了自己的理论思考与研究思路。

第三章，中国能源企业海外投资现状评价。本章按石油、天然气、煤炭海外投资概况进行归纳，对石油、天然气、煤炭能源投资特征进行分析。将中国能源企业的跨国指数作为被解释变量，以企业微观指标和中国开放度作为解释变量，对中国能源企业 ODI 的阶段性现实进行实证研究，简要分析中国能源企业海外投资突出问题和问题产生的原因。这个实证分析是本书研究的主线。本章也是本书研究的现实基础和思考问题的着力点。

第四章，中国能源企业投资模式区域分布和区域风险评价。本章对中国石油、天然气和煤炭等能源企业海外投资模式进行理论界定；梳理电力、油气和煤炭投资样本数据，统计投资模式与区域分布，并分析区域的投资存量和基本特征。对能源企业投资存在的风险因素进行识别，并建立指标风险评价体系，对中国能源企业的投资国家的政治、经济和社会风险进行主成分分析；并对能源投资区域、"一带一路"沿线国家的投资风险进行排序。由此为本书能源投资的区域风险控制提供科学依据。

第五章，投资动机、制度质量与中国能源企业投资模式选择。本章归纳能源企业投资动机、制度质量的维度。重点运用多元选择 Logit 模型，以中国能源企业投资项目为研究样本，检验制度质量和投资动机对中国能源企业 ODI 模式选择的影响。将分别讨论投资动机与总体制度质量、各制度质量对投资模式的影响；投资动机和总体制度质量对投资模式的交互影响和面向不同地区投资的异质性影响。

第六章，"一带一路"煤炭投资与能源通道风险分析。本章基于世界煤炭生产与消费的总体趋势，对"一带一路"主要煤炭生产国的投资要素、市场距离和经营环境进行分析。对中国周边市场的煤炭供需关系进行分析，提出煤炭投资的方向；围绕中国能源通道的政治、社会、经济等风险，对马六甲、中亚、中俄、中缅、中巴进行全方位剖析，以推进国际经济走廊稳健发展。

第七章，中国能源企业海外投资模式案例分析。本章基于中国能源企业海外投资实践案例，讨论了混合型投资模式、非洲模式、委内瑞拉模式、哈萨克斯坦模式和煤炭投资模式等。重点对兖州煤业澳大利亚并购案例进行分析。本案例围绕投资模式的决定因素：风险控制、投资动机和制度质量来展开阐述，并附以神华案例反思、世界能源企业投资经验相支持。

第八章，研究结论、政策建议和展望。该部分得出本书的研究结论，从能源投资区域的视角，提出投资模式、投资动机和风险管理的综合性建议。提出能源企业海外投资的支持性政策与实施策略的制度构想。

# 四、研究思路和方法、创新点

## （一）研究思路

首先，本书的技术路线是围绕能源企业海外投资模式选择的决定因素：风险控制、投资动机和制度质量的关系问题而展开的，研究对象为传统能源（石油、天然气、煤炭）和电力企业海外投资概况。着重研究能源企业投资现状、投资模式及区域分布、区域风险识别和评价、模式选择与投资动机、制度质量关系，并对上述研究重点进行定量评价。其次，本书以典型案例来证明定量评价所涉结论的科学性。最后，本书提出中国能源企业海外投资的区域整合投资策略和实施支持性新措施。本书研究技术路线图如图1-9所示。

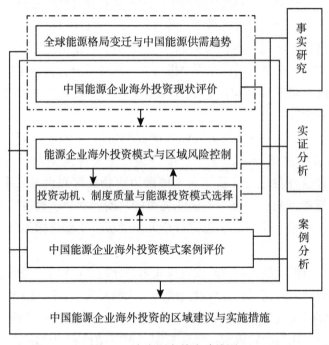

图 1-9　本书研究技术路线图

## （二）研究方法

本书总体研究方法是基于能源投资事实分析和样本数据，进行实证研究和案例论证，建立三种方法相互支持的研究体系。具体研究方法包括：

（1）国内外比较法。主要应用于投资环境事实分析、模式选择和案例分析。这种方法运用将形成事实分析的世界规律与中国现实的二维参照体系，将为完善能源投资模式、调整投资区域策略或措施提供辩证思维。

（2）定性与定量相结合。能源企业海外投资的数据较难以获取，且准确性相互差异较大。这使论文的理论性和实证性存在较多困难。对于能源企业海外投资现状、模式选择和风险评价应当有适当的定性描述或理论界定，并通过建立指标体系，进行定量实证研究，力求做到研究过程的科学性和结论的严谨性。

（3）案例分析法。围绕中国能源企业（传统能源）海外投资的总体现状和典型案例，有针对性地进行深度分析。目的是以案例的基本事实和基本做法、现实问题验证本书的研究观点。

（三）本书的创新点

其一，本书在借鉴国内外学者现有研究成果的基础上，加入自身的研究，对中国能源企业海外投资的现实情况进行总结，结合中国国情将海外投资模式在绿地投资模式、跨国并购投资模式之外，增加以合同模式为主的非股权投资模式。在已有理论研究的基础上，对中国传统能源企业的投资风险类型、风险因素进行识别。在此基础上将投资模式选择和区域风险控制、投资动机、制度质量等因素联系起来形成多视角的研究框架，为能源企业海外投资的模式选择提供了相对完整的理论框架，拓展了能源投资研究的新边界。

其二，聚集能源企业海外投资模式，以油气、煤炭和电力企业对外直接投资为研究样本，突破原来单一行业碎片式研究范式；运用国际投资理论、风险管理理论与制度理论整体思考投资模式选择问题。

其三，运用统计、计量和案例分析相结合的综合研究方法。在事实描述和统计分析、计量实证的基础上，提出了能源企业海外投资模式与影响因素综合实证框架；建构了风险控制、投资动机和制度质量的多维相互支持的评估体系。案例分析从总体实践到个体案例，再次证明能源企业海外投资模式与风险控制、投资动机和制度质量的关系。

其四，本书基于多视角研究结论提出三个综合观点：一是能源企业对外投资属于国家战略主导型投资。这类投资的背后都存在着国家的宏观利益，是以实现预期的经济效益与社会效益为目标的资本运营和利润获取的行为。中国能源企业海外投资现状证明投资是有效和有竞争力的，应当继续推进海外投资。

二是建立系统化风险控制体系。重点以区域风险评价为依据，按投资动机、制度质量来选择投资模式。建议中国能源企业海外投资应从投资区域、投资模式与风险管控综合思考入手，分区域整合投资措施，重构能源风险防范的政策性支持制度体系。三是逐步构建互惠链式投资模式。建议中国能源企业投资模式从以并购投资为主逐渐向互惠链式投资转变。要着重从"一带一路"倡议布局出发，与资源国、国际能源公司等多方合作，以非股权投资模式为主导，逐步形成以中国资本和市场为支撑，能源、先进技术获取与能源的技术服务、工程建设和装备制造输出相结合的互惠链式投资模式，致力于以市场与技术双重优势来巩固中国在世界能源变革中的地位。

# 五、本 章 小 结

本章通过对全球能源供给与消费趋势进行分析，发现全球能源供需平衡正在打破，海外投资风险显著加大，能源寻求型正在向技术寻求型转变。在这样的背景下，研究能源企业海外投资模式具有理论价值和现实意义。本书尝试从综合研究入手，围绕中国能源企业投资模式选择与风险控制、投资动机与制度质量的痛点，设计研究思路、内容和方法。

# 第二章　概念界定及理论基础

本章对能源企业海外投资模式、风险控制、制度质量相关理论进行综述。重点阐述投资模式理论、风险管理和制度理论的相关要点。

## 一、概念界定

### (一) 能源

物质、能量和信息是构成自然社会的基本要素。而能量是整个世界发展和经济增长的最基本的驱动力，是人类赖以生存的基础。自工业革命以来，煤炭、石油和天然气等常规能源通过燃烧将化学能转化为热能。从世界能源发展趋势和资源禀赋特征看，实施以清洁替代和电能替代为主要内容的"两个替代"是世界能源可持续发展的重要方向。根据预测在全球能源互联网加快发展情景下，到 2050 年全球清洁能源比重将达到 80%[①]。能源资源 (energy source) 的开发和有效利用程度以及人均消费量是生产技术和生活水平的重要标志。《大英百科全书》中的能源是一个包括所有燃料、流水、阳光和风的术语，人类用适当的转换手段便可让它为自己提供所需的能量。能源包括自然界中能为人类提供的直接能量形态的物质资源或者通过加工、转换而成的各种资源 (见表 2-1)。

国际上的统计数字均限于进入能源市场作为商品销售的能源，如煤炭、石油、天然气和电力等商品能源。由于新能源的能量密度较小，或品位较低，或有间歇性，因此按已有技术条件转换利用的经济性尚差。煤炭、石油和天然气是一次能源的核心，也是全球能源市场交易的基础。这是本书能源企业海外投资的主要研究对象。

---

[①]　郭剑波. 构建全球能源互联网具备实践基础和发展条件 [EB/OL]. 新华能源 http：//energy. people. com. cn/n/2015/0930/c71661-27653239. html，2015-09-30.

表 2-1　　　　　　　　　　　　　能源的分类方式

| 能源产生方式 | 循环方式 | 非燃料型能源 | 新能源 | 清洁型能源 |
|---|---|---|---|---|
| 一次能源（自然界现成存在的能源） | 可再生能源 | 水能、太阳能、风能、地热能、海洋能、生物能及核能等 | | |
| | 非再生能源 | 煤炭、石油、天然气、油页岩等 | | |
| | 燃料型能源 | 化石燃料 | | 污染型能源 |
| 二次能源（由一次能源转换的能源产品） | 电力、煤气、蒸汽及各种石油制品等。 | | | |

## （二）国际投资与能源海外投资

国际投资（international investment），又称对外投资（foreign investment）或海外投资（overseas investment），是指跨国公司等国际投资主体，将其拥有的货币资本或产业资本，通过跨国界流动和营运，以实现价值增值的经济行为。以有无投资经营权为依据，分为对外直接投资（Foreign Direct Investment，FDI）和国际间接投资（International Indirect Investment，III）。它是各种资本运营的结合，是在经营中实现资本的增值①。

能源海外投资，是指能源企业以投入货币、技术或知识产权、有价证券（包括股权债权）、实物等资产或者权益，通过股权并购、投资新建等方式，在境外设立具有独立法人地位的经济实体或取得法人经济实体的所有权、控制权、经营管理权等权益行为。

能源海外投资项目具有高技术、高投入、高风险和投资回收期长的特征。能源企业海外投资从收集国际项目信息、项目投标以及在资源国的项目落地紧密相连又相互制约。能源投资经营过程中受政治、经济、社会、技术、地质条件和内部整合等多重因素影响，具有高度复杂性风险。能源经济周期具有一定的规律性，一旦投资成功就可能获得巨大收益。这些因素使能源海外投资变成一种相对高风险和高收益并存的经济行为。本书基于中国能源企业的角度研究对外直接投资（ODI）模式选择问题。

---

① 杜奇华．国际投资［M］．对外经济贸易大学出版社，2009．

（三）风险的含义

风险的概念起源于意大利，19 世纪末将风险范畴应用于经济领域。1921年，美国经济学家 F. H. 奈特在《风险、不确定性和利润》中指出："风险是可测定的不确定性。"中国学者赵曙明等①将风险定义归结为"风险是在一定环境和期限内客观存在的，导致费用、损失与损害产生可以认识与控制的不确定性"。2004 年 9 月，在美国 COSO 以《内部控制—整合框架》（1992）为基础制定的《企业风险管理-整合框架》中，将风险表述为"一个事项将会发生并给目标实现带来负面影响的可能性"。2006 年 6 月，国务院国资委发布的《中央企业全面风险管理指引》将风险定义为"未来的不确定性对企业实现其经营目标的影响"。

根据风险原理，不同的风险因素的相互影响有可能产生很多不同的风险事件，这些风险事件对能源投资项目造成了不同的影响。因此，依据风险来源的不同，企业内部常见风险如表 2-2 所示，这也是英国标准 AIRMIC（2002）的风险分类方法。

表 2-2　　　　　　　　　　**英国标准的风险分类方法**

| 因素<br>类别 | 内　　部 | 外　　部 |
|---|---|---|
| 战略风险 | 新技术、新产品、并购风险、品牌建立和收益变化等 | 市场需求变化、法律环境改变、竞争对手与供应商变迁 |
| 财务风险 | 现金流以及资产的安全性 | 经济周期、利率汇率价格、信用风险、期货市场等 |
| 运营风险 | 安全生产、知识产权、环境保护、人力资源及价格谈判等 | 管理责任，企业的社会责任、合规性和产业链关系 |
| 危害性风险 | 火灾、人身伤亡等 | 水灾、恐怖袭击以及战争等 |

本书对风险的定义，主要是指能源企业海外投资过程中的政治、经济、社

---

① 赵曙明，杨忠. 国际企业：风险管理［M］. 南京大学出版社，1998.

会等外部风险。

# 二、海外投资模式理论

## 一、海外投资模式的特性及理论演化

### 1. 海外投资内在特性的理解

海外投资模式理论是跨区域投资企业的产品、技术、人力资源、管理或者其他资源进入某一特定海外国家的制度安排的理论（Root，1998[1]；Erramilli，Rao，1993[2]）。也有学者认为投资模式是将企业控制拓展到国外所属或相关企业的管理结构（Anderson，Gatignon，1986）[3]。Kwon 和 Konopa（1992）[4] 将投资模式扩展为产品转移到海外市场的各种方式总和。海外投资模式有其内在特性，在学术界最受推崇的是"控制、传播风险和资源承诺"的分析框架（Hill，Hwang，Kim，1990）[5]。

由于企业股权结构与模式"控制"特性有着密切联系。Root（1994）根据企业管理行为控制的组织结构和经营方式，将进入模式分为贸易式、契约式和投资式（见表2-3）。Anderson 和 Gatignon（1986）[6] 从企业所有权控制能力的差异划分，将海外投资分为高度（全资子公司）、中度（相等或多元股权投资）和低度（合同）三种控制模式。

① Root F. R. Entry Strategies for International Markets (the 2rd edition) [M]. San Francisco: Jossey-Bass Publishers，1998.

② Erramilli M. K.，Rao C. P. Service Firms' International Entry-Mode Choice: A Modified Transaction-Cost Analysis Approach [J]. Journal of Marketing，1993，57（3）：19-38.

③ Anderson E.，Gatignon H. Modes of Foreign Entry: A Transaction Cost Analysis and Propositions [J]. Journal of International Business Studies，1986，17（30）：1-26.

④ Kwon K. C.，Konopa L. J. Impact of Host Country Market Characteristics on the Choice of Foreign Market Entry Mode [J]. International Marketing Review，1992，10（2）：60-76.

⑤ Hill C.，Hwang P.，Kim W. An Eclectic Theory of the Choice of International Entry Mode [J]. Strategic Management Journal，1990，11（2）：117-128.

⑥ Anderson E.，Gatignon H. Modes of Foreign Entry: A Transaction Cost Analysis and Propositions [J]. Journal of International Business Studies，1986，17（3）：1-26.

表2-3 海外投资模式的控制形式

| 国际化方式 | 具体内容 |
|---|---|
| 贸易式 | 国外中间商；国外办事处；销售分支机构 |
| 契约式 | 许可经营；特许经营；技术协议；管理合同；交钥匙工程；合同制造 |
| 投资式 | 合资经营；独资经营；合作经营；新建和并购 |

资料来源：Root F R. Entry Strategies for International Markets［M］. New York, Lexington Books, 1994.

如果把投资模式选择进一步简化，只研究企业股权结构的选择问题。这样企业的股权结构，就可以简化为合资与独资，或科层与合约的二元选择（鲁桐，2007①）。Dikova 和 Witteloostuijn（2007）② 股权结构分为进入模式（entry mode）和建立模式（establishment mode）。进入模式从海外子公司的所有权性质和获取的角度，可分为合资（joint venture）和全资（wholly-owned subsidiary、跨国并购（cross-border M&A）、绿地投资（greenfield）。Pan 等人（2000）③从是否需要投资方具有控制权的角度，提出投资模式的层级模型，并分为股权模式和非股权模式。因为上述研究的视角和理论基础不同，所以投资模式分类结论也各有差异（见表2-4）。本书研究投资模式主要采用 Pan 和 Tse 的控制权分类，分析股权投资和非股权投资。根据能源企业投资的实践经验，模式形态分为绿地投资、并购投资和合同投资三种类型。

表2-4 海外投资模式类型及区分变量

| 相关研究学者 | 模式类型 | 区分变量 |
|---|---|---|
| Davidson（1980） | 独资、多数、均等及少数股权合资 | 所有权、营销模式以及生产方式 |
| Anderson 和 Gatignon（1986） | 高、中及低度控制模式（共16种类型） | 市场进入者的控制程度 |

---

① 鲁桐. 中国企业海外市场进入模式研究［M］. 经济管理出版社，2007.

② Dikova D., Witteloostuijn A. V. Foreign Direct Investment Mode Choice：Entry and Establishment Modes in Transition Economies［J］. Journal of International Business Studies，2007，38（6）：1013-1033.

③ Pan Y., Li S., Tse D. K. The Impact of Order and Mode of Market Entry on Profitability and Market Share［J］. Journal of International Business Studies，1999，30（1）：81-103.

续表

| 相关研究学者 | 模式类型 | 区分变量 |
|---|---|---|
| Root(1987) | 出口、契约方式、投资方式 | 成本与效益 |
| Kogut 和 Smg(1988) | 购并、合资、海外直接建厂 | 文化差异成本、风险趋避 |
| Erramilli 和 Rao(1990) | 独资、合资等九种模式 | 管理、财务资源投入程度、市场特异性资源投入程度 |
| Hill、Hwang 和 Kim(1990) | 授权、合资、全资经营 | 控制程度、资源投入、技术扩散风险 |
| Erramilli(1991) | 完全控制模式、共有控制模式 | 控制需求 |
| Agarwal 和 Ramaswam(1992) | 出口、合资、独资与授权 | 所有权优势、区位优势、内部化优势 |
| Kim 和 Hwan(1992) | 授权，合资与全资经营 | 控制程度、资源投入、技术扩散风险 |
| Woodcock 和 Mar(1994) | 独资、合资和购并 | 所有权优势、区位优势、国际化程度 |
| Tse、Pan 和 Au(1997) | 出口、授权、合资、全资 | 控制程度，资源投入 |
| Contractor 和 Kunda(1998) | 完全及部分拥有、管理服务契约、特许经营 | 所有权、控制程度 |
| Pan、Li 和 Tse(1999) | 契约式合作经营、股权式合资、全资拥有经营 | 所有权拥有程度 |
| Palenzula 和 Bobmo(1999) | 代理、授权、合资、独资 | 资源投入、资产专用性 |
| Pan 和 Tse(2000) | 各类模式 | 权益基础 |
| Erramilli 和 Agrawal (2002) | 管理契约、连锁加盟 | 组织能力、当地投资伙伴的能力、当地市场发展与文化差异 |
| Griffin 和 Pustay(2002) | 国际授权、国际连锁加盟、特殊模式、国外直接投资 | 所有权优势、区位优势、内部化优势、其他因素 |

资料来源：作者根据相关研究整理。

　　能源企业海外投资模式研究，自然要重视控制、传播风险和资源承诺这三种特性之间存在高度的相关性。对于海外投资控制的理解，主要体现为管理企业自身资源、决策运营和战略执行的权力大小。通常是通过选择不同模式来区别控制权力的不同。控制权力最大模式选择的是采用独资子公司投资的方式。在能源区域投资动机上，就体现为对投资区域技术、市场和资源获得的控制不同。控制的选择与投资所在区域的政治、经济、社会制度环境最为相关。所谓资源承诺，一般是指企业的专有性资产投入。专有性资产是体现企业异质性的资源，可能是有形资产，也可能是技术专利以及先进管理经验等无形资产。根据对资源投入的承诺大小分类，新建独资模式对资源承诺的水平相对较高，合资模式相对较低。能源企业海外投资的资源承诺，不单是企业自身资源，也包括所在国和资源国的资源承诺，如"贷款换石油"合作投资就体现了资源禀赋的互补性。因此，当模式选择作资源承诺时，就要评价投资海外项目的有效成本，同时也要评价退出障碍所需承担的沉没成本。所谓传播风险，特指企业的某些自身优势被合作伙伴或者受许可方侵蚀的一种风险。如果企业采取新建独资模式，企业的传播风险就相对较低；采取合资与并购模式，传播风险就相对较大。投资模式的内在特性之间是相互影响、相互渗透的对立统一的关系，这是我们思考能源企业海外投资模式选择的基本思维原点。

中国能源企业投资，首先判断是否具备所有权优势这一前提。所有权优势主要是投资主体的资源承诺。其次企业对外直接投资能否形成内部化优势，或者说是否企业特有资产加以内部化使用，就可以获得比外部化交易更多的利益。这是考虑要不要合作开发项目或企业如何控制的问题。内部化优势的形成取决于企业进行内部化的动机、意愿条件。而内部化的动机以及实现条件，又受市场、成本与收益两个因素权衡的影响。内部化优势可以通过新建（绿地）模式中的合资企业或独资企业选择，来实现成本与效益管理目标。对于控制是否采用股权模式还是非股权投资模式，就要考虑投资所形成的规模优势、速度优势和协同效应；或者是获得战略性资产的优势和新市场优势。这些理论分析，就是研究能源企业海外投资动机分类的基础。

随着现代股份公司股权分散、公司所有权和控制权相分离的现状的出现，使公司的控制权事实上落到公司经营者手中（卢汉林，2010）[1]。由此公司控制权问题开始引起理论界的重视。企业控制权是通过行使法定权力或施加影响，对大部分董事有实际的选择权（伯利和米恩斯，1932）[2]；企业控制权就是排他性利用企业资产，特别是利用企业资产从事投资和市场营运的决策权

---

① 卢汉林 . 国际投资学［M］. 武汉大学出版社，2010.

② 伯利，米恩斯 . 现代公司与私有财产［M］. 商务印书馆，2005.

(周其仁,1997)①。在控制权理论中有五种形态：完全所有权、过半数控制、法定手段控制和少数控制，都属于产权控制的范围，经营者控制是非产权控制，但属于内部控制。而业务控制既不是股权控制，也不是内部控制，是一种外部控制。能源的有限性使得所有资源国对外部控制具有排斥性，经常用法律或制度对公司治理结构进行限制。结合企业控制理论"产权控制—经营权控制—外部发展控制"的演化进程，化解中国能源企业海外投资风险，选择外部控制无疑是一种模式创新。这为非投权模式运用提供了理论支持。海外投资的类型与动机如表2-5所示。

表2-5 **海外投资的类型与动机**

| 投资类型 ＼ 动机与条件 | 传统型（所有权优势） | 非传统型（所有权劣势） |
|---|---|---|
| 寻求市场型 | 传统优势（如技术资本等） | 国内市场小 |
| 寻求要素型 | 传统优势（如技术资本等） | 缺乏关键技术或资源 |
| 寡占反应 | 领导者 | 竞争威胁 |
| 分散风险 | 财务原因及资本过剩 | 政局不稳 |

资料来源：Hwy-Chang Moon，Thomas W. Roehl. Unconventional foreign direct investment and theimbalance theory［J］. International Business Review，2001，10（2）：197-215.

### 2. 海外投资理论的简要梳理

传统国际投资理论就其内容包括产品国际流动和国际资本流动理论两个问题。由此形成一种基于产品国际流动为内容的比较优势理论；另一种基于在不完全竞争市场中由垄断优势形成的支配行为。海外投资理论的进入模式包含三个理论框架——市场不完全、行为主义和市场失效。学者把这些理论归纳为阶段投资模型、交易成本模型、所有权—区位—内部化模型、组织能力模型和决策过程模型五种基本理论模型（Zhao，Decker，2004）②。实际上理论框架前后联系是递进关系，由此演化的理论流派包括 Hymer 理论、国际产品周期理论、国际化理论、内部化理论、折衷理论以及交易成本和制度理论等（见表2-6）。

---

① 周其仁. "控制权回报"和"企业家控制的企业"［J］. 经济研究，1997（5）：31-42.

② Zhao X.，Decker，R. Choice of foreign market entry mode：cognitions from empirical and theoretical studies［EB/OL］. http：//www. doc88. com/p-912993644819. html.

表 2-6                           海外投资进入模式的理论流派

| 范式 | 基本理论 | 研究代表 | 主要观点 |
|---|---|---|---|
| 市场不完全范式 | Hyme 垄断优势理论 | Hymer（1976）；Burckley, Casson（1976）；Teece（1980） | 基于市场不完全的跨国公司具有垄断优势的角度，认为市场不完全程度相对较高时选 FDI 模式，否则选择 Licensing。该理论没有分析合资和区位差异对模式选择的影响 |
| | 产品生命周期理论 | Vernon（1966）；Poh（1987） | 将生命周期概念引入 Bain 企业理论，产品生命早期选出口模式，后期则选择 FDI 模式。市场不完全范式清晰地阐述了企业垄断优势，并把它看作企业进入海外市场的主要动机 |
| 行为主义范式 | 决策行为理论 | Root, Kogut（1984） | 在 Hymer 垄断优势理论的基础上，主张克服市场进入壁垒和报复威胁的主要手段是合资或其他战略联盟 |
| | 国际化理论（演进理论） | Johnson, Vahlne（1977, 1990）；Buekley（1988）；Hennart（1986） | 基于 Cyert 和 March 行为主义理论，以经验性知识和心理距离的概念为基础，从动态的视角解释市场进入模式的选择。研究东道国市场特征对企业进入模式的影响。但是理论没有很好的解释合同以及合资模式，对区位因素和所有权因素的解释也不甚全面 |
| 市场失效范式 | Coase 企业理论 | Buekley, Casson（1998） | 将企业明确地分为分配和制造功能，区分产权以及内部化优势，强调信任对于形成合资的重要性 |
| | | Coase | 以效率为其选择依据，以市场和科层作为经济功能执行的两种模式，并且认为这两种模式可以相互替代 |
| | 内部化理论 | Anderson, Gatignon（1986）；Jones, Hill（1988）；Kim, Hwang（1992）；Brouthers（1995） | 厂商直接利用自身特有的优势，而不是将之出租或者出售。就是将所有生产及营销活动都置于公司的所有权控制之下，而不是经外部市场作契约形式的安排。该理论对于投资模式的选择，通常是在控制程度和资源承诺成本之间取舍，而取舍的标准，则是取决于风险与不确定性的程度 |

续表

| 范式 | 基本理论 | 研究代表 | 主要观点 |
|---|---|---|---|
| 市场失效范式 | 交易成本理论 | Hennart（1989）；Williamson（1979，1985）Anderson，Coughhlan（1987） | 以专用性资产交易的控制程度来确定投资模式。高控制模式为全资和多数股权的合资，而低控制则是授权和少数股权模式。当交易成本增加时，企业倾向于采用科层模式（Tayloretal 1998） |
| | 折衷理论 | Dunning（1977，1980，l995） | 海外投资条件是具备所有权优势、内部化优势和区位优势（OLI）。所有权优势涉及控制权成本和公司间关系利益；区位优势指资源投入可得性和成本；内部化优势指降交易和协同成本 |
| | | Agarwal，Ramaswami（1992）；Hin（1990） | 以 Dunning 的折衷理论为基础，增加了全球战略变量，认为企业根据整合国家策略、交易和环境来决定其对外投资模式 |
| 组织资源范式 | 制度理论 | North（1990）；Williamson（1985）；Meyer（2001） | 企业组织结构选择可以理解为对外部环境、内部实践和管理趋同的回应。基于交易成本预测的进入模式并不是最好选择，企业可能面临社会政治合法性设计压力 |
| | 资源基础理论 | Hennarl、Erramilli，Agarwal | 资源基础理论认为可以通过非股权模式将资源和能力转移国外。知识共享的转移能力，影响企业投资模式的选择 |

资料来源：作者根据相关研究整理。

　　自 20 世纪 70 年代后期以来，市场失效范式便成为海外模式选择理论研究的一种主导范式。范式清晰阐述了垄断优势概念，并把它看作企业进入海外市场的主要动机。垄断优势理论在一定程度上解释了产权制度，但没有分析合资和区位的差异影响。内部化理论发现了企业直接利用自身特有优势的周期。直到传统 OIL 理论的出现，才将所有权和区位优势保持在跨国公司体系并具备内部化优势的可能。已有 ODI 模式选择的研究多以发达国家的跨国公司为样本，而发达国家通常受东道国的优势资源所驱使，无论在成熟市场之间还是在相对落后地区的对外直接投资，都在遵循传统 OIL 理论，通过恰当的投资方式实现资源最有效的内部化。中国能源企业与西方能源跨国公司不同，尚不具备大规模海外投资所必需的所有权优势（如企业特殊资源、能力等）；以获取资源为主导的海外投资模式，与传统 OIL 范式下内部化理论相悖，实质是一种"反向内部化"（reverse internalization）。中国能源海外投资主体是国有企业，自然会被西方发达国家戴上假借大国综合优势（如产业、资源、区域经济多元化等）的帽子，由此面临更多的非经济阻力，因此海外投资的风险和难度比西方国家公司更大得多。

## （二）能源企业海外投资模式选择的理论思考

本书基于"控制、传播风险和资源承诺"内在特性的经济学范式研究思路。投资模式的选择是多重因素相互交互的结果（杨剑波，1996）①。其中包含资源国的政治经济环境、社会文化以及企业自身经营所具有的资源。企业所在国的制度和母公司战略、组织结构等因素。Hill、Hwang 和 Kim（1990）② 在《国际进入模式选择的折衷理论》（An Eclectic Theory of The Choice of International Entry Mode）中指出，影响企业选择进入模式的因素是有差别的，选择时只要考虑会产生较大影响的关键因素，即战略因素、环境因素和企业特定因素，并综合三类因素选择最佳的进入模式。本书投资模式选择决定因素的评价指标体系，就延续这个思路。

中国作为发展中国家，还处在国际化的初级阶段。海外投资模式选择，必须考虑母国因素、东道国因素、产业因素和企业因素的影响（黄速建，刘建丽，2009）③。如图 2-1 所示，对于能源企业海外投资来说，母国因素主要是国家制度促进机制，也包含制度的可能障碍。这是能源企业所有权优势的重要来源。东道国因素是衡量投资区域的政治、经济、社会等因素，评价其所存在的风险。风险程度与收益的预期将会导致海外投资模式中的资源承诺和控制程度的不同选择。产业因素与企业因素中的资源变量，主要影响能源企业的资源承诺能力，从而决定控制程度的选择。企业因素中的投资动机，则是企业选择投资区域和投资模式的先导因素。

---

① 杨剑波. 多目标决策方法与应用 [M]. 湖南出版社，1996.

② Hill, Hwang, Kim. An eclectic theory of the choice of International Entry Mode [J]. Strategic Management Journal, 1990 (11): 117-128.

③ 黄速建，刘建丽. 中国企业海外市场进入模式选择研究 [J]. 中国工业经济，2009 (1): 108-117.

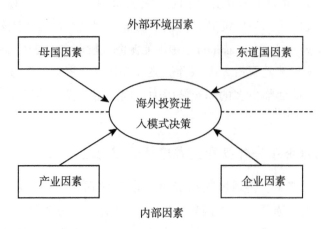

图 2-1  海外投资模式选择的影响因素

中国能源企业就内部因素来讲，还不具备全球化战略目标，更多是区域多元化战略；也不具有较强的市场垄断优势与实力和丰富运营经验，合资经营方式或非股权参与模式可能更为优先选择。外部因素中的东道国 FDI 制度与政策框架和社会文化差异值得充分重视。政治、经济、社会制度差异大，带来投资风险就大，因此投资模式选择的股权控制程度、资源承诺就要适度调整或减少。

由于能源行业特点和能源企业规模相同因素较多，在选择具体区域适当的进入模式时，项目所在东道国因素变得至关重要，而且区域制度环境因素是动态的，所以投资模式选择问题是一个动态的多目标决策问题，也是在投资动机下最优的或次优的模式确定过程。

本书把能源企业海外投资的主要目标归纳为三个：一是能源可获性，即企业海外投资的主要目标是获得能源权益或资源产品，保障国家的能源安全，这是中国能源企业投资最重要的目标。二是市场最大化，即实现经济效益。一般而言，利润是投资追求的直接目标。利润实现需要技术创新与成本控制。中国能源企业解决成本过高的问题确保企业可持续发展，就是实现利润的最大化。三是风险最小化，海外投资不确定性较大，风险源较多。控制风险，是中国能源企业海外投资的重要考虑之一。因此，本书利用多目标效用理论（Muti-attribute Utility Theory，MAUT）构建模型，并结合比较静态分析方法，研究中国能源企业海外投资模式问题。

### 1. 相关概念的定义和函数表达式

（1）生产函数。

根据前文的论述和分析，我国能源企业海外投资的主要模式有三种，即绿地模式、跨国并购模式和非股权模式。其中前两种模式以资本投入为主，尤以跨国并购模式为甚，虽然绿地模式可能包含一定量的劳动投入，但也主要是利用输出的资本雇用当地的劳动力（本书为简化分析，将此现象也视为资本投入）；第三种投资模式则以提供一系列技术服务，特别是高端技术，并获取服务报酬为主要特征。因此，本书构建生产函数的投入品仅包含两项：资本（$K$）和技术（$T$），并将中国能源企业海外投资企业的生产函数定义为：

$$Q = Q(K, T) \tag{2-1}$$

可将上式视为我国能源海外投资企业的能源产量。根据生产函数的一般特征，本书假设（2-1）式满足各变量一阶可导，且一阶倒数均大于等于 0 的条件，即 $\frac{dQ}{dK} > 0$，$\frac{dQ}{dT} > 0$。

（2）能源可获得性。

能源可获得性，即中国可获得的能源权益或资源产品，以保障国家的能源安全。其直观表达为能将多少海外能源投资企业生产的能源产品输入中国。为简化分析，本书假定海外能源投资企业按总产量的一定比例（$\alpha$）将能源产品输入国内，并将该比例（$\alpha$）定义为能源获取努力程度，则能源可获得总量为：

$$G = \alpha \times Q = \alpha \times Q(K, T) \tag{2-2}$$

（3）利润。

海外投资能源企业的利润为总收益减去总成本，根据前文的分析，其函数表达式为：

$$\pi = p \times Q - (rK + eT) = p \times Q(K, T) - rK - eT \tag{2-3}$$

其中，$p$ 为能源产品的市场价格，$r$ 为资本的市场利率，$e$ 为技术服务的市场价格。由于海外投资企业的重要目标之一是获取利润，因此以亏损为代价获取其他目的，例如能源可获得性目的，即便短期可行，在长期也是不可持续的。综上，本书假定海外能源投资企业的资本（$K$）或技术服务（$T$）的边际投资均可获取边际利润，而不是亏损，即 $\frac{d\pi}{dK} > 0$，$\frac{d\pi}{dT} > 0$。

（4）风险。

海外能源投资面临的风险源较多，其中由于能源获取努力程度所造成的政治风险是本文重点考察的风险源，在此，本书假设其他风险源是固定不变的，将其设定为 $\overline{R}$（且 $d\overline{R} = 0$）。从世界范围看，能源的控制和获取均是十分重要且敏感的政治经济现象，控制和获取能源均受到诸多限制，东道国政治、经济的任何变动可能会对海外能源投资企业的经营产生重大影响，若海外能源投资企业将生产的大部分能源产品运回本国，则此类企业面临的政治风险是最大的，将首先面临东道国的制约和制裁，成为东道国政治、经济变动的牺牲品。从以上论述可以发现，海外能源投资企业面临的政治风险是能源获取努力程度（$\alpha$）的单调增函数，将其定义为 $r_{政治} = f(\alpha)$，且 $\dfrac{df(\alpha)}{d\alpha} > 0$，由此，海外能源投资企业面临总的风险为：

$$r = \overline{R} + r_{政治} = \overline{R} + f(\alpha) \tag{2-4}$$

**2. 效用函数**

根据前文的论述和分析，我国能源型企业海外投资需考虑的最重要的三个目标是：能源可获性、利润最大化、风险最小化。在影响基本结论前提下，为简化分析，本书假设这三个目标的效用函数满足可分、可加性。并将能源企业的多目标效用函数定义为：

$$U = \omega_1 U_{能源可获得性} + \omega_2 U_{利润最大化} - \omega_3 U_{风险最小化}$$

其中，$U_{能源可获得性}$ 为能源可获得性目标效用函数，$U_{利润最大化}$ 为利润最大化目标效用函数，$U_{风险最小化}$ 为风险最小化目标效用函数；$\omega_1$、$\omega_2$、$\omega_3$ 为海外能源投资企业赋予能源可获性、利润最大化、风险最小化三个目标的权重，且满足（$\omega_1 + \omega_2 + \omega_3$）$= 1$ 的条件。利用（2-2）式、（2-3）式、（2-4）式替代以上效用函数，可得总的效用函数为：

$$U = \omega_1 \times \alpha \times Q(K,\ T) + \omega_2 \times [p \times Q(K,\ T) - rK - eT] - \omega_3 \times [\overline{R} + f(\alpha)] \tag{2-5}$$

**3. 比较静态分析**

从前文的论述和分析可以看出，（2-5）式中海外能源投资企业可以控制的变量主要有三个：能源获取努力程度 $\alpha$、资本投入 $K$ 和技术服务投入 $T$。这三个变量分别代表了不同的投资模式，其中能源获取努力程度代表绿地投资模式；资本投入代表跨国并购模式；技术服务投入代表非股权投资。海外能源投资企业通过变动不同的变量及其组合，可以获取不同的总效用，下面结合不同的投资模式，进行比较静态分析，以研究不同投资模式的优劣，为中国能源企业海外投资模式的决策提供理论支撑。

（1）能源获取努力程度 $\alpha$。

当海外能源投资企业的能源获取努力程度 $\alpha$ 从 $\alpha_0$ 增长至 $\alpha_1$ 时（$\alpha_0 < \alpha_1$），总效用的变动为：

$$\Delta U = U_1 - U_0 = \omega_1 \times (\alpha_1 - \alpha_0) \times Q(K, T) - \omega_3 \times [f(\alpha_1) - f(\alpha_0)]$$
$$(2\text{-}6)$$

海外能源投资企业的能源获取努力程度 $\alpha$ 提高后，能源获取量增加，国家的能源安全程度得到提高，增加了企业的总效用，但同时，能源获取努力程度提高后，面临的政治风险也同步增加，两者的效用之差 $\Delta U$ 的符号方向未定，它主要受海外能源投资企业对能源可获得性权重 $\omega_1$ 和风险最小化权重 $\omega_3$ 的对比。如果海外能源投资企业的能源可获得性权重 $\omega_1$ 远大于风险最小化权重 $\omega_3$，则 $\Delta U > 0$，由于能源获取努力程度主要是和绿地投资模式相适应，因此，此时绿地投资模式是可行的，应该采用绿地投资模式，否则应采取风险较小的非股权投资模式。

（2）资本投入 $K$。

当海外能源投资企业的资本投入 $K$ 从 $K_0$ 增长至 $K_1$ 时（$K_0 < K_1$），总效用的变动为：

$$\Delta U = U_K - U_0$$
$$= \omega_1 \times \alpha \times [Q(K_1, T) - Q(K_0, T)] + \omega_2 \times \{p \times [Q(K_1, T) - Q(K_0, T)] - r(K_1 - K_0)\}$$
$$(2\text{-}7)$$

资本投入增加后，且该变量未对其他变量产生影响，结合前文的论述和假设可知（2-7）式恒大于 0，由于资本投入主要和跨国并购方式相对应，因此跨国并购不失为一种可行的海外能源投资模式。

（3）技术投入 $T$。

当海外能源投资企业的资本投入 $T$ 从 $T_0$ 增长至 $T_1$ 时（$T_0 < T_1$），总效用的变动为：

$$\Delta U = U_T - U_0$$
$$= \omega_1 \times \alpha \times [Q(K, T_1) - Q(K, T_0)] + \omega_2 \times \{p \times [Q(K, T_1) - Q(K, T_0)] - r(T_1 - T_0)\}$$
$$(2\text{-}8)$$

资本投入增加后，且该变量未对其他变量产生影响，结合前文的论述和假设可知（2-8）式恒大于 0，由于技术服务主要和非股权投资相适应，因此可以认为非股权投资模式是最为安全的能源海外投资模式，中国能源企业海外投资在任何地点和时间均应将此投资模式作为首选的投资模式。

中国能源企业海外投资如果是基于利润的考虑，到底是采用跨国并购模式，还是采取绿地新建模式呢？运用交易成本理论来综合权衡两种模式的成本与收益关系。与投资所获收益相关的重要因素主要有三个：并购的价格、并购后产生的垄断利润以及绿地投资的净利润。本书参考程新章等[1]、张小庆[2]的研究成果，对海外投资模式选择过程进行理论推导。

假设 100% 的股权控制是最理想的投资模式，能源企业所生产的是不同产品，企业之间的竞争是市场价格竞争，而不是产品数量竞争（Hotelling 模型）。消费者则在单位距离间隔 [0，1] 内均匀分布，分布的密度是 1，消费者的数量之和为 1。

本推导设定能源行业发展周期为两个：

在行业发展时期 1 时，假设位于 $x=0$ 的国内企业 1 服务东道国 A 国内大部分市场（至少部分地区）。国外企业 2 决定是否投资东道国 A 同业市场。假定东道国 A 能源市场是稳定的，同时，除国外企业 2 外，不存在第 3 家企业想投资的可能。这样国外企业 2 投资模式选择是：要么在 $x=0$ 处合并企业 1；要么是在 $x=1$ 处选择绿地投资模式。

在行业发展时期 2 时，如果国外企业 2 选择绿地投资进入，将和国内企业 1 进行价格竞争；不竞争则企业 2 将垄断东道国 A 全部市场。

国外企业 2 模式选择时，首先考虑的因素是投资成本 $k$。投资成本 $k$ 决定企业并购价格，也最终决定利润水平。如果随着投资成本 $k$ 的上升，并购的吸引力逐步上升。因为绿地投资利润 $\prod_2^G$ 随着 $k$ 的上升而下降；投资成本 $k$ 的值一旦达到 $\bar{k}$，则投资利润 $\prod_2^G=0$。一旦成本 $k \geqslant \bar{k}$，绿地投资模式不可行；如果国外企业 2 此时并购的价格等于国内企业 1 的垄断利润，决定了并购模式也不可行。无奈外国企业 2 只有选择放弃。根据这一推论，本章可以得到如下结论：

结论1：存在一个行业平均 $\bar{k}(S，C_1，C_2，T)$ 值，当投资 $k < \bar{k}$ 时，随着

①　程新章，胡峰. 跨国公司对外投资模式选择的经济学分析框架 [J]. 新疆大学学报（社会科学版），2003，31（4）：17-20.
②　张小庆. 跨国公司对外投资模式选择的决策过程 [J]. 亚太经济，2007，(3)：21-24.

$k$ 的上升，并购模式吸引力随之上升；而当 $k \geq \bar{k}$ 时，国外能源企业将不再投资。

结论2：国内生产技术决定生产成本 $C_1$ 影响模式选择时，意味着 $C_1$ 对于国内企业的垄断利润为 $\prod_1^M$、并购价格 $P_A$、并购利润 $\prod_2^A$ 和绿地投资都将产生影响。随着生产成本 $C_1$ 的上升，绿地投资更有吸引力，同时期并购价格 $P_A$ 将变低。由此可以得到：$C_1$ 的上升将对绿地投资的利润产生严格的正效应，而对并购价格产生非正效应，企业 1 垄断利润产生严格的负效应。即：

$$\frac{d\prod_2^G}{dc_1} > 0, \quad \frac{d\prod_1^M}{dc_1} < 0, \quad \frac{dP_A}{dc_1} \leq 0。$$

可以判断，一方面，随着 $C_1$ 的上升，绿地投资的吸引力越来越大；另一方面，并购利润的降低，也使得并购的价格下降，也有可能国外企业 2 会通过并购模式进入市场。两种模式取决于并购价格的特定值。国内企业边际成本 $C_1$ 的上升，导致其垄断利润 $\prod_1^M$ 的下降，利润又决定了并购价格 $P_A$，进而导致能源并购利润的下降，即：$\left|\frac{d\prod_1^M}{dc_1}\right| \geq \left|\frac{dP_A}{dc_1}\right| \Leftrightarrow \frac{d\prod_2^A}{dc_1} \leq 0$

证明：$\frac{d\prod_2^A}{dc_1} = \frac{d\prod_1^M}{dc_1} - \frac{dP_A}{dc_1}$

如果 $s \geq c_1 + 2t$ 时，则 $\frac{d\prod_2^A}{dc_1} = -1$；如果 $s < c_1 + 2t$，则 $\frac{d\prod_2^A}{dc_1} = \frac{s - c_1}{2t} < 0$。

如果 $s \geq c_1 + 2t$ 时，则 $\frac{d\prod_2^A}{dc_1} = \frac{c_2 - c - 6t}{9t} < 0$；如果 $s < c_1 + 2t$，则 $\frac{d\prod_2^A}{dc_1} = \frac{7c_1 + 2c_2 + 6t}{18t} < 0$。

如果 $s \geq \frac{2c_1 + c_2 + 3t}{3}$，则 $\frac{d\prod_2^A}{dc_1} = \frac{c_2 + 2c_1 + 3t - 3s}{9t} < 0$。

只有在 $\frac{d\prod_2^A}{dc_1} = 0$ 的条件下，并购的价格 $P_A$ 和 $\prod_1^M$ 的效应相当。在其余的条件下，$\prod_1^M$ 的效应超过 $P_A$ 的效应，决定并购利润严格地随着 $C_1$ 的上升而下降。对东道国企业与国外能源企业之间的技术差距足够小($C_2 \leqslant C_1$)时，能源企业2并购投资往往优于绿地投资；如果能源企业2和国内企业之间的技术差距足够大($C_2 > C_1$)，绿地新建投资模式往往优于并购模式。

# 三、风险管理理论

## （一）风险识别

威廉姆斯（C. Arthur Williams Jr.）和汉斯（Richard M. Heins）在《风险管理与保险》中将风险管理过程分为识别风险、评估风险、选择管理办法、实施和复检决策五个步骤。风险识别是风险管理的第一步，也是从根本上决定风险管理过程是否充分有效的重要步骤。风险管理需要认清风险内涵和风险因素两个基本概念。

### 1. 风险内涵的理解

风险是对企业既定目标的实现带来影响，或者造成损失的可能性（见表2-7）。理解风险内涵的关键在于产生因素、未来行为、收益影响的不确定性。

表2-7　　　　　　　　　　　　　风险类别归纳

| 概念类型 | 代表人物和机构 | 主要内容 |
| --- | --- | --- |
| 结果的不确定性 | Mowbray, Williams, March, Shapira, Bromiley, Markowitz, Sharp | 在给定的条件和某一特定的时期，未来结果的变动；风险是事物可能结果的不确定性 |
| 损失发生的不确定性 | Rosenbloom, Crane, Broken, Cooper, Ruefli, Knight, Charnes | 风险意味着未来损失的不确定性；不利事件或事件集发生的机会 |
| 事件的不确定性和利害关系 | Clark, Varma, USProject Management Instiute | 风险有两部分组成：利害关系和不确定性；风险是一种不确定性事件或者形势，一旦发生，则会对项目目标产生积极或者消极的影响 |
| 损失发生的可能性及损害程度的大小 | Hyanes, Mliier, Lessard, Markowitz | 风险是与预期不符的事件、事件所导致的影响大小以及事件之间的相互作用发生的可能性 |

| 概念类型 | 代表人物和机构 | 主要内容 |
|---|---|---|
| 概率与后果 | Smith，NASAKerzner，Tume | 风险是不确定性和造成损害的函数 |

资料来源：作者根据相关研究整理。

从上述对风险内涵的理解中，本书将能源风险简单归纳为：能源企业在投资中由于经济行为和非经济因素的不确定性而遭受损失的可能性。能源企业海外投资风险除了具备一般风险的客观性、偶然性、相对性、可控性和共存性等特性外，还涉及跨国制度因素。

### 2. 风险因素的理解

风险因素是指促使或者引起风险事故发生的条件，或者促使损失增加、扩大的条件，是造成损失的间接和内在的原因。这些可能导致消极后果的因素，就是风险源（见表2-8）。

表2-8 风险源列表

| 风险源 | 可 能 风 险 |
|---|---|
| 地理环境 | 地震、干旱、过强降雨 |
| 社会环境 | 不断变化的道德信仰、价值观、人们的行为方式、社会结构和制度 |
| 政治环境 | 政府政策（则政、货币政策、法律制度和教育等） |
| 操作环境 | 企业的运作和程序 |
| 经济环境 | 通货膨胀、经济衰退和萧条、利率政策和信贷政策 |
| 认知环境 | 理论和现实之间的差距，决策者对风险的发现、理解估算能力 |

资料来源：C. 小阿瑟·威廉斯，迈克尔·史密斯，彼得·C. 杨. 风险管理与保险 [M]. 经济科学出版社，2000.

能源企业海外投资风险的因素，最常按风险产生的原因进行分类，分为政治、经济、社会、技术等因素。政治风险是由于东道国在政权、政策法律等方面的异常变化而造成投资项目的经济损失的可能。包括主权风险、战争和内乱风险、没收、征收和国有化风险、延迟支付风险、汇兑限制风险和政府违约风险等。经济风险是由于经济衰退、通货膨胀或紧缩、汇率变动等引起的经营损失可能。其中，汇率风险（即各国货币汇率变动给投资者的预期投资收益带来的不确定性）对效益的影响最为明显；社会风险是由于公共设施、劳动力素质、文化差距等软性因素所带来经济损失的可能；技术风险主要是能源储藏状态、地质条件、开采工艺、装备等造成的经济损失的可能。中国国务院国资委《中央企业全面风险管理指引》按照风险来源或内容将企业内部分为战略风险、财务风险、市场风险、运营风险、法律风险等。

需要注意的是，能源海外投资的风险因素识别具有复杂性，不同风险因素可能不同程度地作用于某一个投资项目产生复杂影响；也可能同一种风险因素在不同区域产生许多不同的风险事件。多元区域能源海外投资有可能从单一的国内风险转变成国内国外多种风险交织并存的态势。

（二）现代综合风险的评估方法

风险评估是对企业经营活动与实现内部控制目标相关的风险，进行及时识别、系统分析，从而合理确定风险因素和风险危害程度。Miller（1996）[①] 提出了国际风险感知模型（Perceived Environmental Uncertainty，PEU）。PEU 模型将海外风险分为宏观环境风险、行业环境风险以及特定企业风险等三种类型，主要对政治领域、宏观经济因素、市场和需求、竞争和技术等领域所感知到的风险进行分析与评价（见图 2-2）。

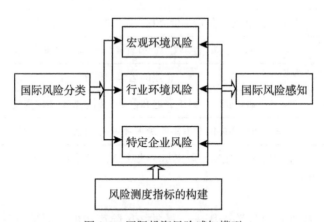

图 2-2 国际投资风险感知模型

---

① Miller K. D. A Framework for Integrated Risk Management in International Business ［J］. Journal of International Business Studies, 1996（2）：311-331.

邵予工等（2008）① 根据邓宁国际生产折衷理论的框架，将投资风险分为所有权优势、内部化优势、区位优势三级指标评价体系（见表2-9）。

表2-9　　　　所有权优势、内部化优势、区位优势风险指标评价体系

| 目标 | 一级指标 | 二级指标 | 三级指标 |
|---|---|---|---|
| 对外直接投资风险 | 所有权优势指标 | 经营风险 | 销售、生产、技术风险 |
| | | 管理风险 | 财务、人力资源、资金风险；跨文化风险、无形资产风险 |
| | 内部化优势指标 | 市场风险 | 关税、非关税风险 |
| | | 交易风险 | 外汇、折算风险、知识产权风险 |
| | 区位优势指标 | 要素禀赋风险 | 原材料风险 |
| | | 政治风险 | 政策、战争内乱、资金转移风险，国有化风险，政府违约风险 |
| | | 东道国市场风险 | 运输成本、经济风险 |

基于人工智能的神经网络技术、遗传算法等非统计学方法已经在数量充分领域开始实施。统计学方法被广泛应用于风险评估之中。由于判别分析法需要自变量服从正态分布、各组的总体协方差矩阵相等严格的假设条件，在实际风险评价中难以满足。随之假设条件相对宽松的 Logistic 回归、Probit 模型等分析方法被引入风险评估领域。由于能源企业投资风险评价，限于行业数据缺乏还难以广泛应用定量分析。本书运用因子分析法对能源企业海外投资区域风险进行评价。其原理旨在利用降维的思想，通过线性变换把为数众多的变量减少为新因子，新因子变量数 $m$ 小于原始变量数 $P$。因子分析模型的变量系数取自因子负荷量，即 $a_{ij}=u_{ij}\sqrt{\lambda}$。因子载荷量矩阵 $A$ 与相关矩阵 $R$ 满足下列关系：

$$R=U\begin{bmatrix} \lambda_1 & & & \\ & \lambda_2 & & \\ & & \cdots & \\ & & & \lambda_p \end{bmatrix}U^{T}=AA^{T}$$

① 邵予工，郭晓，杨乃定. 基于国际生产折衷理论的对外直接投资项目投资风险研究［J］. 软科学，2008，22（9）：41-49.

其中，$U$ 为矩阵 $R$ 的特征向量。如考虑残差项 $\varepsilon$ 时，则有 $R-AA^{\mathrm{T}}=\rho$。$a_{ij}$ 的选择应以 $\rho$ 的非对角元素的方差最小为原则。

本书按能源投资区域的经济、政治和社会因素进行风险评价。风险评价因子参照风险感知模型和邵予工等（2008）的折衷理论的风险评价指标体系框架。

### （三）海外投资风险控制的理解

#### 1. 投资风险链式传递

海外投资按内部运行程序可分为投资决策、融资支付交易和业务整合三步。这三步风险构成了海外投资的"风险链"（叶建木，2008）[①]。在这个"风险链"上，风险是"链式传递"，即决策风险是海外投资风险发生的起始点，对其他两步风险具有诱发作用，后续环节风险受到前向环节的影响。以并购投资为例，根据概论率运算：

并购前的风险可以表示为：

$$k_z = (\sigma_1 + \sigma_2)/(\mu + \mu_2)$$

并购后的风险可以表示为：

$$K_Z = \sqrt{\sigma_1' + \sigma_2' + 2\mathrm{COV}(\xi_1', \ \xi_2')}/(\mu_1' + \mu_2')$$

根据风险系数 $K = \sigma/\mu$ 的性质可知：$(\sigma_1' + \sigma_2')/(\mu_1' + \mu_2')$ 是 $K$ 的最大值。所以，$K = \sqrt{\sigma_1' + \sigma_2' + 2\mathrm{COV}(\xi_1', \ \xi_2')}/(\mu_1' + \mu_2') \leqslant (\sigma_1' + \sigma_2')/(\mu_1' + \mu_2')$。

并购后的总风险小于并购前的总风险。对并购风险的评价的初始模型为 $R = P(\gamma < \gamma_0)$，其中，$R$ 为企业并购风险，$P$ 为概率，$r$ 为企业并购的投资收益率，$\gamma_0$ 为企业并购的投资收益率。这一模型是基于概率统计建立的，设想通过并购来实现投资收入的提高，并将投资收入下降的可能性作为投资风险。

当 $R = P(\alpha)$ 中 $R$ 为发生概率，$\alpha$ 为随机事件时，这种风险评价是凭借主观经验或客观条件风险，不是一个个风险因素的简单叠加，而是投资安全性、收益性和效率性因素的有机构成。投资安全度 $= \sum_i \omega_i$ 投资安全因素 $\times$ ($\sigma 1 \sum_k m_k$ 投资效率因素 $+ \sigma 2 \sum_l n_l$ 投资收益因素）。其中，$\sigma 1$ 是 $\sum_k m_k$ 投资效

---

① 叶建木. 跨国并购：驱动、风险与规制 [M]. 经济管理出版社，2008.

率的权重，$\sigma2$ 是 $\sum_l n_l$ 投资收益的权重。$\sigma1 + \sigma2 = 1$，$\sum_i \omega_i = 1$，$\sum_k m_k = 1$，$\sum_l n_l = 1$。因此，投资风险度 $\alpha = 1-$投资的安全度。

此处只考虑投资安全因素，因为 $\sum_k m_k$ 投资效率因素 $=1$，$\sum_l n_l$ 投资收益因素 $=1$。则投资安全度可表示为：投资安全度 $= \sum_i \omega_i$ 投资安全因素 $\times ( \sigma1 + \sigma2 )$。因为 $\sigma1 + \sigma2 = 1$，投资安全度 $= \sum_i \omega_i$ 投资安全因素，投资风险 $\alpha = 1- \sum_i \omega_i$ 投资安全因素。所以这样风险的传导过程，要求能源企业高度重视风险识别和风险决策。

**2. 风险管理的基本流程**

中国国资委出台的《中央企业全面风险管理指引》依据风险管理的基本特征，将其分为五个基本的流程（见图2-3）。第一个流程是建立综合信息框架。信息框架的构建、收集风险初始信息是后续进行风险分析和风险管理的基础。第二个流程是风险评估。这是对企业所处的内外部环境和各种风险高低进行全面评价的过程，是对企业面临的风险现状的判断。第三个流程是制定风险管理策略。即企业在明晰风险现状基础上依据企业自身的资源禀赋所制定的相应风险管理策略。第四个流程是制订实施解决方案。在明确企业风险管理策略的基础上，在战术和实际操作上制订具体的实施方案。第五个流程是风险的监控。依据相应的风险战略和风险实施方案，对企业现实运行中的各种风险进行实时监控并将相应信息反馈到企业的风险信息框架中。美国COSO委员会、中国国资委都将风险评估作为风险控制过程中的一个重要环节。风险识别与评价在本质上表现为一个信息提炼和信息抽象化的过程。风险评估过程基本上是企业运行中的一个"黑箱"环节。其接受前端信息框架所提供的相关背景信息，输出关于企业风险现状、风险大小、关键性风险等核心信息。

对于能源企业其所面临风险大小进行准确的识别与判断，就为企业设置了风险前馈控制系统。对此，本书将从风险识别、风险分析和风险评价三个视角来破解这"黑箱"。能源企业海外投资的风险控制，就是对外部环境的政治、经济和社会风险进行识别、评价，从投资动机、投资区域和投资模式的"风险链"入手，控制初始风险，科学选择区域和模式。

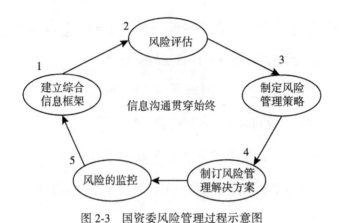

图 2-3　国资委风险管理过程示意图

# 四、制 度 理 论

## (一) 制度的基本内涵

W. Richard Scott (1995)[①] 提出制度由认知、规范、调控结构和活动所构成，它为社会行为提供稳定性和意义。制度作为一系列的规则、组织和规范等存在，是保证构成一个经济秩序的合作与竞争关系。North[②] 强调规则和程序发展不是限制经济活动，而是简化个人或组织破译环境的过程，提升了交易价值。Sue E. S. Crawford 和 Elior Ostrom (1986) 在《制度的语法》中提出，制度的基本内涵有三层意思：一是制度是理性的个人在彼此偏好和行为选择呈现稳定状态基础上的一种结果均衡，或者说是稳定的行为方式。二是制度是特定的形势下群体超出手段—目的分析范畴，对"适宜"和"不适宜"达成共识基础上的行为规范，这很大程度上来自群体的一种规范性的义务。三是制度是建立在共同理解的基础之上的一种规则。这些规则的直接后果是受到惩处或带来高效率。

在社会学制度主义分析中，制度既包括正式的规则、程序或规范等正式制度形式，还包括价值、意识形态和习惯等非正式制度形式。制度还体现着某种

---

① W. 理查德·斯科特. 制度与组织：思想观念与物质利益 [M]. 中国人民大学出版社，2010.

② North D C. Institutions, Institutional Change and Economic Performance [M]. Cambridge：Cambridge University Press，1990.

结构性的安排。宏观层面包括产权、契约以及现代经济和政治体系中的国家、政党、议会的科层制和宪政规则的约束性规范。微观层面包括社会团体和人际交往中的工作程序、指令、纪律等。制度是公民社会存在的普遍形式，它构成了现代国家的经济社会基础；长期存在的理念、习惯、风俗等认知网络或文化；经过长期实践的现代组织规则、规范、程序所形成的特定文化。这些为人类行为提供了有意义的价值判断，从而约束着人类行为。这种正式和非正式的制度基本上是一种双向互动的制约关系。也就是说制度是行为的结果，但行为也受到制度的约束。这种制约关系减少了个人行为的不确定性，支持着人与人之间、组织与组织之间的信用；这种基础良好的制度遵守，会减少私人的短期收益受损失。社会群体遵守规范就是使制度成为一种资本形式。因此，制度的主要功能是创建秩序并降低不确定性，以促进经济活动中交易顺利进行。企业的各种行为和绩效都受到其所存在的制度的影响。

## （二）海外投资相关的制度因素

### 1. 制度环境因素

基于制度视角的海外投资研究涉及制度因素的三个来源，即东道国制度、母国制度以及东道国与母国的制度差距。一般来说，企业作为一种经营组织，必须嵌入所赖以存在的制度环境之中。制度环境通常可分成企业内部结构、标准和过去做法所构成的制度环境和由供应商、客户、竞争者和监管机构所构成的外部制度环境。国内制度因素对海外投资的观点分为三类，第一类是规避母国制度约束的规避论；第二类是受到母国制度支持的促进论；第三类是为了利用国外的比较制度优势的制度套利论。而外部制度具有国家属性，即不确定性的规则随着国家边界的变化而变化。参与国际交易活动的企业所遭遇环境具有复杂性。因此，东道国制度环境的内容和质量已经成为投资区位选择的重要影响因素。与之相对应的是，完善的制度环境意味着政治比较稳定，对私有财产权的保护程度高。这利于投资者获得更加稳定的经营环境，降低企业所面临的不确定性风险。因此，东道国政治和法律制度对 ODI 有很大的促进作用。相反，恶劣的制度环境可能会使投资企业承担更多的风险和不确定性，从而对海外投资产生抑制作用①。但是也有学者认为东道国制度质量与中国对外直接投

---

① 蒋冠宏，蒋殿春. 中国对外投资的区位选择：基于投资引力模型的面板数据检验[J]. 世界经济，2012（9）：21-40.

资呈负相关。学者解释产生该现象的原因，可能与中国对外直接投资主体大多是国有企业有关，其"非市场动机"促使企业愿意承担更多的制度风险①。

**2. 制度同形性**

制度基本上是一种双向互动的制约关系。制度理论的核心原则就是同形性。制度同形性（isomorphism），是指在相同环境下某一组织与其他组织在结构与实践上的相似性，即企业对外部环境、内部实践和管理趋同的回应。在组织与环境的关系中，组织处于相对从属地位，服从于外部制度环境。保罗·迪马乔（Paul J. DiMaggio）和鲍威尔（Walter W. Powell）② 认为，现代组织在形式和实践上表现出极大的相似性，一旦组织领域形成就会产生同质性的巨大动力。这种组织制度需求与自然环境反应，体现为制度变迁理论的主要内容。就自然反应本质而言，制度诱致性变迁是在不改变现存制度的情况下的制度完善；制度强制性变迁则往往改变现存的根本制度，实现制度的转轨。

制度环境要求组织结构和制度符合社会公认的合法性，是制度同形性的重要内涵。这种合法性不仅受到政治制度的影响，而且受到包括文化、观念等制度环境对组织行为的影响。也就是企业要保持与制度环境中主流规则和观念一致，从而获得其生存与发展所需要的社会资源，最终达到与东道国制度同构（isomor-phism）。DiMaggio 和 Powell 认为强制性（coercive）、模仿性（mimetic）和规范性（normative）三种制度机制导致制度同构。制度同形性有三种基本形式：一是强制同形性。其源于组织以及社会文化期望施加的正式或非正式压力。这种制度同形性源于强制性权威。这种制度机制对企业产生了强制性的制度压力。这些正式和非正式压力机构是企业所依赖的或存在一定的联系。企业确保生存的最好方式是顺从政府的强制权力或主导的政治力量。例如，能源企业服从沙特等国家资源控制的法律环境而采取非股权投资模式。中国 ODI 受到制度因素的驱动，具有显著的"弱效制度"规避和"强效制度"寻求动机（祁春凌，邹超，2013）③。二是模仿同形性。其是指当组织遇到技

---

① Yeung H.W., Liu W. Globalizing China: The rise of mainland firms in the global economy [J]. Eurasian Geography and Economics, 2008, 49 (1): 57-86.

② Paul J. DiMaggio, Walter W. Powell. The New Institutionalism in Organizational Analysis [M]. The University of Chicago Press, 1991.

③ 祁春凌，邹超. 东道国制度质量，制度距离与中国的对外直接投资区位 [J]. 当代财经，2013 (7): 100-110.

术难题或者不确定性环境时，组织可能按照其他组织的形式来改造自身。模仿性机制是企业应对不确定性时所采用其他成功要素的倾向。尤其在不稳定的制度环境中，政治经济规范处于不确定或变化的状态，已有经验又不能指导未来行动，跟随相似企业就是企业常用的行为反应。三是规范同形性。规范同形性表示社会事实（social facts）的传递，通常是源自于组织的职业化、标准化。理解这种制度同形性现象，企业行为选择的结果，应当满足强制、模仿和规范机制的需要（吴先明，2011）①。在某些情况下，跨国公司与东道国企业的差异可能会受到重视，这样可提高当地的多样性。这一观点代表了制度研究的思想变化。

制度理论认为，影响企业海外市场决策不仅是经济因素，更多的是与制度理论相联系的社会因素。根据制度理论基本观点，海外投资企业通过制度同构从外部环境寻求合法性，并作为企业生存和持续发展的必要前提条件。这种制度同形化过程，是通过强制机制、模仿机制和规范机制来实现的。制度趋同性的压力对于投资模式选择具有重要影响。如企业进入新市场时，东道国规则、规范和价值观会形成一种嵌入同构压力（embedded isomorphic pressures）。Luo 等（2010）② 认为缺乏产权保护、商业法律执行的障碍、不透明的司法体系、不发达的要素市场等制度的不确定性被持续的市场转型所加剧，从而创造了一个"弱治理"环境，导致企业的科斯成本增加，市场利润率低。

## （三）海外投资动机与制度质量

为了实现合法性，通常基于产权理论（PRT）、交易费用经济学（TCE）原理来进行投资模式选择。在投资模式的设计上，产权理论是存在于预见成本、缔约成本和证实成本的环境之下，当存在关系专用性投资时，事前设计产权结构来减少由事后出现的敲竹杠问题而导致事前专用性投资水平的扭曲；而交易费用经济学强调通过事后的适应性治理来减少敲竹杠导致的事后交易费用。由此，交易费用经济学是由政治风险和契约风险所产生的交易费用的高低来衡量制度质量；而产权理论则用契约密集度（主要是契约不完全的程度）

---

① 吴先明. 制度环境与我国企业海外投资进入模式 [J]. 经济管理, 2011 (4)：68-79.

② Luo Y, Xuc Q, Han B. How emerging market governments promote outward FDl: Experience from China [J]. Journal of World Business, 2010, 45 (1)：68-79.

来衡量制度质量。Anderson E. 和 H. Gatignon（1986）① 将交易成本运用到投资模式选择之中，作为影响企业市场风险和收敛的唯一最重要的因素。Hill 和 Hwang Kim（1990）认为企业能力和资源是影响模式选择的关键因素。企业如果具备不可模仿和替代的竞争优势资源，通常会选择绿地模式；相反则通过合资或并购模式获得其他企业的资源，增强组织能力。与跨国并购相比，绿地投资需要大部分专用性资产并且承担大量的风险，固定组织成本也相对较高。非股权国际市场进入模式（出口、许可）通常比股权式国际投资模式（合资、全资）要求更少的资源投入，固定组织成本也相对较低（何帆，姚枝仲，2013）②。从上述理论归纳，可以说明东道国的制度质量会影响跨国公司的交易成本和治理结构。制度质量与投资模式选择、风险控制密切相关，母国和东道国的正式制度和非正式制度都不同程度地影响制度同构过程，为了合法性趋向，企业必须基于交易成本和产权结构进行投资模式的最优设计。

## （四）海外投资与国际制度

能源企业海外投资制度环境还是全球治理的层次上的一种具体形式③。能源全球治理制度表现为具有不同程度效力的协定，是一系列明确或隐含的原则、模式与决策程序。传统的能源安全制度是以国际政治处于无政府状态的假设为前提，认为民族国家主要通过自助行为实现能源安全。如 G. C. 托马斯（Raju G. C. Thomas，1990）④ 强调工业化国家为了保护能源来源和能源供给应增强自身的军事力量。冷战后，有学者将能源安全制度研究重心转向包括所有的人的社会关系和所有的社会安全（余建华，戴轶尘，2012）⑤。戴维·鲍德温（David Baldwin，1997）⑥ 提出了国际安全的多层面研究的概念。全球能源的油价、产量和禁运等经济政治行为，反映了国家特殊利益和国际社会一般

---

①　Anderson E., H. Gatignon. Modes of Foreign Entry: A Transaction Cost Analysis and Propositions [J]. Journal of International Business Studies, 1986 (17): 1-26.

②　何帆，姚枝仲. 中国对外投资：理论与问题 [M]. 上海财经大学出版社，2013.

③　陈枫楠. 能源和地缘政治的互动模型 [J]. 世界地理研究，2011，20 (2)：29-36.

④　Raju G. C. Thomas Bennett Ramberg. Energy and Security in the Industrializing World [M]. The University Press of Kentucky, 1990.

⑤　余建华，戴轶尘. 多维理论视域中的能源政治与安全观 [J]. 阿拉伯世界研究，2012 (3)：107-120.

⑥　David Baldwin. The Concept of Security [J]. Reviewof International Security, 1997 (1)：117.

利益之间、经济依存和国家独立之间的紧张对抗，而国际社会缺乏调和这些冲突的制度框架，能源危机也就演变为一种"制度性挑战"。国际能源领域制定的一整套政治和经济的特别措施，以相互协作为基础开展以能源为目的的外交或以能源为手段的外交①。纳兹利·乔克里（Nazli Choucri，1976）② 推出《能源相互依存的国际政治》一书，深刻剖析了国际能源领域的相互依存关系。这种相互依存使双方认识到在保持国际经济军事稳定方面存在共同利益，由此形成集体行动的制度化基础。罗伯特·基欧汉和约瑟夫·奈等新自由主义理论家从全球化发展和国际社会相互依存理论出发，分析了相互依存对世界能源领域中国际合作机制的重要影响，强调国际机制对国际能源体系构造的作用。国际能源合作机制理论研究谱系脉络如表 2-10 所示。

表 2-10　　　　　　　　国际能源合作机制理论研究谱系脉络

| 时间 | 代表人物 | 代表作 | 主要观点 |
|---|---|---|---|
| 1977 年 | 罗伯特·基欧汉和约瑟夫·奈 | 《权力与相互依赖》 | 阐述国际冲突越来越受到限制和国际合作日益突出的事实。合作是最有效的治理途径，包括区域合作、全球层次的多边合作，需要建立管理全球化的国际机制 |
| 1984 年 | 罗伯特·基欧汉 | 《霸权之后：世界政治经济中的合作与纷争》 | 国家间的共同利益只有通过合作才能实现；合作机制与霸权机制并不相悖；互补利益的存在可导致非霸权机制的建立；随着美国霸权衰落，霸权后合作是可能的；霸权后合作基本形式有：合作、和谐和争斗 |
| 1984 年 | 罗伯特·奥克赛罗德 | 《合作的演变》 | 该书写成在冷战时期，运用博弈论的"囚徒困境"模式证明了在无政府状态的世界中只要存在长期互动，基于互惠的合作就能维持和发展 |
| 1985 年 | 肯尼斯·奥伊 | 《无政府状态下的合作》 | 冲突是无政府状态下国际社会的根本特征。冲突解决最终取决于国家实力，尤其是军事实力。争夺"权力"就成为国际社会的实质问题 |

① 斯·日兹宁. 国际能源政治与外交［M］. 华东师范大学出版社，2005.
② Nazli Choucri, International Politics of Energy Interdependence［M］. Lexington Books, Lexington，1976.

续表

| 时间 | 代表人物 | 代表作 | 主要观点 |
|------|----------|--------|----------|
| 1990 年 | 汉斯·摩根索 | 《国家间政治——寻求权力与合作的斗争》 | 石油是构成"国家权力要素"之一。石油与国家权力密切相关,引起了主要政治大国的相对权力变化,并动摇国际政治模式,在某种程度上,改变了政治权力、军事权力和经济权力之间的功能关系 |
| 1990 年 | 阿瑟·斯坦 | 《国家为什么合作:国际关系中的环境与选择》 | 采用"战略互动"模式分析了国家参与国际合作的国内外原因。国家间合作的因子就潜伏在这些"结构、环境和选择"之中,是综合因素共同作用的结果 |

资料来源:作者根据相关研究整理。

资源价值是竞争优势的来源和价值创造的基础。当能源企业的所处的外部环境发生变化时,如果资源价值发生的条件发生变化,资源贬值是产生风险的重要原因之一。目前中国能源企业投资受国际能源价格影响明显,且我国能源结构调整使原有投资结构发生重大变化,越发使得我国能源企业海外投资面临较大的资源缺口和战略实施风险。对于能源制度环境的正确理解,有助于全面思考能源企业海外投资的动机、风险评价以及投资模式的选择。这为本书对能源海外投资制度的完善提供了理论支持。

# 五、本章小结

本章对能源和风险概念进行界定。本书将风险界定为由直接投资所引发的具有经济损失的可能性。投资模式的研究主要对进入模式理论演变、模式选择过程进行归纳。从投资模式的内在特性对能源企业海外投资特性进行阐释。中国能源企业与西方跨国公司相比,尚不具备大规模海外投资必需的所有权优势(如企业特殊资源、能力等),以获取资源为主导的海外投资模式,与传统 OIL 范式下内部化理论相悖,实质是一种"反向内部化",这是能源企业海外投资的困境所在。通过已有研究成果来分析能源海外投资模式选择,必须考虑母国因素、东道国因素、产业因素和企业因素的影响。这一点必须反映在投资动机和制度质量与投资模式的选择之中。能源企业海外投资的风险因素识别具有行业的复杂性,对于能源风险的识别与判断,应当突出投资区域风险的评价。在制度理论的梳理中，发现制度是一种双向互动的制约关系，理论的核心原则就是同形性。强制性（coercive）、模仿性（mimetic）和规范性（normative）的制度机制导致制度同构。投资模式的选择既受到了母国和东道国制度质量的影响，也要基于交易成本和产权结构进行最优设计。能源全球治理制度对国际能源安全起到重要作用。对于上述理论的正确理解，将有助于全面思考能源企业海外投资的动机、风险评价以及投资模式的选择。这为本书对能源企业海外投资模式选择实证和完善建议提供了理论支持。

# 第三章 中国能源企业海外投资现状评价

能源问题的重要性不仅关系到国民经济，而且也关系到国民生活。中国能源需求不断地增长，而满足中国经济发展的油气资源又主要来自海外。所以中国能源企业"走出去"就是一个客观必然的过程。早在1993年，中央政府就提出充分利用"两种资源、两个市场"发展中国石油工业。中国石油企业已经经历了二十年的海外扩张，拥有的海外油气资产初具规模。中国煤炭、电力企业也随后开拓了国际市场，重视规模与效益的集合，增强企业的盈利能力。

## 一、中国对外直接投资概况

邓宁在研究67个国家1967—1978年的对外直接投资流量和人均GNP数据之后发现，一国所处的经济发展阶段决定着企业全球化的发展规律与趋势，一国的对外投资状况与人均GNP呈正相关关系（见表3-1）。

表3-1　　　　　不同GNP水平条件下吸收外资与对外投资的关系 （单位：美元）

| 阶段 | 人均GNP | 吸收外资 | 对外投资 | 净投资 | 所有权优势、内部化优势和区位优势 |
|---|---|---|---|---|---|
| 第一阶段 | 小于400 | 很少或几乎没有 | 很少或几乎没有 | 为零或接近零 | 对外投资上述三个条件都不具备 |
| 第二阶段 | 400~2500 | 吸收外资率>GDP增长率 | 很少 | 对外投资净额为负，且绝对值扩大 | 具备了较强的区位优势，所有权优势和内部化优势还不明显 |
| 第三阶段 | 2500~4750 | 吸收外资减少 | 开始进行对外投资 | 对外投资净额为负，且绝对值缩小 | 具备较强的OIL优势，对外直接投资发展 |

续表

| 阶段 | 人均GNP | 吸收外资 | 对外投资 | 净投资 | 所有权优势、内部化优势和区位优势 |
|------|---------|----------|----------|--------|------------------------------------|
| 第四阶段 | 大于4750 | 吸收投资增长 | 对外投资增长加快 | 对外投资净额为正,呈现增长趋势 | 拥有强大的所有权优势和内部化优势,善于利用发展中国家的优势 |

　　根据邓宁①的投资发展周期理论可判断,中国在 2003 年、2006 年、2008 年的人均 GDP 分别超越 1000 美元、2000 美元、3000 美元。中国外汇储备在 2003 年、2006 年、2008 年分别是 4032.51 亿美元、10663.44 亿美元、19460.3 亿美元②。2014 年第一季度中国外汇储备达到 3.94 万亿美元,居世界第一位,占全球外汇储备的 1/3。截至 2016 年 6 月末外汇储备余额为 32051.62 亿美元。中国外汇储备边际成本已大于边际收益。中国拥有全球最高的储蓄率达到 50% 以上,国内资金相对宽裕,为支持中国企业"走出去"提供了重要的基础。中国跨越"中等收入陷阱"需要解决经济结构调整、国民收入倍增等问题。吸引外资进入了成熟阶段,将很难重现高速增长,实施中国企业"走出去"也就是必然选择之一。

　　产品出口贸易是对外直接投资的先导,对外直接投资是产品出口贸易引起的最终结果。外向型企业在对外贸易与投资阶段中不断转化活动,形成"雁行"模式(见图 3-1)。

　　中国对外经济也经历了"雁行"发展过程。1978—2000 年,中国经济发展重点是吸引外资和技术、设备、管理经验,发展国内经济。2001 年加入 WTO 后,对外直接投资快速发展。非金融对外直接投资流量,从 2002 年的 27 亿美元跃升到 2007 年的 248.4 亿美元。在 2008 年全球金融危机影响下,欧美等国企业资金比较紧张,对亚非市场投资水平显著下降。同时,美国和欧盟放松资本投资管制,欢迎包括中国在内的各国投资来推动经济复苏。之后,中国

---

①　John H. Durning. International Production and Multinatinal Enterprise[M]. London: George Allen & Unwin. 1981.

②　中国人民银行数据简报:1978 年以来中国国家外汇储备变动一览[EB/OL]. 中国经济网,http://intl.ce.cn/specials/zxxx/201402/27/t20140227_2385423.shtml,2014-02-27.

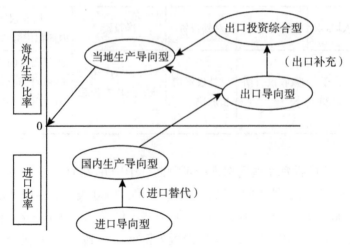

图 3-1　外向型企业活动的"雁行"模式

海外投资进入高速扩张期。2008 年非金融投资就达到 418.6 亿美元。2009 年非金融投资达到 478 亿美元，投资规模比 1980 年至 2004 年的总和还多。随后跃居全球第三大对外投资国（见图 3-2）。2014 年对外直接投资流量是 2002 年的 45.6 倍。中国 2011 年到 2014 年间对外直接投资的复合年增长率达到了 16%。

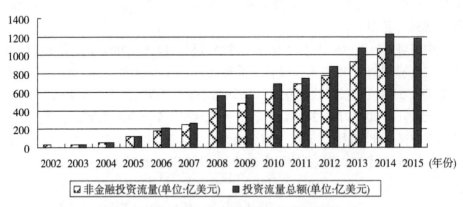

图 3-2　2002—2015 年中国对外直接投资流量汇总

资料来源：根据国家商务部、统计局、外汇局历年发布的《中国对外直接投资统计公报》整理。

中国对外投资由"审批制"改成"备案制",以及"一带一路"倡议等重大决策落地,更是以前所未有的力度助推中国企业海外投资。中国对外直接投资存量 2014 年末达到 8826.4 亿美元,占全球投资存量的 3.4%(见图 3-3),由 2002 年的排名第 25 位上升至第 8 位(见图 3-4)但存量规模仍远不及发达国家。

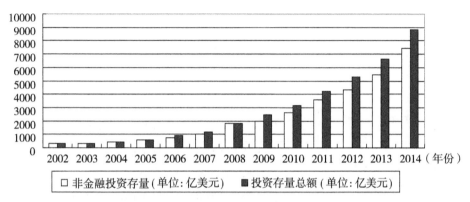

图 3-3　2002—2015 年中国对外直接投资存量汇总

资料来源:根据国家商务部、统计局、外汇局历年发布的《中国对外直接投资统计公报》整理。

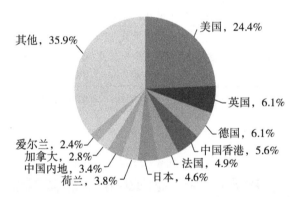

图 3-4　截至 2014 年末全球前 10 国家(地区)对外直接投资存量占总量的比例

资料来源:根据商务部、国家统计局、外汇局发布的《2014 年度中国对外直接投资统计公报》整理。

联合国贸易和发展会议发布的《2015 年世界投资报告》指出,中国内地和中国香港的对外投资达到 2660 亿美元,成为仅次于美国的第二大外国直接投资来源国。《2016 年世界投资报告》显示,中国在大规模海外并购浪潮的推动下，2015 年对外投资达 1276 亿美元，增长了 4%。据商务部统计，2015 年中国企业海外并购项目 593 个，涉及国民经济的所有行业①。中国已经成为部分发达国家的主要外资来源国，继续保持发展中国家投资的高速增长。

表 3-2　　2008 年以来中国对外直接投资国家、企业及投资构成情况一览

| 年份 | 投资国家（地区） | 投资企业 | 投资构成 |
|---|---|---|---|
| 2015 | 155 个国家/地区 | 6532 家 | 股权和债务工具投资 1012.2 亿美元，同比增长 17.6%，占 85.8%；收益再投资 168 亿美元，与去年持平，占 14.2% |
| 2013 | 156 个国家/地区 | 5090 家 | 股本投资和其他投资 727.7 亿美元，占 80.7%，利润再投资 174 亿美元，占 19.3% |
| 2012 | 141 个国家/地区 | 4425 家 | 股本投资和其他投资 628.2 亿美元，占 81.4%，利润再投资 144 亿美元，占 18.6% |
| 2011 | 132 个国家/地区 | 3391 家 | 股本投资和其他投资 456.7 亿美元，占 76%；利润再投资 144 亿美元，占 24% |
| 2010 | 178 个国家/地区 | 16000 家 | 股本投资和其他投资 1965.1 亿美元，占 61.9%，利润再投资 1207 亿美元，占 38.1% |
| 2008 | 174 个国家（地区） | 12000 家 | 境外企业资产总额超过 1 万亿美元 |
| 2006 | 172 个国家（地区） | 近万家 | 股本投资 372.4 亿美元，占 41.1%；利润再投资 336.8 亿美元，占 37.2%；其他投资 197.1 亿美元，占 21.7% |

资料来源：根据国家商务部、统计局、外汇局历年发布的《中国对外直接投资统计公报》整理。

## 二、中国能源企业海外投资总体概述

能源企业海外投资驱动力主要来自国内能源紧缺和能源安全两大推力。从国内资源需求视角看，中国是一个"多煤、贫油、少气"的国家，人均能源拥有量十分有限。中国和印度作为经济最具有活力的发展中国家，两国能源结

---

①　孙韶华. 对外投资存量首超万亿美元［EB/OL］. 经济参考, http://jjckb.xinhuanet.com/2016-01/18/c_135018037.htm, 2016-01-18.

构都以煤炭为主，石油、天然气是第二、第三大能源。中印能源消费现状和结构如表 3-3 所示。

表 3-3 **2011 年中国和印度能源消费状况与结构**

（单位：百万吨油当量）

| 国别/能源 | 石油 | 天然气 | 煤炭 | 核能 | 水电 | 可再生能源 |
|---|---|---|---|---|---|---|
| 中国 | 461.8 | 117.6 | 1839.4 | 19.5 | 157.0 | 17.7 |
| 印度 | 162.3 | 55.0 | 295.6 | 7.3 | 29.8 | 9.2 |
| 中国 | 17.67% | 4.50% | 70.39% | 6.01% | 0.75% | 0.68% |
| 印度 | 29.02% | 9.84% | 52.87% | 5.33% | 1.30% | 1.64% |

资料来源：根据《BP 世界能源统计年鉴 2012》数据整理。

在表 3-3 中，2012 年中印煤炭、石油的消费之和分别占整体能源的 88.06% 和 81.89%。但是印度煤炭预计可以开采 103 年，石油储采比约为 18 年；中国煤炭储采比约为 33 年，石油按目前速度可以开采 10 年、天然气储采比为 29 年。两者对比之下，中国的能源安全形势远比印度严峻。因此，中国寻求能源稳定供给将是长期的战略目标。

## （一）中国油气企业的海外投资历程

### 1. 中国企业投资尝试受阻

中国石油公司从 1993 年迈出"走出去"第一步。中石油先后在秘鲁、加拿大、泰国、巴布亚新几内亚和苏丹等国试水了几个小型项目。1993 年，中石油签订秘鲁塔拉拉油田 6/7 区块生产服务合同，在开发逾百年的油田时凭借中国式技术创新，仅用 3 年时间便把原油年产量从 8 万吨提高到 32 万吨。1995 年，中石油与苏丹政府签订了 6 区勘探开发协议。1997 年 3 月，再获得苏丹 1/2/4 区块石油开发权。中石油运用自有勘探理论在苏丹 3/7 区块发现了储量达 5 亿吨的法鲁杰油田。随后收购阿克纠宾油气股份，采用石炭系先期裸眼完井和高压油气层欠平衡钻井技术，解决了哈萨克斯坦盐下油田开发世界级难题，3 年即建成 200 多万吨的产能。由于苏丹、哈萨克斯坦和委内瑞拉项目的带动，奠定了中亚、非洲和南美等油气合作的基础。

从 2003 年开始，中石油、中海油和中石化的海外投资业务范围逐步扩张。

中石油先后进入印尼收购了美国的戴文能源（Devon Energy）公司和哈萨克斯坦 PK 石油公司。中海油现金收购尼日利亚石油开采许可证 45% 的权益。2005 年中海油与雪佛龙竞争购买尤尼科失利之后，能源投资陷入低谷。中国石化在 2005 年和 2006 年间年均只完成一笔大型交易；2007 年没有实现任何大规模的海外并购。中国能源企业投资遇阻的原因，在于石油价格急剧攀升，能源资产价格令人望而却步。

**2. 中国能源企业投资逆势扩张**

2008 年金融危机为中国的能源企业带来了前所未有的机会。欧美以及亚非等国家因金融危机资产大幅贬值，企业流动性资金严重短缺，欧洲企业开始大量出售资产导致全球能源资产价格下跌。中国能源企业的财务相对稳定、国家金融体系运行健康和流动性资金充足，能源企业海外投资逐年增长。中国能源企业的投资模式，在 2004 年前以绿地投资模式为主，所占比例介于 20%~42%，其中超过 30% 的企业采取合资方式进行海外投资。跨国并购近年成为海外投资最主要的方式，主要通过协议收购和要约收购的方式进行。

采矿业（包括石油和天然气、黑色金属、有色金属等能源资源行业）海外投资在流量金额、流量占年度投资总额比例、存量金额和存量总额比例等持续增长（见表 3-4），并且稳居海外投资所有行业的前三位。这组数据间接反映了中国能源企业海外投资的规模和速度。

表 3-4　　　　**2005—2014 年中国海外投资采矿业流量/存量统计表**

（单位：亿美元）

| 时间 名称 | 2005 年 | 2006 年 | 2007 年 | 2008 年 | 2009 年 |
|---|---|---|---|---|---|
| 采矿流量 | 168000 | 853951 | 406277 | 582351 | 1334309 |
| 与流量之比 | 13.70% | 40.35% | 15.33% | 10.42% | 23.60% |
| 采矿存量 | 763000 | 1790162 | 1501381 | 2286848 | 4057969 |
| 与存量之比 | 13.34% | 19.75% | 12.73% | 12.43% | 16.51% |
| 时间 名称 | 2010 年 | 2011 年 | 2012 年 | 2013 年 | 2014 年 |
| 采矿流量 | 571486 | 1444595 | 1354380 | 2480779 | 1654939 |
| 与流量之比 | 8.31% | 19.35% | 15.43% | 23.00% | 13.44% |

续表

| 时间 名称 | 2010 年 | 2011 年 | 2012 年 | 2013 年 | 2014 年 |
|---|---|---|---|---|---|
| 采矿存量 | 4466064 | 6699537 | 7478420 | 10617092 | 12372524 |
| 与存量之比 | 14.08% | 15.75% | 14.06% | 16.07% | 14.02% |

资料来源：根据国家商务部、统计局、外汇局发布的《2014 年度中国对外直接投资统计公报》整理。

根据传统基金会数据，2006—2010 年中国海外投资总额为 2159 亿美元，其中能源和电力投资 1022 亿美元，占到了中国海外投资总额的 47%。2012 年发改委批准能源类海外投资公开披露金额总量约 375 亿美元，占到交易总额的 56% 以上。海外投资金额的 86% 主要集中在石油和天然气并购交易（见表 3-5）。据安永统计，从 2005 年到 2013 年上半年能源行业投资额为 2019 亿美元[①]。其中中海油于 2013 年 2 月以 151 亿美元的收购价格创造了中国海外并购的纪录。《石油情报周刊》数据显示，2009—2013 年，中国石油中央企业海外投资总额高达 1097 亿美元，交易金额净增 1041 亿美元，是美国三大石油公司同期投资的 11.5 倍。根据商务部发布的《2014 年对外直接投资公报》统计，海外投资存量规模超过 1000 亿美元的采矿业等 4 个行业，累计存量达 6867.5 亿美元，占中国对外直接投资存量总额的 77.8%[②]。

表 3-5         **2004—2012 年能源企业主要并购交易统计表**

| 类别 | 并购方 | 时间 | 被并购方 | 并购金额 |
|---|---|---|---|---|
| 煤炭 | 华能集团 | 2005 年 7 月 | 收购澳大利亚蒙托煤矿项目 25.5% 的权益 | 2942.3 万澳元 |
| | 兖矿集团 | 2004 年 | 收购澳大利亚南田煤矿 | 3200 万澳元 |
| | | 2010 年 | 收购澳大利亚 Felix100% 股权 | 32 亿美元 |
| | | 2011 年 12 月 | 收购澳大利亚罗斯特煤炭公司 | 20.88 亿美元 |
| | 神化集团 | 2008 年 11 月 | 购得新南威尔士州沃特马克（Watermark）地区探矿许可 | 2.999 亿澳元 |

---

①  安永中国海外投资业务部.2013 年上半年中国海外投资回顾与展望报告［EB/OL］.新浪财经 http：//finance.sina.com.cn/china/20131015/223517000781.shtml，2013-10-15.

②  国新办.商务部谈 2014 年度中国对外直接投资统计公报［EB/OL］.中国发展门户网，http：//cn.chinagate.cn/webcast/2015-09-17/content_36611384.htm，2015-09-17.

续表

| 类别 | 并购方 | 时间 | 被并购方 | 并购金额 |
|---|---|---|---|---|
| 石油化工 | 中国中化 | 2011 年 | 收购挪威国家石油公司巴西 Peregrino 油田 40%股权 | 30.7 亿美元 |
| | 中石油 | 2005 年 | 收购哈萨克斯坦 PK 石油公司 | 41.8 亿美元 |
| | | 2011 年 12 月 | 投资阿富汗阿姆河盆地勘探开发项目 | 无报道 |
| | | 2011 年 6 月 | 收购西壳牌公司加拿大不列颠哥伦比亚省 Groundbirch 区块资产 20%权益并参与下游天然气液化厂合作项目 | 10 亿美元 |
| | | 2012 年 12 月 | 现金收购必和必拓 Browse LNG 项目股份 | 16.3 亿美元 |
| | 中海油 | 2006 年 | 现金收购尼日利亚海上石油开采许可证 45%的工作权益 | 22.68 亿美元 |
| | | 2011 年 7 月 | 收购加拿大 OPTI Canada In 100%权益项目与收购图洛石油公司所持乌干达 1、2、3A 区块各 33.3%权益项目 | 21 亿美元 |
| | | 2012 年 2 月 | 收购英国图洛石油公司在乌干达三个勘探区各 1/3 的权益 | 14.67 亿美元 |
| | | 2012 年 7 月 | 收购加拿大尼克森公司普通股和优先股、43 亿美元债务，成为迄今为止中国实施的最大一桩海外能源收购案 | 151 亿美元；总值 194 亿美元 |
| | 中石化 | 2008 年 9 月 | 收购加拿大石油开采商 Tanganyika Oil 全部股份。该油田主要颁布在叙利亚，开发石油储量超过 55 亿桶 | 20.7 亿加元 |
| | | 2009 年 | 并购瑞士 Addax 石油公司 | 73 亿美元 |
| | | 2011 年 12 月 | 收购加拿大塔利斯曼能源公司英国子公司 49%股份 | 约 15 亿美元 |
| | | 2011 年 2 月 | 收购澳大利亚太平洋液化天然气公司 15%股权 | 17.65 亿美元 |
| | | 2011 年 | 收购西方石油公司阿根廷子公司 | 24.5 亿美元 |
| | | 2011 年 10 月 | 收购加拿大日光能源公司、壳牌公司喀麦隆资产、道达尔 OML138 区块部分资产 | 21.69 亿美元 |

续表

| 类别 | 并购方 | 时间 | 被并购方 | 并购金额 |
|------|--------|------|----------|----------|
| 石油化工 | 中石化 | 2011 年 11 月 | 葡萄牙高普巴西子公司 30% 股权 | 48 亿美元 |
| | | 2012 年 1 月 | 签署合资在沙特建炼油厂的协议 | 100 亿美元 |
| | | 2012 年 11 月 | 拟收购欧洲第三大油气公司道达尔公司 20% 股权 | 25 亿美元 |
| 电力 | 中国三峡 | 2011 年 12 月 | 葡萄牙电力公司 EDP21.35% 股权 | 35.26 亿美元 |
| | | 2012 年 12 月 | 购买葡电集团新能源公司（风电业务）49% 的股权。 | 3.59 亿欧元（近 5 亿美元） |
| | | 2012 年 3 月 | 收购澳大利亚 Extract Resources Ltd. 14% 股权 | 约 22 亿美元 |
| | | 2010 年 12 月 | 收购巴西 7 个输电特许经营权项目 | 9.42 亿美元 |
| | | 2012 年 2 月 | 购得葡萄牙国家能源公司（RENE）25% 股权，成为进入欧洲国家控制的电网公司的标志性交易 | 3.87 亿欧元 |
| | | 2012 年 11 月 | 收购澳大利亚电网公司 ElectraNet 的 41% 股份 | 5 亿美元 |

资料来源：根据 2005 年以来主要媒体的新闻资料整理而成。

### 3. 中国能源企业海外投资总体放缓

根据商务部的数据，中国 2012 年有 135.4 亿美元对外直接投资于采矿行业，占全部对外投资的 15.42%。中国 2013 年对采矿业海外投资流量为 248 亿美元，占当年对外直接投资比例为 23%。2014 年，中国对外直接投资于采矿行业投资流量为 165 亿美元，占比 13.4%。

安永发布的《中国对外直接投资展望 2015 报告》[1] 认为，中国开始进入资本输出和产业输出阶段，从早期的寻求自然资源转向全球战略布局。2013年下半年至 2015 年一次能源海投资缺乏引人注目的大规模交易。2013 年中石

---

[1] 安永. 丝路扬帆，蛟龙出海：中国对外直接投资展望 2015 [EB/OL]. 安永官网，http：//www.ey.com/CN/zh/Newsroom/News-releases/news-2015-EY-Outlook-for-Chinas-outward-foreign-direct-investment-2015，2015-04-22.

油完成收购俄罗斯亚马尔液化天然气项目 20% 股份。民营企业广汇能源公司参股 Tarbagatay Munay 所属的哈萨克斯坦斋桑天然气项目和吉木乃液化天然气（LNG）工厂。

根据普华永道的数据显示，2014 年中国海外并购交易数量激增至 272 起，交易金额达到 560 亿元，仅次于 2012 年的 669 亿美元峰值。根据《2014 年中资海外矿产能源投资报告》，中国矿业能源行业 2014 年宣布和完成能源矿业海外并购共有 114 宗，涉及金额 462.66 亿美元。其中实际完成投资项目 51 项，投资金额 183.28 亿美元。石油、天然气领域投资项目有 41 宗，涉及资金 176.09 亿美元；煤炭项目 10 宗，涉及资金 132.29 亿美元。①

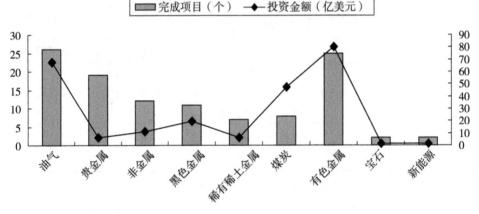

图 3-5　2015 年中国采矿业对外投资项目与金额结构

资料来源：根据香港国际矿业协会发布的《2015 年中资海外矿产能源投资报告》整理。

2015 年，中国海外矿产能源投资处于平稳增长的趋势，但完成投资金额同比减少了 59.82%。海外油气投资宣布和完成项目共 26 宗，投资总额为 67.37 亿美元；其中完成投资项目 12 宗，项目投资均额为 2.82 亿美元。中石化收购俄西布尔公司 10% 股权投资额最大，交易金额达到了 13.38 亿美元。低于 2014 年五矿集团、中石油、长和系集团、海油工程股份和广晟有色金属等海外并购五大买家的 15 亿美元门槛。

随着国家经济结构转型升级的深度调整，中国能源海外投资从最初的全球

---

① 香港国际矿业协会．2014 年中资海外矿产能源投资报告［C］．https：//wenku．baidu．com/view/c687b0911fc700aba68fc54．html，2015-2．

范围寻求廉价能源资源来保障国内供应，转向通过收购海外优质资产来实现能源供给优化，增强能源保障的渠道控制能力和价格管理能力。这点体现在采矿业海外投资流量增速减缓中。与之对比近年建筑业、文体娱乐业的海外投资同比增速高达 129.1% 和 102.2%。以高铁、核电等高端装备制造为标志，中国企业海外投资向国际产能和高端装备合作转型。

（二）中国煤炭企业的海外投资状态

中国煤炭资源不具有石油资源高的对外依存度。在煤炭"黄金十年"时期，中国煤炭企业缺少主动将资金投向海外资源，更侧重将资金注入中国西部。据不完全统计，煤炭海外投资项目约 48 个（见表 3-6），涉及投资金额 70 多亿美元，煤炭资源量 400 亿吨以上，正式投产的煤炭资源量约 55 亿吨。中国煤炭企业海外投资数量在 2011 年达到巅峰后持续性减少。煤炭海外投资地分布在澳大利亚、加拿大、俄罗斯、印尼、南非、蒙古等国家。

表 3-6            中国煤炭企业海外投资概况

| 企业名称 | 年份 | 数量 | 投资模式 | 企业名称 | 年份 | 数量 | 投资模式 |
|---|---|---|---|---|---|---|---|
| 神华集团 | 2008 | 4 | 勘探合同、绿地新建 | 义马煤业集团 | 2012 | 2 | 并购/新建 |
| 山东能源集团 | 2010 | 2 | 跨国并购 | 云南煤化工集团 | 2006 | 1 | 绿地新建 |
| 开滦集团 | 2008 | 2 | 新建/并购 | 河南神火集团 | 2006 | 1 | 勘探 |
| 山西潞安矿业集团 | 2007 | 1 | 绿地新建企业 | 徐州矿务集团 | 1988 | 9 | 工程合同、勘探合同 |
| 陕西煤业化工集团 | 2012 | 1 | 勘探合同 | 中国煤炭地质总局 | 2009 | 6 | 绿地新建、勘探合同 |
| 中国中煤能源集团 | 1988 | 9 | 工程承包、绿地新建 | 中国庆华集团 | 2010 | 2 | 新建企业 |
| 兖州煤业 | 2012 | 7 | 并购 | 昊华能源 | 2013 | 1 | 并购 |

资料来源：根据中国煤炭信息网、国家煤炭工业网等相关网站数据整理。

中央企业神华集团海外投资动机，主要是获取国外煤炭资源、铁路陆位、港口码头和电厂电源点等资源，主要以绿地模式在澳大利亚、印尼、蒙古和俄罗斯进行投资。基于这样的投资动机，神华在印尼南苏门答腊省建设煤电项目；在澳大利亚获得沃特马克煤矿开采权和乌卓斯和马斯洛风电项目。2011年神华集团与日本三井物产组成的财团获得蒙古国塔本陶勒盖煤矿 40% 的股权。2013 年神华先与 En+ 集团 Vostsbiugol 成立合资公司 Razrez Ugol LLC，开发俄罗斯远东资源。在神华所签署的海外项目中，铁路建设是其海外投资的重要组成部分。

与神华海外投资煤炭探矿权不同，地方国有企业兖州煤业并购建成的成熟煤矿或运营煤矿。在获得澳思达煤矿开采权后，兖州煤业还以 33.33 亿澳元收购了澳大利亚 Felix 公司 100% 股权。河南义马煤业集团收购澳大利亚 2 座煤矿、200 亿吨煤炭资源。北京昊华能源与 CZA 签订认购协议，以每股 0.25 英镑的价格认购非洲煤业（Coal of Africa）价值 1 亿美元股份。河南能源化工集团下属控股公司澳大利亚优德煤业在昆士兰州波恩盆地拥有 31 个矿证，已探明 JORC 认证煤炭储量 5.5 亿吨。北京永晖集团已签合同斥资 9000 万美元收购俄罗斯赤塔北部 Apsatskoye 煤矿 60% 股份。此外，中煤集团、开滦集团、山东能源集团、徐矿集团等企业都有海外业务（见表 3-7）。

表 3-7　　　　　　　　　　　中国煤炭企业海外投资重大项目

| 投资项目 | 投资时间 | 投资方 | 东道国 | 项目概况 |
|---|---|---|---|---|
| 南苏门答腊煤电项目 | 2008 年 1 月 | 神华集团 | 印度尼西亚 | 采取坑口电厂建设形式，安装 2 台 150MW 汽轮发电机组，与之配套露天煤矿，建成年产量可达 150 万吨 |
| 沃特马克勘探煤炭项目 | 2008 年 11 月 | 神华集团 | 澳大利亚 | 新南威尔士州沃特马克勘探区域面积约 190 平方公里，预计含动力煤的浅煤层资源量超过 10 亿吨；有铁路延伸到纽卡斯尔港（约 270 公里） |
| 塔旺陶勒盖煤田项目 | 2010 年 9 月 | 日本三井物产、中国神华集团 | 蒙古 | 塔本陶勒盖煤矿储藏面积达 400 平方公里，该煤矿属优质炼焦用煤。初步探明的焦煤储量约为 64 亿吨，其中主焦煤 18 亿吨，动力煤 46 亿吨，价值高达 3000 多亿美元 |
| 哥伦布拉勘探区项目 | 2010 年 10 月 | 中煤集团 | 澳大利亚 | 昆士兰州苏拉盆地哥伦布拉项目，主采煤层预估资源量 100 亿吨以上。初步规划 1 座年产 1000 万吨的矿井，后期再建设 3 座同等规模的矿井，形成年产 4000 万吨的矿区 |

| 投资项目 | 投资时间 | 投资方 | 东道国 | 项目概况 |
|---|---|---|---|---|
| 澳思达煤矿 | 2004 年 | 兖州煤业股份有限公司 | 澳大利亚 | 新南威尔士州南田煤矿当时是一个已经关闭的煤矿。以 3200 万美元的对价将南田煤矿收购。现在每年产生效益 8000 多万澳元。已经连续 4 年被评为澳大利亚新南威尔士州安全最好的示范矿井 |
| 收购菲利克斯资源有限公司股权 | 2009 年 12 月 | 兖州煤业股份有限公司 | 澳大利亚 | 并购交易总额达 33.33 亿澳元。被并购的公司拥有 4 个运营中的煤矿、两个开发中的煤矿和 4 个煤矿勘探项目，2008 财政年度商品煤产量为 700 万吨 |

资料来源：根据公开媒体报道整理。

煤炭能源企业海外投资基于国内煤炭供应紧张和海外煤炭价格优势动机，倾向于并购模式和勘探合同模式，投资又以控股或独资为主导方式，导致投资风险骤增。

# 三、中国能源企业海外投资的主要特征

## （一）中央能源企业占据海外投资主体地位

能源产业在任何国家都属于国家命脉产业。世界投资能源的企业多为跨国公司或大型公司。世界性油气公司兼并收购浪潮通常出现在经济发展的转型阶段。2008 年国际金融危机后全球经济增长减缓，石油价格回落，更重要的是发展中国家对石油天然气的需求迅速增加。中国企业在宽松货币政策支撑下的产业非理性增长，催生对能源需求的疯狂递增。国际能源局（IEA）于 2011 年 2 月发布的《中国国家石油公司海外投资》报告指出，2009 年，世界石油需求减少 124 万桶/日，中国增加了 70 万桶/日；世界天然气需求下降了 2%，中国天然气消费增加 11%。在能源消费特殊的情况之下，截至 2013 年底，中国能源企业在 33 个国家开展 100 多个能源合作项目（见表 3-8）。

表 3-8　　　　　　　　　　中国能源企业海外投资略表

| 核心业务 | 公司名称 | 投资额/亿美元 | 项目数量 | 核心业务 | 公司名称 | 投资额/亿美元 | 项目数量 |
|---|---|---|---|---|---|---|---|
| 油气 | 中石化 | 628 | 35 | 电力 | 大唐集团 | 20 | 2 |
| | 中石油 | 589 | 38 | | 电力投资 | 11 | 3 |
| | 中海油 | 347 | 18 | | 华电集团 | 10 | 2 |
| | 中国化工 | 89 | 7 | | 国电集团 | 3 | 1 |
| 电网 | 国家电网 | 73 | 7 | 煤炭 | 兖州煤业 | 66 | 5 |
| 电力 | 三峡集团 | 60 | 3 | | 神华集团 | 16 | 2 |
| | 华能集团 | 43 | 2 | | | | |

资料来源：段宇平，吴昊 . 中国全球能源投资分析［J］. 中外能源，2015（3）：9-15.

中国海外能源投资的主体是大型国有或国有控股的能源重点企业。根据中国石油企业协会发布的《2015 中国油气产业发展分析与展望报告蓝皮书》可知，截至 2014 年，中石化、中石油、中海油、中国化工及中国投资有限责任公司 5 家中央企业海外能源投资额累计达到 1747 亿美元，占中国海外能源投资总额的 77%。《毕马威中国经济全球化观察》2013 年报告显示，民营企业海外并购案例个数占比已经从 2009—2011 年的 43.6%跃升到 2012 年的 68.9%。但是民营企业单笔平均并购规模始终徘徊在 1 亿~2 亿美元。国企保持着大约 80%的资金占比，单笔平均并购金额为 9.4 亿美元。国有企业投资占到了 2013 年中国海外投资的存量的 55%。

近年国有能源企业并购数量减少。中国三大国家石油公司在 2009—2013 年累计完成并购金额超过 1100 亿美元后，2014 年对待海外油气资产并购交易趋于审慎，仅通过 3 宗交易，并购金额 28 亿美元。① 其原因在于三大石油公司均强调发展质量优先于资产数量。与此相反，民营企业海外投资数量与国有企业数量接近均衡，民企逐渐成为海外油气投资新的"生力军"。2013 年收购金额约为 10 亿美元，2014 年复兴国际等 9 家民营企业的并购额达 22 亿美元；收购洛克石油在澳大利亚的油气资产达 3.6 亿美元。2015 年在海外能源和矿产投资者中，民营企业占比 70%以上。其中洲际油气分别以 21.6 亿元现金收

① 侯明扬 . 2014 年全球油气资源并购特点及未来展望［J］. 国际石油经济，2015（3）：24-29.

购哈萨克斯坦克山油田 100% 股权，以 2.6 亿元收购 NCP 公司 65% 股权以协议收购 CNR 公司 100% 股权。国有企业与非国有企业对外直接投资所占比例如图 3-6 所示。

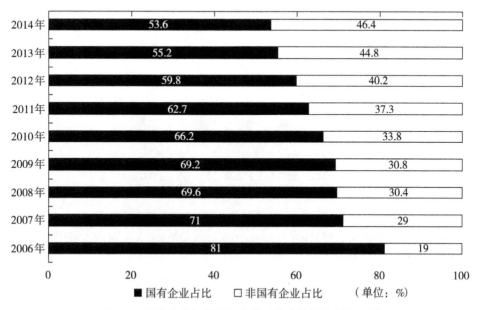

图 3-6　国有企业与非国有企业对外直接投资所占比例

资料来源：国家统计局发布的《2014 年度中国对外直接投资统计公报》。

　　能源中央企业和地方国有企业在海外投资发展过程中，逐步形成了企业可持续发展和国际竞争的实力，巩固了国家能源安全和社会经济发展的稳定基础。

　　最早"走出去"的中国石油天然气集团公司（简称中石油），形成了海外资源五大战略区，管理 82 个油气投资项目。中石油原油产量复合增长率为 8.6%，油气产量当量复合增长率为 10.1%，海外业务利润总额年均复合增长率为 10.7%，海外业务销售收入年均复合增长率为 18.5%，天然气产量复合增长率为 21%。2011—2015 年中石油海外原油和天然气作业产量如图 3-7 所示。

　　中国石化集团公司（以下简称中石化）截至 2014 年累计投资最多，达到 628 亿美元，海外投资项目，分布在中东、中亚、俄罗斯、亚太和拉美、非洲的 26 个国家或地区。2009 年海外油气产量突破了 1000 万吨。2015 年中石化

图 3-7　2011—2015 年中石油海外原油和天然气作业产量

资料来源：中石油官网（http：//www.cnpc.com.cn/cnpc/jtxw/201601/4f04518d778c4f27a085a202cdb0d233.shtml）。

海外权益油气产量达到 4436 万吨。

中国海洋石油公司（以下简称中海油）的《2013 年可持续发展报告》披露，2013 年公司海外原油产量达到 2740 万吨，占比 41%；天然气产量海外产量 86 亿立方米，占比达到 44%。特别尼克森的产量占海外油气产量的 25% 左右。中海油通过收购尼克森资产，获取全球油气资源的定价权和话语权。

按资产计，中化集团（Sinochem）是中国第四大海外石油投资企业。据不完全统计已经拥有近 30 个海外油气区块，平均年产量达 3219 万桶。此外，陕西延长石油、振华石油和中国航油等规模较小的公司也以非股权模式参与海外油气投资。

### （二）股权投资是中国能源企业的主要投资模式

中国能源企业海外投资模式主要有绿地新建投资、并购、服务合同竞标以及贷款换石油等。能源企业的并购模式是通过以股权变更的方式获得其他能源企业的股份或资产。服务协议模式是能源企业利用勘探方面的技术优势参与服务合同竞标，以获得能源权益。贷款换石油模式，是政府合作，商业运作，金融扶助获得资源国的能源保障的模式。中国能源企业投资合作方式也更加趋于多样化，如与资源国公司合作，实施企业本地化战略，也采用了联合收购、联合竞标资产以及服务等方式规避企业风险。

中国能源企业海外投资模式在总体上仍然以跨国并购为主。安永报告认为能源企业并购仍是中流砥柱（见图3-8）。据晨哨统计①，2014年中国油气资产并购共有28宗，占总项目宗数的41%；披露总金额约102.07亿美元，占年度能源矿产业并购项目总金额的45.69%。本年度能源矿产行业海外投资采用股权并购模式占总宗数的75%。其中控股并购金额占海外并购总额的37.60%，控股比例超过70%的交易项目数达到控股并购总项目的70%。资产类并购项目占25%，涉及金额占该行业并购总额的39.65%。

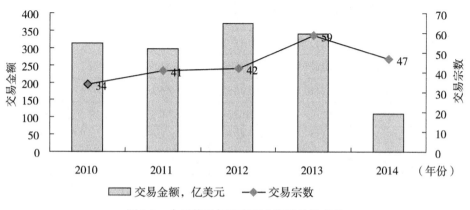

图3-8 中国能源与矿产行业海外并购交易

资料来源：安永．中国对外直接投资展望2015［EB/OL］. http：//www. ey. com/CN/zh/Newsroom/News-releases/news-2015-EY-Outlook-for-Chinas-outward-foreign-direct-investment-2015.

# 四、中国能源企业海外投资的实证分析

能源企业是中国海外投资（ODI）的主体，从投资发展趋势、投资区域和投资模式的归纳中发现，中国能源企业"走出去"取得了重大成果。特别是中国三大石油公司由单纯追求资源的国家石油公司，向具有投资属性的跨国石

---

① 晨哨．2014年中资海外并购年报（能源矿产篇）［EB/OL］. 晨哨网，http：//www. morningwhistle. com/website/news/2/40498. html，2015-02-21.

油公司转变，具备了与跨国石油公司同台竞技的资格。中企联发布的 2014 年中国 100 大跨国公司及其跨国指数显示（见表 3-9），中国 100 大跨国公司入围人民币 233.11 亿元门槛与 2014 世界 100 大跨国公司的人民币 2010.25 亿元相去甚远。中国平均跨国指数为 13.6%，却比 2013 年度下降了 0.38%。中国跨国公司普遍存在海外营业收入增速明显低于海外资产增速现象。这说明投资效益明显弱于资本扩张，提质增效比资产扩张的任务更紧迫。2004—2014 年中国海外投资并购金额比例如图 3-9 所示。

表 3-9　　　　　　　　　　**2014 年度中国能源公司海外投资概况**

| 排名 | 公司名称 | 海外资产（万元） | 海外收入（万元） | 海外员工（人） | 跨国指数（%） |
|---|---|---|---|---|---|
| 1 | 中国石油天然气集团公司 | 90562165 | 272995616 | 1636532 | 27.32 |
| 2 | 中国石油化工集团公司 | 85712364 | 288993429 | 897488 | 25.09 |
| 3 | 中国海洋石油总公司 | 48107196 | 61159992 | 114573 | 35.61 |
| 5 | 中国中化集团公司 | 25510368 | 49682919 | 55349 | 57.03 |
| 20 | 兖矿集团有限公司 | 5502677 | 11239819 | 91060 | 12.52 |
| 56 | 神华集团有限责任公司 | 1253211 | 32490059 | 259868 | 0.91 |

资料来源：根据中国企业联合会发布的《2015 年中国 100 大跨国公司榜单》整理。

本章从能源企业的微观层面和中国开放度层面，对能源海外投资的影响因素进行评价。主要分析中国能源企业近年海外投资的问题和原因。

（一）变量选取及回归结果

**1. 变量选取**

（1）被解释变量：选取跨国指数（Transnationality Index，TNI）。该指数是联合国贸发委员会（UNCTAD）对全球跨国公司（Transnational Corporations，TNCs）进行评价的主要标准，主要考察跨国企业的海外经营水平和国际管理职能程度。从规模角度清晰地展现企业海外的业务发展程度。大部分全球性跨国公司的跨国指数在 30~60。

通过整理中国企业联合会、中国企业家协会联合公布的《中国 100 大跨国公司榜单》，可以得到 2010—2014 年大唐发电、国家电网、华电国际、华能

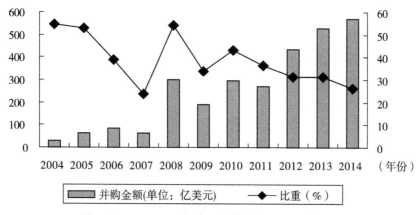

图 3-9　2004—2014 年中国海外投资并购金额与比例

资料来源：根据国家商务部、统计局、外汇局发布的《2014 年度中国对外直接投资统计公报》整理。

国际、冀中能源、开滦股份、尚德电力、中国核电、中国神华、中国石化、中国石油、中海油、中化国际、中煤能源、兖州煤业 15 家能源企业跨国指数。其中，2013 年缺失跨国指数，因此使用线性插值法进行填补。

（2）微观层面解释变量：能源企业总资产、资产息税前利润率和静态市盈率。

能源企业总资产，是指企业所拥有或控制的流动资产、固定资产、长期投资和无形及递延资产等。它反映的是企业的规模程度，数据取对数值。

资产息税前利润率，是评价公司的投入和产出的效率。该指标反映的是企业的总体获利能力。该指标值为正，说明企业总体赢利能力为正增长。

静态市盈率，是反映股票投资收益与投资风险的重要指标，中国通常的合理区间在 20~30。

选取上述三个指标，是体现能源企业海外投资的所有权优势和内部化优势。通过整理 Wind 数据库提供的 15 家能源企业上市财务数据得到。其中，国家电网由于未上市未能获到相关数据，尚德电力和中国核电缺失静态市盈率数据，本书将不予考虑。

（3）宏观层面解释变量：中国经济开放度（简称中国开放度）。

经济开放度，学术界认为包括两层内涵：一是本国经济进入世界市场的方式、程度和交易成本；二是本国允许其他国家进入市场的方式和程度。从产业经济的角度为 $EOi =$ （$E$ 货物进出口贸易额 $+O$ 对外直接投资额）$+I$ 产业的产值×100%。本书为数据的可获得，只选取贸易比率为代表。本数据通过世界银行数据库整理得到。这个变量反映了能源企业海外投资的母国环境，也反映了中国能源企业的制度性问题。

本研究因为能源企业数据的局限性，选取的解释变量个数同样受到限制。最终得到的研究样本为 2010—2014 年大唐发电、华电国际、华能国际、冀中能源、开滦股份、中国神华、中国石化、中国石油、中海油、中化国际、中煤能源、兖州煤业 12 家能源企业的非平衡面板数据，所用变量的简单统计概述，如表 3-10。

表 3-10　　　　　各能源企业跨国指数及相关解释变量的统计描述

| 变量 | 概述 | 观察数 | 平均值 | 标准差 | 最小值 | 最大值 |
|---|---|---|---|---|---|---|
| 跨国指数<br>（单位:%） | （国外资产/总资产+国外销售额/总销售额+国外雇员数/总雇员数）/3×100% | 40 | 18.73 | 17.88 | 0.35 | 57.03 |
| 能源企业总资产<br>（单位：亿元） | 反映企业规模 | 40 | 5941.37 | 6945.26 | 160.53 | 24053.76 |
| 资产息税前利润率<br>（单位:%） | 息税前利润（EBIT）/总资产平均余额×100% | 40 | 15.73 | 12.76 | 2.00 | 44.51 |
| 静态市盈率<br>（单位:%） | 股价/当期每股收益×100% | 40 | 19.43 | 17.26 | 6.53 | 106.20 |
| 中国开放度<br>（单位:%） | 贸易额/GDP×100% | 40 | 48.32 | 1.94 | 45.09 | 51.14 |

资料来源：根据中国企业联合会发布的《中国 100 大跨国公司榜单》、WIND 等数据库中的数据整理。

### 2. 设立的模型

根据生产折衷理论和企业资源基础论，跨国化指数与总资产等因变量建立如下的模型：

$$\text{tni}_{it} = \beta_0 + \beta_1 \ln \text{asset}_{it} + \beta_2 \text{margin}_{it} + \beta_3 \text{pe}_{it} + \gamma \text{open\_ch}_t + \mu_i + \eta_t + \varepsilon_{it}$$

其中，$i$（$i=1$，…，12）表示 12 个能源企业，$t$（$t=2010$，…，2014）表示时间，$\mu_i$ 表示固定效应项，$\eta_t$ 表示时间效应项，$\varepsilon_{it}$ 表示随机扰动项。

### 3. 回归结果

本回归用年度虚拟变量来控制时间效应项 $\eta_t$。为证明中国能源企业海外投资中企业微观因素和宏观层面的影响关系，其对回归结果影响不大，故实证被省略。本书采用 Stata 软件进行数据分析处理。

本书分别采用 F 检验、B-P（Breusch and Pagan Lagrangian multiplier test）检验和 Hausman 检验，识别三种估计方法中哪个更为可靠。

首先采用 F 检验是否存在固定效应项，结果显示在 1% 的显著性水平下，拒绝原假设，存在固定效应项 $\mu_i$，说明 FE 比 POLS 要好；接着采用 B-P 检验验证固定效应项是否引起异方差，结果显示在 1% 的显著性水平下，拒绝原假设，存在异方差，说明 RE 比 POLS 要好；最后采用 Hausman 检验验证固定效应项是否与解释变量相关，结果显示在 10% 的显著性水平下，拒绝原假设，固定效应与解释变量相关，说明 FE 比 RE 估计方法要好。因此，本书选择固定效应估计法的估计结果。

根据固定效应估计法的估计结果（见表 3-11），能源企业总资产、资产息税前利润率和中国开放度对跨国指数存在显著正向效应，即现有变量能够显著促进能源企业的 ODI。静态市盈率对跨国指数的影响不显著。在控制其他因素不变的情况下，能源企业总资产每提高 1%，则跨国指数将提高 0.22%；资产息税前利润率每提高 1%，则跨国指数将提高 0.19%；中国开放度每提高 1%，则跨国指数将提高 1.08%。

表 3-11                                   回 归 结 果

| 变量 | （1）POLS | （2）FE | （3）RE |
|---|---|---|---|
| ln asset | −3.169 | 21.56*** | 3.909 |
| | (2.053) | (5.657) | (2.938) |
| margin | −0.444* | 0.189* | −0.0437 |
| | (0.227) | (0.0917) | (0.0813) |
| pe | −0.308* | 0.0239 | −0.0161 |
| | (0.180) | (0.0278) | (0.0327) |
| open_ch | −2.273 | 1.076** | −0.285 |
| | (2.001) | (0.486) | (0.359) |
| Constant | 163.5 | −205.4*** | −1.201 |
| | (98.91) | (67.38) | (36.34) |

续表

| 变量 | （1）POLS | （2）FE | （3）RE |
|---|---|---|---|
| Observations | 40 | 40 | 40 |
| $R^2$ | 0.248 | 0.628 | — |
| Number of firm | — | 12 | 12 |
| F test | | 357.74 *** | |
| B-P test | | 46.81 *** | |
| Hausman test | | 13.26 * | |

注：小括号内为标准差，＊、＊＊和＊＊＊分别表示显著性水平为 10%、5% 和 1%。

## （二）中国能源企业海外投资的问题

中国能源企业海外投资，在某种程度上说是以中国市场容量换取海外能源开发。通过上述实证结果，证明中国经济开放度、能源企业总资产每提高 1%，能够促进能源企业的跨国指数分别提高 1.08% 和 0.22%。也就是说，中国经济开放能够使中石化、中石油和中海油等国家能源企业具备海外投资的先天优势或制度优势。而企业规模的增长，对促进能源企业海外投资的影响相对有限。由此带给能源企业的问题是：

（1）能源企业海外投资过于短期化。一方面，过度地关注国内市场，缺少创新发展。中国能源企业海外投资集中上游的勘探权或收购已探明资产。而上游勘探项目前期投入多、周期长和风险大，对技术要求高。对于投资者的条件一般是有勘探技术优势和国际运营经验、资金雄厚的企业。而中国企业海外投资存量在全球所占比例相当于美国的 13.9%，对外投资起步晚，国际经验欠缺。并且对于上游技术偏弱，中下游能力庞大的中国能源企业来说，实在是以短博长。中国能源企业海外投资进向全球价值链上游阶段，通过巨额投资直接控股或收购国际领先公司重要的战略性产业，又限制了企业创新发展。

与中国对外直接投资的其他行业相比较，其他行业中国企业大部分依靠的是低成本生产或技术灵活性优势。资本技术密集型企业采取了激进的跨国投资，通过在发达经济体绿地投资，设立海外研发中心直接获取信息、人力资本、专有技术，然后利用母国的生产制造优势，提高产品国际市场竞争力。部分企业通过跨国并购、合资和战略联盟快速获得先进技术、国际品牌和管理经验，从而在短期内赢得国际领先能力。如华为收购马可尼获得了先进技术，并且进入欧洲市场并建立了全球通信与运营商战略联盟关系。吉利与福特公司跨国并购，由此获得了其旗下豪华车品牌沃尔沃。与之相反的是，能源企业则依赖政府的能源外交活动，争取政府及相关机构的支持，通过配合母国政府与资源国政府之间国家条约，以降低"走出去"风险。如中国和俄罗斯于 2009 年签署《中俄石油领域合作政府间协议》，俄罗斯以出口中国 1500 万吨石油作为抵押，获得中国 250 亿美元的长期贷款；中石油与俄罗斯石油公司组建"东方能源公司"，中石油通过提供油气生产资金、劳务与技术服务来落实投资。显然能源企业海外投资这种模式对提升能源技术、进入国际市场和建立全球战略联盟关系的作用明显，但企业收益率较低（见表 3-12）。这种并购投资的过程本身难度非常大，并购后如何与国内产业对接、如何促进国内的技术换代和产业升级，更是考验中国能源企业的难题。

表 3-12                                          世界主要能源企业经营比较

| 公司<br>经营 | 中石油<br>（Petro<br>China） | 中石化<br>（Sinopec） | 中海油<br>（Cnooc） | 埃克森美孚<br>（Exxon<br>Mobil） | 荷兰皇家<br>壳牌石油<br>（Shell） | 英国石油<br>公司（BP） | 康菲石油<br>公司（Cono-<br>cophillips） |
|---|---|---|---|---|---|---|---|
| 总 资 产<br>（亿美元） | 3904.2 | 2355.6 | 1076 | 3495 | 3531 | 2843 | 1165.4 |
| 收 入（亿<br>桶油当量） | 3705.3 | 4586.6 | 354 | 4119 | 4313 | 3235 | 555.17 |
| 销售净利润<br>率% | 4.69% | 1.73 | 27.59 | 7.89 | 3.41 | | 12.37 |
| 国际油气产<br>量占比% | 10.15 | 10.38 | 37.78 | 70.32 | 91.1 | 98.12 | 52.86 |

资料来源：根据各公司 2014 年财务报告整理。

另一方面，对所购资产的理性分析及其发展趋势的科学预测。在低油价下，中国能源企业的海外投资已经面临高风险的窗口。中国能源企业对 2000 年后高油价产生原因认识不足。特别是在 2008 年的油价达到最高的 140 美元/桶时，以为石油需求会持续高速增长，进而石油价格也将持续增长。而实际情况是，美国的非常规油气革命从供给端大大改变了世界石油的供给格局。而中国等发展中国家经济增速减缓又从需求端削弱了石油增长空间。而且能效提高、新能源替代出现和低碳发展观念被广泛接受等多重因素的共同作用，推动了此轮石油价格持续下跌。国际能源公司往往致力于获取系统性资源。这样对能源企业的资金、管理、技术、市场、国际化程度等的综合实力要求较高。中国能源企业是在全球金融危机的特定条件下加速扩张的，投资集中于跨国公司并购后全球"剩下的"油气资产。学者对于中国企业海外投资的研究，国际通用的市场潜力、生产成本、法律环境等评价指标在中国对外直接投资结果中作用并不显著（黄益平，2010）①。

　　跨国企业海外投资所需资金除了通常来自购买外汇、自有外汇资金以及国内外银团贷款、股权融资等渠道外，欧美地区目标公司还会采取诸如金融衍生工具、股票期权或私人养老金计划等特殊的商业行为以保证并购交易的有效运营。中国能源企业对于这些商业行为认识尚属初级阶段，中国跨国并购仍然将现金支付作为最主要的支付手段，而获得现金流的主要方式是企业盈余和银行贷款。2008年投资回报率在评价标准中并不是优先考虑因素，在中国外汇高储情况下把外汇变成资源（权益）和股份（份额）作为方向的观念，显然也是错误的。中国能源企业应坚持投资与贸易并举、陆海通道并举，积极支持能源技术、装备和工程队伍"走出去"（国务院，2014）。②

　　（2）中国能源海外投资忽视效益。在上述回归分析结果，资产息税前利润率对中国能源企业海外发展影响最小，资产息税前利润率每提高1%，则跨国指数将提高0.19%；中国国有企业是海外并购的主导企业，导致在境外项目选择上更集中在高资源、大数额的项目，而忽视项目本身的经济效益。

　　一方面，中国能源企业为收购成功开始支付过高的溢价。能源企业海外投资偏好跨国并购，而规模较大的跨国并购大多采取设立境外子公司的绕道并购。海外并购更多地使用自有资金，金融杠杆手段利用不足，导致企业资产负债率过高。比如中海油对尼克森的要约收购价较尼克森的股价溢价61%，创造了2012年"中国溢价"的纪录。加拿大多伦多道明银行（TD）报告的分析，加拿大油砂的投资在WTI油价需要保持在每桶50美元以上才能获得正的现金流。这意味着，加拿大的投资者成为本轮国际原油价格周期的高位接盘者，将承受更大的亏损压力。事实上中国海油2013年在国际原油价格没有下

---

　　①　黄益平．对外投资的"中国模式"［EB/OL］．FT中文网http：//www.ftchinese.com/story/001035955，2010-12-09.

　　②　国务院办公厅．关于印发能源发展战略行动计划（2014-2020年）的通知国办发〔2014〕31号［EB/OL］．新华网，http：//www.xinhuanet.com/energy/zt/nyxgc/16.htm，2014-11-20.

降情况下，油气产量增长 20.2%，油气销售收入增长 16.3%，净利润却下降了 11.4%。溢价收购显然违背了价值规律，溢价收购给了"中国威胁论"者以可乘之机。

另一方面，投资于密集频发风险地区。综合风险评估能力以及跨国管理能力落后于其实际扩张能力，造成企业的风险多发。国际能源署（International Energy Agency）2014 年第四季度简报指出，自 2011 年以来，中国国有石油公司在 40 多个国家投资，控制了全世界大约7%的原油出口量。但是投资区域集中在亚非拉等不稳定国家，直接推高了央企海外投资的政治风险和非商业性风险。其中处理好与社区、周边民众的关系，也成为海外投资的必解问题。例如神华集团开发的沃特马克项目因环境问题遭遇当地社区抗议；在缅甸投资项目因民众的阻止而搁置。很多国家由于意识形态的差异，将中国国有企业对海外资源的投资解读成资源掠夺，从而直接或间接导致了能源企业的一些海外项目的失败或者流产。

## （三）能源企业海外投资问题的产生原因

（1）投资模式是海外投资问题产生的主导原因。国际能源权获得最典型的途径有风险勘查和并购权益。风险勘查，就是由能源企业以申请授予、竞标、合同等方式向能源所在国申请探矿权。这种勘探合同投资时间相对较长，不确定因素很多。中国煤炭企业在加拿大和澳大利亚等国较多采用这种模式投资。并购权益，即购买其他企业高级勘查阶段的探矿权或直接购买采矿权后再自主开发，从开发成果中回收成本或获得能源权益。从中国石油企业海外投资模式的变化过程可以看出，股权控制型投资成为海外直接投资的重要模式。而《2011 年世界投资报告》估计，跨境非股权经营模式在 2010 年创造了超过 2 万亿美元销售额。詹晓宁（2011）[1] 也认为中国企业应充分利用非股权经营模式，通过集群式投资将产业链延伸到海外，全球配置资源。而中国能源企业作为海外投资热潮中绝对主力，更多地选择了跨国并购。这种基于中国制度体系的产物，直接影响了能源投资模式的区域空间选择和相对成本（李国学，2013）[2]。基于国际投资理论，当企业处于国际化经营初期应采取贸易式或者许可证等较低风险方式进行投资，反之，往往乐于参股以及并购等投资模式进

---

[1] 詹晓宁. 非股权经营模式为全球经济融合创造新机会［EB/OL］. 新华社，2011-07-27.

[2] 李国学. 对外直接投资模式选择［J］. 中国金融，2013（1）：49-50.

行海外投资。从这个意义上讲，非股权投资模式通过产能提高、技术扩散等，促进企业全球价值链。从实证结果中可以看到，中国能源企业具有规模经营的所有权优势和良好发展的开放环境，能够推动企业海外投资，并获得竞争条件。

（2）能源企业海外投资的高成本原因。中国能源企业海外投资存在着成本高的原因，一是自然条件所致。国际能源投资具有较高的风险性①。国际上易于开采的能源大多被欧美能源企业所垄断，中国能源企业获得地理条件相对较差的开采权，因此付出了更高的开采和炼化成本。二是盲目竞争所致。中国能源企业均有很强的央企色彩。为了各自的经营利益相互抬价或压价，即使某家石油企业能够获得项目的开采权，也由于中标价格过低而导致运营后亏损。数据显示，2015 年中海油主要成本约为 41.24 美元/桶，而从 2014 年 11 月下旬开始国际原油价格就跌破 40 美元/桶，曾经到了 28 美元/桶以下，以此粗略估算，生产一桶石油将亏损 10 美元以上。2016 年，中海油净产量目标下调了 2%~5%，这是中海油自 1999 年上市以来首次调低产量目标。三是技术创新因素。在投资目的国的选择上，中国能源企业的投资带有一定的"机会主义"色彩，并没有全面地从政治、经济、法律和文化方面考察东道国的投资环境。海外能源投资属于技术密集型投资，需要强大的技术装备和技术知识支撑。欧美能源公司把持着许多专有装备和关键技术，而中国的炼化设备、工艺和许多关键设备必须依赖于进口，这些已经成为中国能源企业海外投资需要弥补的短板。即便是高溢价也要收购，所以被收购的企业和产品价格必然上涨。高成本的直接后果是能源企业海外投资绩效不显著，投资风险敞口增大。

（3）中国能源企业海外投资的制度因素影响。中国能源海外投资的主体是国有企业，具有"得自政治体制的异质性资源"（裴长洪，2010）②，如低息信贷、预算软约束等。这种所有权属性的国家特定优势，使得国有企业在风险承受和资金筹集方面远胜过其竞争对手，对于民营企业的海外投资也产生了挤出效应。目前石油资源剩余项目或可获得项目极为有限，中国能源企业投资主要石油产区的成本与难度增加，只能转向资源丰富而制度环境恶劣的国家，国有企业的所有权优势，导致企业对东道国制度风险具有更大的"容忍度"；企业利润最大化的市场规则，又使得企业能源获取型 ODI 极力规避制度风险。

---

① 吴磊. 中国石油安全［M］. 中国社会科学出版社，2006：316-321.

② 裴长洪，樊瑛. 中国企业对外直接投资的国家特定优势［J］. 中国工业经济，2010，268（7）：45-54.

因此，中国能源型 ODI 具有较大的不确定因素。在西方资源国看来，中国能源企业在海外收购矿产出价时，不是考虑未来现金流收益等问题，而是破坏全球市场价格及公平贸易环境。能源国企的投资行为被理解为政府投资，服务于国家战略目标。美国为避免像 2005 年中海油收购优尼科事件再次发生，美国在《2005 国家能源法》中增加一项条款，"能源部应当协同国土安全部、国防部一起调查中国经济状况、军备扩充情况、能源需求量及世界各地投资能源行业的情况，根据上述内容来决定中国的能源活动是否对美国的国家安全造成不利影响"。澳大利亚也有类似的投资审查制度程序。这样内部所有权制度和外部国有投资审查程序，都是能源企业海外投资破解的难题。

# 五、本 章 小 结

本章对中国能源企业的投资现状进行阐述。中国海外投资成为经济发展的重要动力，其中能源企业尤其油气企业经历过快速扩张和缓慢减速的过程。截至 2014 年末，能源企业海外投资形成六大区域，大洋洲、非洲和北美成为最为主要投资区域；中亚成为中国企业"走出去"最大规模区，澳大利亚成为能源投资最集中的国家。中国央企作为海外并购热潮中绝对的主力，石油价格下跌，资源风险敞口随之增加。投资区域过于分散可能产生政治风险和市场风险。以能源为代表的采矿业投资存量仅占对外投资存量总额的 16.5%，却造成了中国对外投资为资源导向性的不良印象。中国石油企业所有权结构和控制方式，使资源国危机感增强，也容易受到非经济因素的影响。这既是由投资规模资金造成的错象，也有国内产业体制设计问题。

本章选取 12 家跨国能源公司 5 年的数据作为研究样本，建立面板数据模型。通过实证发现，被解释变量跨国指数与企业的规模、赢利能力和市盈率呈正相关。总资产与跨国指数正相关表明，总资产上涨有利于推动企业国际化经营。由实证推导中国能源企业投资的问题主要是投资过于短期化和忽略经济效益。产生原因在于投资模式、投资成本和体制性因素。中国能源企业海外投资普遍存在海外营业收入增速明显低于海外资产增速现象。这说明投资效益明显弱于资本扩张，提质增效比资产扩张的任务更为紧迫。

# 第四章  中国能源企业海外投资模式区域分布与风险评价

中国能源企业的投资模式选择与区域制度环境、资源禀赋和企业投资动机相关。能源企业海外投资区域所具备的资源禀赋因素、国家政治经济社会因素，在不同程度上影响着能源企业海外投资的模式选择与风险评价。

## 一、能源企业海外投资模式及区域分布

投资模式，通常被理解为企业以谋求效益最大化为目标，跨国界配置资源的一种制度安排。这样的投资模式可以是直接投资，也可以是间接投资。海外直接投资模式（以下简称为海外投资）分为非股权（non-equity）模式和基于股权（equity-based）模式（见图 4-1）。

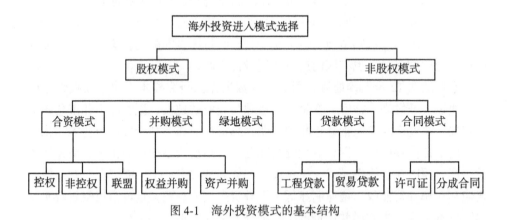

图 4-1  海外投资模式的基本结构

企业基于股权的投资模式，主要包括绿地投资（greenfield investment）和跨国并购（cross-border mergers & acquisitions）两种模式，具体投资方式可以是独资，也可以是合资。基于非股权的投资模式，主要以贷款贸易和项目合同

为代表（丁蔚琳，2010①；孟庆彬，2014②）。

企业海外投资基于战略动机不同，对所有者优势和内部化优势的表达方式也不同，其中股权控制与非股权控制是两种重要选择。股权控制的表达方式为绿地模式和并购模式。采用绿地投资（又称新建投资），是在东道国投入生产要素建立全新企业，依照东道国的国内法律开展独资（wholly owned）经营或者合资（joint venture）经营。这是一种传统的对外直接投资模式，在所有权比例和控制权决策上都能更好地体现投资者的优势。并购模式是指跨境兼并和跨境收购10%以上股权或资产的总称。这种模式在投资成本和投资风险上都要小于绿地模式。非股权模式是通过许可证合同、战略联盟等具体方式，以签订契约而结成生产要素流动的合作模式。本书结合中国能源企业的投资实践，主要讨论绿地投资、并购投资和非股权投资三种模式，系统化地解析中国能源企业海外投资模式的具体类型。

## （一）能源企业海外投资模式的类型

### 1. 能源绿地投资模式

绿地投资是国际投资的最传统方式。能源企业绿地投资通常是在拥有能源的东道国建设炼化工厂、码头、管道、仓储及终端销售网点等，按投资约定获得能源份额或投资回报。

能源绿地投资项目的建设，可分为单项建设和一体化建设两种方式。采用单项建设方式，是能源企业只介入东道国能源产业链的某一环节。比如新能源中国英利集团2011年与南非国家电力公司合作，在南非DeAar和Prieska分别建设了一个10兆瓦的太阳能发电站。这种投资方式的本土化和专业化，能够降低能源企业经营风险。采用一体化建设方式，即是开采、精炼、运输、销售于一体的全能源产业链投资方式。中国能源企业绿地投资，少数项目采用独资经营，大多数项目采用股份合资经营。绿地投资能够促进投资国企业和东道国能源企业实现供应链管理。要求能源企业更好地控制投资风险，贯彻全面质量管理，履行社会责任和环境保护责任。

---

① 丁蔚琳.中国企业海外投资模式比较分析［D］.华中科技大学硕士学位论文，2010.

② 孟庆彬.中国对外直接投资模式选择——绿地投资和跨国并购的比较研究［D］.重庆大学硕士学位论文，2014.

### 2. 能源跨国并购模式

并购模式是能源公司获得规模实力、实现跨越式发展的最主要方式。2004年至2014年的十年间，中国企业海外并购市场规模年复合增长率高达35%，交易数量年复合增长率为9.5%。① 中国能源企业并购模式，主要分为股权并购和资产并购。

能源企业的股权并购方式包括：一是收购勘探区块权益。国际能源公司经常将其已获得许可证区块的部分勘探权益转让，转让方可以转让项目的部分权益或整权转让。收购方通过特定支付成本就可获得勘探区块的部分权益或全部权益。通常收购方会向转让方支付超过实际发生费用的资金作为对先期风险的补偿。比如，中海油于2009年10月从挪威石油公司Statoil购入美国墨西哥湾4个勘探区块50%的权益。这种并购权益方式的优点是可利用已有资料进行深入评价，减少勘探技术和地质风险。二是购买公司流通股份。该方式通常是指购买海外目标上市公司发行的具有表决权的股份或认购其新增注册资本。这种收购可以分为全部股权收购、多数股权收购和少数股权收购。如三峡集团于2011年以26.9亿欧元收购葡萄牙电力集团（EDP）的21.35%的股份，并与葡萄牙电力集团建立战略合作伙伴关系。这种方式会导致股票交易市场上强制收购和反收购冲突出现，也会带来并购成本超过协议收购成本的不良结果。因此，双方的谈判直接影响并购后的经营绩效。三是能源公司间换股并购。换股并购通常是并购方收购控股股东或实际控制人的股份，使得被收购企业成为新设公司或控股子公司。如2011年兖州煤业成为第一家通过换股加现金方式成功实现对澳洲煤炭资源的收购，将兖煤澳洲与澳洲煤炭商格罗斯特合并，并取代格罗斯特在澳大利亚证券交易所成功上市。根据Thomson Financial Service Data全球并购报告的统计，纯粹现金并购方式仅占33%，换股并购方式占了47%，剩余的20%是以现金和股票混合方式进行的。

能源企业资产并购方式包括：一是收购能源储量资产。分为收购已探明尚未开采的能源储量和购买已开采困难的老矿源。如Encana公司于2014年购入美国Freeport-McMoRan公司得克萨斯州伊格尔福特页岩区带4.55万英亩的致

---

① 波士顿咨询公司（BCG）. 乘风破浪正当时——中国企业海外并购的势与谋［R］. 中国发展高层论坛（2015），http：//www.bcg.com.cn/cn/newsandpublications/publications/reports/report20150323001.html，2015-3-23.

密油资产。兖州煤业收购澳思达煤矿和中石油收购哈萨克斯坦的部分油田等。这类储量资产并购都需要并购方有足够的技术作为保障。比如兖州煤业利用综采放顶煤技术使澳思达煤矿年均效益达到 8000 多万澳元。二是收购能源公司资产。为应对全球能源价格变化，能源企业持续剥离油气资产和非常规能源资产。如 2014 年 BP、道达尔、雪佛龙、壳牌、埃尼和挪威国家石油公司剥离"非核心"资产金额达到 250 亿美元。这种并购方式，是现金充足的非能源企业实现产业多元化而获得能源资产的最常用方式。

**3. 能源非股权投资模式**

非股权投资模式，是指在东道国不谋取所有权和经营权，只是通过提供资金、技术、管理、销售渠道等方式保持控制力并从中获取利益的一种投资模式。这种投资模式被认为是"跨境投资的新特征"（王志乐，2012）①。

能源非股权投资模式主要有三大类型：能源贷款模式、租让制合作模式与合同制模式。能源贷款模式是以"贷款换石油"最为典型，属于海外投资的特殊类型；后两者都是按投资双方意思达成的约定来履行义务，具有合同的基本属性。本书为研究数据可获得将后两者统一归属于合同投资模式（简称合同模式）。

租让（许可证）制，也被称作矿费税收制合同。基本内容是资源国政府通过招标把待开发的能源区块租让给外国公司，赋予其在一定时期内实施勘探、开发、生产、运输和销售等各种作业的权利。能源公司在特定期限内拥有区块特别许可经营权，向所有者支付矿区使用费以及向资源国缴纳与作业有关的所得税。许可期满后，对所授予的能源区块进行回收；区块内所建和所购置资产归投资者所有。这种投资常常具有部分绿地投资模式的特点。区块使用费可随产量增长或价格上涨而递增或向上浮动。合同相关方按权益比例对税后净利润进行分配。在这种模式下，资源国政府有权对外国公司的重大决策进行审查和监督。例如，政府要求外国公司必须完成的最低限度的勘探工作量，批准油气田开发计划和确定价格、检查外国石油公司的作业和财务记录等。

能源合同制，是指政府在保留能源的所有权的前提下，依法订立关于石油勘探、开发、生产和销售的合同。合同双方按约定获得能源产量或其销售收入

---

① 王志乐主 . 2012 走向世界的中国跨国公司［M］. 中国经济出版社，2012.

的分成权。① 能源合同制主要是服务合同与分成合同两大类。两者之间的区别在于合同者获得的报酬是现金还是实物。资源国政府除了获得租让制的税费外，还按合同比例分得权益油（见图4-2）。

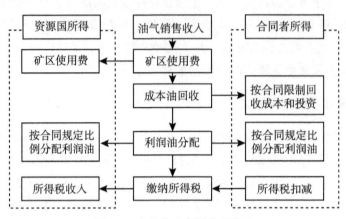

图 4-2　产品分成合同费税流程

服务合同分为有无风险两种类型。其中无风险服务合同，是一种雇佣合同关系。比如能源企业提供物探、钻井、测录井、修井等单项作业或勘探技术服务，只获得劳务费用，无使用权和收益权。这种不是严格意义上的投资行为，而是属于服务贸易范畴。投资模式下的风险服务合同，多数标的是由投资方提供资金和技术并进行能源勘探开发项目。该合同约定在勘探区块获得销售收入后，首先是满足能源国政府提取存留比例的所得，然后根据合同规定的回收成本限制比例和回收周期获得经济效益。投资方则需要全额支付勘探开发、建设和生产过程中的投资及费用（需纳税）。投资回报可以采用合同标的收益现金支付方式，也可以用合同标的能源产品现货来抵消支付。能源现货支付通常在规定期限内有市场价格3%~5%的折扣，限定现货支付总量为服务区块20%~50%的能源产量。在服务合同方式中，能源产量和价格成为回收成本投资的最大风险因素。

产品分成合同，是能源投资中最常用的方式之一，是在充分保障资源国的能源所有权益和专营权益的前提下，跨国能源企业的投资收益为合同作业区块

---

① 徐振强，育红. 国际石油合作合同模式的特征及演进［J］. 国际经济合作，2003（1）：50-53.

所生产的能源产品。如在石油分成合同中，区块所得的全部石油产品将分为两部分：一部分产品为成本回收油，主要抵消投资者生产所支付的成本费用；另一部分产品是利润油，超过成本产品所得收益要在资源国与投资者之间按合同约定的比例进行分配（孙鹏，2011）①。现行产品分成合同通常约定，能源投资方承担勘探、开发和生产费用；资源国为执行合同所进口的设备和材料给予减税、免税或其他优惠。该合同最鲜明的特征是，资源国从生产之初就以利润油的形式获得自己份额的收益，并获得投资成本回收所缴纳的矿区使用费和企业所得税。在能源价格高涨期间，俄罗斯、哈萨克斯坦等会强化国家对资源的控制力度而限用产品分成合同。这些变化说明，若干资源大国越来越倾向于采取服务合同模式或合资模式，未来外国公司的资源份额和权益可能受到挤压。

回购风险合同，实际上是风险服务合同的一个变形。在该模式下，投资方要承担油田勘探开发的全部费用和技术服务，其收益只能是承包合同约定的固定回报，报酬总数也与产量、油价无关。比如中石油开发伊朗北阿扎德甘油田、南帕斯气田、南阿扎德甘油田项目，都是签署的回购合同。中石油获得固定投资报酬后被赎回全部作业权及其权益，不能获得后期产量带来的利润。这种合同是资源国承担国际油价变化的所带来的经营风险。现在伊朗已经放宽油气开发条件，也可采用产品分成合同（见表4-1）。

表4-1　　　　　　　　四种主要油气合同模式的投资者利益比较

| 比较内容 | 产品分成合同 | 矿税制合同 | 风险服务合同 | 回购合同 |
|---|---|---|---|---|
| 合同核心条款 | 产品分成 | 矿区使用费和税收 | 服务费 | 承包建设权益 |
| 双方关系 | 承包关系 | 租让关系 | 雇用风险服务关系 | 承包关系 |
| 矿区使用费 | 无 | 有 | 有 | 无 |
| 产量分成 | 不完全按参股比例 | 无 | 无，仅收取服务费 | 无 |

① 孙鹏. 我国石油公司国际勘探开发合作选区决策优化研究 [D]. 中国地质大学博士学位论文，2011.

续表

| 比较内容 | 产品分成合同 | 矿税制合同 | 风险服务合同 | 回购合同 |
|---|---|---|---|---|
| 风险来源 | 与分成的产量相关 | 勘探开发、经营成本 | 勘探风险 | 初期投资及报酬指数 |
| 开发投资回报 | 单个油田 | 全区块 | 单个油田 | 全区块 |
| 块区内所建资产归属 | 资源国 | 持有证受许人 | 资源国 | 资源国 |
| 经营自主权 | 无 | 权力较大 | 无 | 无 |
| 作业权 | 有 | 有 | 有 | 有 |
| 原油支配权 | 有 | 有 | 无 | 无 |

## (二) 中国能源企业海外投资的区域分布及模式选择规律

中国能源企业海外投资在 2004 年以前基本集中在亚洲、非洲。2005 年以后，中国海外能源投资逐步向发达国家拓展。根据香港矿业协会统计的数据显示，2015 年中资企业在宣布和完成各洲采矿业投资项目数分布由多到少依次为大洋洲、亚洲、非洲、北美洲、拉丁美洲，宣布和完成投资总额排序依次为大洋洲、亚洲、北美洲、拉丁美洲、非洲、欧洲。

根据中国对外直接投资的统计数据可知，截至 2014 年末存量前 20 位的国家 (地区) 累计达到 7872.52 亿美元，其中能源投资的国家存量为 1025 亿美元，占比 11.7%。根据中国香港矿业协会统计的数据可知，2015 年宣布和完成海外油气投资项目主要集中于哈萨克斯坦、俄罗斯和加拿大。中资在俄罗斯、哈萨克斯坦、美国 3 个国家的油气投资项目总额占油气投资项目总额的83.09% (见图 4-3)。其中澳大利亚和加拿大是全球主要矿业国家，也是中国能源企业海外投资的热点国家。2014 年末在两国的投资存量占中国总存量比重的 3.6%。

### 1. 中国能源企业海外投资的区域分布

本书根据各类数据的可获性，主要考察 2002—2014 年中国电力、煤炭和石油天然气三大行业的 17 家能源企业，并对 17 家中国能源企业海外投资 (ODI) 的 110 起投资项目进行地区分布归类，结果如表 4-2、表 4-3、表 4-4、表 4-5 所示。

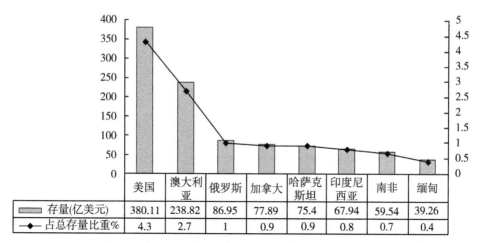

图 4-3　中国对外直接投资存量前 20 名的能源投资国家

资料来源：根据商务部发布的《2014 年中国对外直接投资公报》整理。

表 4-2　　　　　**中国 ODI 能源企业行业分布（2002—2014 年）**

| 能源行业 | 电力 | 煤炭 | 石油天然气 |
|---|---|---|---|
| 企业个数 | 5 | 7 | 5 |
| 企业名单 | 大唐发电、国电电力、华电能源、华能国际、中国电建 | 开滦股份、潞安环能、陕西煤业、中国神华、中煤能源、兖州煤业、昊华能源 | 延长石油国际、中国石化、中国石油、中海油、中化国际 |

资料来源：作者根据公开资料整理。

表 4-3　　　　　**能源企业 ODI 东道国地区分布（2002—2014 年）**

| 地区 | 北美洲 | 非洲 | 欧洲及欧亚大陆 | 亚太地区 | 中东国家 | 中南美洲 |
|---|---|---|---|---|---|---|
| 国家个数 | 3 | 8 | 11 | 8 | 4 | 7 |
| 国家名单 | 加拿大、美国、墨西哥 | 阿尔及利亚、埃及、安哥拉、刚果（布）、加蓬、尼日尔、尼日利亚、苏丹 | 冰岛、德国、俄罗斯、法国、哈萨克斯坦、葡萄牙、瑞士、土库曼斯坦、乌兹别克斯坦、西班牙、英国 | 澳大利亚、韩国、柬埔寨、蒙古、日本、泰国、新加坡、印度尼西亚 | 阿拉伯联合酋长国、沙特阿拉伯、也门共和国、伊拉克 | 阿根廷、巴西、厄瓜多尔、哥伦比亚、秘鲁、特立尼达和多巴哥、委内瑞拉 |

注：依据《BP 世界能源统计年鉴》的地区分类标准。

表4-4 能源企业 ODI 地区分布（2002—2014 年）

| 能源企业 | 北美洲 | 非洲 | 欧洲及欧亚大陆 | 亚太地区 | 中东国家 | 中南美洲 | 合计 |
|---|---|---|---|---|---|---|---|
| 大唐发电 | 0 | 0 | 0 | 2 | 0 | 0 | 2 |
| 国电电力 | 1 | 0 | 0 | 0 | 0 | 0 | 1 |
| 华电能源 | 1 | 0 | 3 | 2 | 0 | 0 | 6 |
| 华能国际 | 0 | 0 | 0 | 1 | 0 | 0 | 1 |
| 开滦股份 | 2 | 0 | 0 | 0 | 0 | 0 | 2 |
| 潞安环能 | 0 | 0 | 1 | 0 | 0 | 0 | 1 |
| 陕西煤业 | 0 | 0 | 0 | 1 | 0 | 0 | 1 |
| 延长石油国际 | 1 | 0 | 0 | 0 | 0 | 0 | 1 |
| 中国电建 | 0 | 0 | 1 | 0 | 0 | 0 | 1 |
| 中国神华 | 0 | 0 | 1 | 3 | 0 | 0 | 4 |
| 中国石化 | 4 | 2 | 6 | 3 | 3 | 2 | 20 |
| 中国石油 | 1 | 4 | 14 | 6 | 2 | 4 | 31 |
| 中海油 | 5 | 8 | 3 | 5 | 1 | 4 | 26 |
| 中化国际 | 1 | 0 | 1 | 2 | 2 | 1 | 7 |
| 中煤能源 | 0 | 0 | 0 | 1 | 0 | 0 | 1 |
| 兖州煤业 | 0 | 0 | 0 | 4 | 0 | 0 | 4 |
| 吴华能源 | 0 | 0 | 0 | 1 | 0 | 0 | 1 |
| 合计 | 16 | 14 | 30 | 31 | 8 | 11 | 110 |

资料来源：作者根据公开资料整理。

根据表4-4中的数据可知，中国能源企业 ODI 地区分布从多到少的顺序是亚太地区、欧洲及欧亚大陆、北美洲、非洲、中南美洲和中东地区。这个样本数据与中国采矿业投资项目的分布略有不同。原因在于对亚洲未按地理分布，而是采用行业分类的办法。具体到行业又有明显的地区特点（见表4-5）。

表4-5 能源行业 ODI 地区分布（2002—2014 年）

| 能源行业 | 北美洲 | 非洲 | 欧洲及欧亚大陆 | 亚太地区 | 中东国家 | 中南美洲 | 合计 |
|---|---|---|---|---|---|---|---|
| 电力 | 2 | 0 | 4 | 5 | 0 | 0 | 11 |
| 煤炭 | 2 | 0 | 2 | 10 | 0 | 0 | 14 |
| 石油天然气 | 12 | 14 | 24 | 16 | 8 | 11 | 85 |
| 合计 | 16 | 14 | 30 | 31 | 8 | 11 | 110 |

资料来源：作者根据公开资料整理。

从样本企业的投资行业来看，油气行业海外投资项目数量最多，分布也最为广泛（见表4-6）。电力和煤炭投资项目数量相差不多，分布区域也都集中在北美洲、欧洲及欧亚大陆和亚太地区。这样的投资区域分布与行业市场环境密切相关。煤炭行业经历了"黄金十年"，市场价格高涨促使企业高速开发国内资源，对国外资源投资明显动力不足。当国内价格低迷时，产能过剩使投资国外市场获利难度增大。电力行业处于垄断市场地位，体制性保障削减海外投资的动力。石油投资项目快速增加，是国内经济发展和民生保障双重压力下的直接结果。

表4-6 　　　　　　　　　　中石油投资区域的主要项目

| 美洲地区 | 非洲地区 | 中亚-俄罗斯地区 | 亚太地区 | 中东地区 |
|---|---|---|---|---|
| 在秘鲁的油气投资项目主要有塔拉拉油田6/7区块、1AB/8区块和111/113区块（属于勘探项目） | 苏丹上下游投资业务。与马来西亚国家石油公司、加拿大SPC公司、苏丹国家公司共同组建大尼罗石油作业有限责任公司 | 中国—哈萨克斯坦原油管道（两期）中国—中亚天然气管道（A/B/C线投产，D线正建）中俄原油管道（2011年投产运营） | 印度尼西亚苏门答腊岛南部的JABUNG区块集上下游一体化的大型气体综合开发LPG项目 | 伊拉克艾哈代布项目和英国BP公司共同开发鲁迈拉项目。分别实现投资回收原油提取 |
| 委内瑞拉油气投资项目主要有陆湖项目、苏马诺项目、MPE3项目和胡宁4项目（奥里诺科重油带项目） | 接管乍得项目H区块并担任独资作业，发现8个油气田。管道工程和乍得恩贾梅纳炼厂投产 | 哈萨克斯坦扩展到6个勘探开发、3条油气管道运输、炼油和油品销售等领域，形成工程技术服务在内的较为完整的业务链 | 中缅油气管道 | 中石油(37.5%)、法国道达尔公司（18.75%）和马来西亚国家石油公司（25%），中标伊拉克哈法亚项目，其他股份由伊拉克南方石油公司持有 |

续表

| 美洲地区 | 非洲地区 | 中亚-俄罗斯地区 | 亚太地区 | 中东地区 |
|---|---|---|---|---|
| 厄瓜多尔项目包括亚马逊项目和安第斯项目（中石油和中石化合资）。 | 阿尔及利亚项目包括 ADRAR 上下游一体化项目、112/102a 区块、350 区块和 438b 区块的勘探开发项目 | 土库曼斯坦阿姆河天然气项目是中国石油迄今为止在海外开展的最大天然气合作开发项目 | 印度东气西输天然气管道工程建设合作协议 | 海外勘探开发公司第一个成功运作 50/50 的联合作业并实行双签的阿曼项目 |
| 哥斯达黎加莫印（MOIN）炼油厂改造（中哥合资公司完成） | | 乌兹别克斯坦勘探开发项目合作，发现了西咸海、西莎、西吉和东阿拉特四个气田 | 越南宁平煤头化肥项目的总承包工程合同 | 东方物探的队伍和市场份额均占沙特物探市场1/3以上 |
| 1993 年 7 月，获得加拿大阿尔伯达省北淄宁油田等项目的部分权益。2009 年 8 月，收购阿萨巴斯卡油砂公司麦肯河（MacKay River）和道沃（Dover）油砂资产的部分权益 | 尼日尔阿加德姆区块（石油产品分成协议）和阿加德姆一体化项目（百万吨级原油生产基地，462 公里输油管线和一座现代化炼油厂）比尔马（Bilma）和特内里（Tenere）区块第二勘探期 | 与俄罗斯石油公司合资成立东方能源公司，拥有合资公司 49% 的权益。拍得上伊恰尔和西乔两个区块的油气资产。提供物探、管道建设等作业服务 | 和壳牌公司联合收购的是箭牌能源公司（澳大利亚最大的煤层气公）在昆士兰州的 30 多个煤层气区块平均 51% 的权益及其他相关资产的权益 | 阿联酋国际石油投资公司签订了阿布扎比原油管线项目设计采购施工。叙利亚的克拜巴油田增产合同。叙利亚的 7 个重质燃料油勘探区块以及 8 个开放的区块 |
| | | 蒙古塔木察格盆地区块 94.44% 开采权益 | 中国石油的设备已出口到伊朗、阿联酋、叙利亚、伊拉克、阿曼、巴林、卡塔尔、土耳其、约旦、沙特阿拉伯和科威特等国家 | |
| | | 阿塞拜疆 SOL 和 GOC 等石油公司提供测井、录井及测试服务 | | |

资料来源：根据中国石油天然气集团公司官网（http：//news. cnpc. com. cn/system/2012/01/17/001362108. shtml）整理。

**2. 能源企业海外投资区域的模式选择规律**

煤炭和石油天然气的对外直接投资数据纳入采矿业统计。从 2014 年统计公报可以初步反映煤炭与油气投资存量的总体分布。分析图 4-4 中的采矿业数据指标可知，以区域投资存量和采矿业存量对比，六大投资区域采矿业存量的总存量为 1237.3 亿美元，所占比例为 16.5%。采矿业在亚洲投资存量最大，其中哈萨克斯坦、印尼等主要能源输出国的投资约有 204 亿美元，占比为 27.5%。北美和大洋洲是中国能源矿产行业海外并购相对最为集中的区域。北美洲采矿业投资存量达到了 83.8 亿美元，占比达到了 17.5%。中国采矿业在大洋洲投资存量最为集中，达到了 169.4 亿美元，占比为 65.5%。

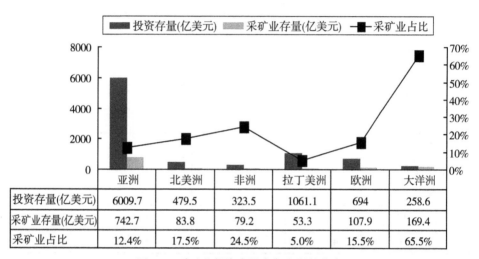

| | 亚洲 | 北美洲 | 非洲 | 拉丁美洲 | 欧洲 | 大洋洲 |
|---|---|---|---|---|---|---|
| 投资存量(亿美元) | 6009.7 | 479.5 | 323.5 | 1061.1 | 694 | 258.6 |
| 采矿业存量(亿美元) | 742.7 | 83.8 | 79.2 | 53.3 | 107.9 | 169.4 |
| 采矿业占比 | 12.4% | 17.5% | 24.5% | 5.0% | 15.5% | 65.5% |

图 4-4　采矿业投资存量在各大洲的分布

资料来源：根据商务部发布的《2014 年度中国对外直接投资公报》整理。

本书通过样本分析发现，企业的投资模式与区域分布呈现两大特点：一是煤炭与电力企业的投资模式：集中绿地模式和并购模式。电力企业在亚太地区、欧洲及欧亚大陆、北美洲三大区域的投资以绿地模式为主；煤炭企业则在同样的三大区域是以绿地和并购模式为主。二是能源企业投资模式仍然以并购为主，合同模式和绿地模式项目数量基本相同。能源企业因行业的区域投资动机不同而选择不同模式。如煤炭企业海外投资，神华集团在印尼以市场寻求为动机，绿地模式建设煤电一项化取得成功；而在蒙古、澳大利亚以资源获得为动机，同样绿地模式投资煤矿项目却遭遇挫折（见表 4-7、表 4-8）。

表 4-7　　　　　　能源企业 ODI 投资模式分布（2002—2014 年）

| 能源企业 | 并购模式 | 合同模式 | 绿地模式 | 合计 |
|---|---|---|---|---|
| 大唐发电 | 0 | 0 | 2 | 2 |
| 国电电力 | 0 | 0 | 1 | 1 |
| 华电能源 | 3 | 1 | 2 | 6 |
| 华能国际 | 0 | 0 | 1 | 1 |
| 开滦股份 | 2 | 0 | 0 | 2 |
| 潞安环能 | 1 | 0 | 0 | 1 |
| 陕西煤业 | 1 | 0 | 0 | 1 |
| 延长石油国际 | 1 | 0 | 0 | 1 |
| 中国电建 | 1 | 0 | 0 | 1 |
| 中国神华 | 0 | 0 | 4 | 4 |
| 中国石化 | 11 | 5 | 4 | 20 |
| 中国石油 | 9 | 7 | 15 | 31 |
| 中海油 | 5 | 18 | 3 | 26 |
| 中化国际 | 5 | 1 | 1 | 7 |
| 中煤能源 | 1 | 0 | 0 | 1 |
| 兖州煤业 | 4 | 0 | 0 | 4 |
| 昊华能源 | 1 | 0 | 0 | 1 |
| Total | 45 | 32 | 33 | 110 |

资料来源：作者根据公开资料整理。

表 4-8　　　　能源企业 ODI 投资模式地区分布（2002—2014 年）

| 投资模式 | 北美洲 | 非洲 | 欧洲及欧亚大陆 | 亚太地区 | 中东国家 | 中南美洲 | 合计 |
|---|---|---|---|---|---|---|---|
| 并购模式 | 10 | 3 | 13 | 13 | 1 | 5 | 45 |
| 合同模式 | 5 | 8 | 6 | 4 | 5 | 4 | 32 |
| 绿地模式 | 1 | 3 | 11 | 14 | 2 | 2 | 33 |
| 合计 | 16 | 14 | 30 | 31 | 8 | 11 | 110 |

资料来源：作者根据公开资料整理。

本书以中国对外直接投资存量和能源海外投资为例，分析中国石油企业在上述六大区域的投资模式选择的基本规律：

（1）北美洲区域。截至2014年末，中国在北美洲直接投资存量为479.5亿美元，占总存量的5.4%，主要分布在美国、加拿大。其中美国投资存量为380.11亿美元，占发达经济体存量的28.1%；加拿大投资存量占发达经济体存量的5.7%。从上述样本统计发现，中国能源企业在该区域的能源项目数达到了16个。

中国能源在投资模式选择上，以并购模式为主，占到该区域投资样本总数的62%。这是因为北美是非常规油气开发技术、环境保护技术最为成熟的区域，北美区域能源投资多有技术获取的动机。另外这个区域既是能源消费主要市场，又是能源供给增速最快区域。采取合同模式可以最大限度地减少投资风险。加拿大多伦多交易所是全球矿业上市公司的主要集中地，中国参股、控股加拿大能矿企业的数目仅占该国矿业上市公司总数的2.8%。从这个角度也说明了中国能源企业投资模式选择时的基本考量。

（2）以苏丹、安哥拉为中心的非洲区域。截至2014年，中国在非洲的直接投资存量为323.5亿美元，占总存量的3.7%。采矿业存量达到了79.2亿美元，所占比例为24.5%，次于大洋洲。该区域是中国油气企业投资分布较广的区域，投资国家主要为苏丹、安哥拉、津巴布韦、加纳、刚果（布）、纳米比亚、埃塞俄比亚、坦桑尼亚、肯尼亚等。中国为区域国家石油化工业体系的建设与发展作出了巨大贡献。

中国能源在投资模式选择上，合同模式略多于绿地模式和并购模式，其原因在于非洲是石油资源较为丰富的区域。尤其是西非的几内亚湾是世界上三大重要的石油深水区之一，也是西方能源企业勘探开发投资的热点之一。中国能源企业与全球石油公司在该区域处于激烈竞争的局面。同时该区域基础设施较差，政治转型、社会环境复杂。中国在以贷款换石油的基础上，逐步创建出能源投资的安哥拉模式，丰富了合同模式的实施方式。

（3）以哈萨克、俄罗斯为主的欧洲及欧亚大陆区域。中亚作为欧亚大陆的典型地区，该区为独联体地区，是世界上主要转型经济体之一。截至2014年末，中国对该地区直接投资存量为192.21亿美元，占中国对外直接投资存量总额的2.2%。在该区域6个国家中，对俄罗斯的投资存量最多，占比达45.2%（见图4-5）。

能源行业在本区域投资达到30起，占样本总数的27.3%。中国能源企业在投资模式选择上，主要以绿地模式和并购模式为主。其存在的理由可能有：

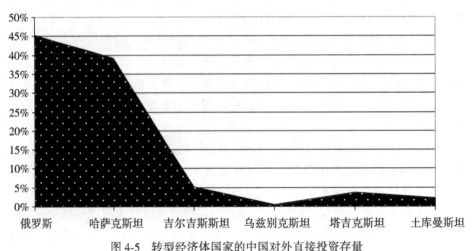

图 4-5　转型经济体国家的中国对外直接投资存量

资料来源：根据商务部发布的《2014 年中国对外直接投资公报》整理。

　　一是中亚—里海地区作为全球能源生产的新兴地区。中国能源企业在该区域石油勘探、开采技术等竞争领域，尤其在中石油已经攻克盐下复杂碳酸盐岩气田群高效开发技术难题下，形成了油气群整体优化系列技术。本地区煤炭集约化开采水平相对落后，而中国在煤炭地质勘探、开采技术、安全技术等多方面具有自主知识产权。这些比较优势为中国能源企业"走出去"提供了有利条件。中亚天然气 A/B/C 线和正在建设的 D 线，实现了中国与中亚国家的能源合作和基础设施互建。这样的基础合作和产能合作有利于绿地模式的实现。

　　二是中国与中亚国家地理上相邻，经济上互补，有着相互发展的条件，具有先天的地利优势（薛君度，邢广程，1999）[1]。上海合作组织成立与发展实现了经济与安全合作互联。2013 年中俄达成长期原油供应协议，构建能源战略合作关系；中国与俄、吉、哈三国先后签署边境贸易本币结算协议实现了金融互信。在中国政府优惠贷款和国际援助结合、双边商业贷款融资的支持下，上海合作组织成员国成为中国企业"走出去"最具规模的地区之一。但是国际外部势力纷纷插足中亚，使得中亚成为国际纷争最重要、最复杂的焦点地区。并购模式可以通过所有权的多元化，有利于达成多赢的局面。

　　（4）以东南亚和澳大利亚为主的亚太区域。亚太地区是中国对外直接投

---

　　① 薛君度，邢广程. 中国与中亚［M］. 社会科学文献出版社，1999.

资最为集中的地区，截至 2014 年末，中国在亚洲的投资存量为 6009.7 亿美元，占总存量的 68.1%。其中，中国香港投资存量占到了亚洲总存量的 84.8%，印度尼西亚和缅甸也进入存量的前 20 名。在大洋洲投资存量达到 258.6 亿美元，占比为 2.9%。中国在大洋洲采矿业投资存量达到 169.4 亿美元，占比为 65.5%。投资主要分布在澳大利亚、巴布亚新几内亚。澳大利亚存量更是高达 238.82 亿美元，占到中国对外直接投资总存量的 2.7%，占到中国在发达经济体投资存量总和的 17.6%。

能源行业在本章区域样本投资达到了 31 起，占样本总数的 27.3%。中国能矿产企业仅 2014 年在澳大利亚就发生 14 宗海外并购，涉及金额 53.05 亿美元，占当年中国能源矿产海外并购总宗数的 20.59% 和总金额的 23.75%。其中涉及石油/天然气领域的并购有 4 宗，涉及金额约 26.10 亿美元。中国能源投资模式选择，主要以绿地模式和并购模式为主。其存在理由是：

一是亚太地区经济社会比较稳定，法律法规健全，基础设施完备。中国和印度、日本、韩国等经济发展较好的国家都是能源缺乏的消费大国。值得重视的是，本地区投资对法律合规要求高、程序较为复杂。作为主要能源输出国的澳大利亚，因能源投资产生的环境污染以及社会各方利益博弈压力，而使得在澳大利亚的能源投资处于矛盾状态。中国企业为规避风险，多采用并购模式，参股、控股的澳大利亚矿业公司占到了澳矿业上市公司总数的 18%。

二是本地区能源形势有深受国际能源战略的影响。乌克兰危机爆发后，俄罗斯强化与中国的能源合作，同时推行日本、韩国的"东望"多样化政策。未来亚太地区是否稳定，还取决于自由贸易区与 TPP 协议落实、亚太再平衡推进力度、东北亚问题和南海问题控制等影响因素。亚太既有世界大国争夺全球地位的政治博弈，又有经济创新发展的实力较量。由此绿地模式可以使企业更好地占领区域市场，分享经济增长红利。

（5）以双伊为主的中东区域。该区域拥有世界近 2/3 的石油储量和较高的储采比。沙特阿拉伯和科威特全部油气为自喷井，伊朗、伊拉克的 98% 为自喷井，具有不可比拟的低成本开发资源优势。但是该区域能源海外投资模式受制于中东法律规定，国外石油公司很难进入沙特阿拉伯和科威特两国的石油勘探开发领域。沙特阿美是沙特境内唯一能够从事石油勘探和开发业务的公司，也是沙特国家石油公司。伊朗宪法也规定外国人不能拥有该国自然资源。因此，中国能源企业在本区域投资只适用非股权模式。同时，还会受到中东宗教与极端势力的影响。伊拉克中央政权和地方政权分离，"伊斯兰国"恐怖势力做大，叙利亚、也门国内长期内战，极端恐怖势力影响加重。再加上该区域历来是世界大国战略博弈的重地，多重因素导致该区域的政治风险极高。因此，中国能源投资模式主要以合同模式为主。

（6）中南美洲区域。中国在中南美洲的投资，主要分布在英属维尔京群岛、开曼群岛、巴西、委内瑞拉、阿根廷、特立尼达和多巴哥、厄瓜多尔、秘鲁等国家和地区，中国的投资存量占比为 12%，其中英属维尔京群岛和开曼群岛的累计存量为 935.6 亿美元，占对拉美地区投资存量的 88.2%。中国能源企业在投资模式选择上，主要以合同模式和并购模式为主。这种选择的主要原因是，中南美洲是西半球油气资源储量最丰富的地区，随着新勘探技术的应用和投资的增加，未来还有相当大的资源潜力。中南美洲的油气资源国家有着很独特的卡尔沃主义情绪。长期被殖民的历史使南美的民众带有一种交织着自卑与自强的心理，对于美国在政治和经济上的霸权主义抱有天然的警惕。拉美经济发展史上已经历过多次国有化浪潮，委内瑞拉的国有化风险较为显著①。所以中国能源企业在中南美洲投资的比例为全球最低，只有 5.1%。

## 二、中国能源企业"一带一路"投资分布与模式特征

本章在研究样本中，将中国能源企业分布国家分为"一带一路"沿线国家和非"一带一路"沿线国家。其中包括埃及、蒙古、泰国、也门共和国、阿拉伯联合酋长国、沙特阿拉伯、柬埔寨、土库曼斯坦、新加坡、伊拉克、哈萨克斯坦、乌兹别克斯坦、俄罗斯和印度尼西亚 14 个"一带一路"沿线国家。电力、煤炭和油气企业在"一带一路"沿线国家和非"一带一路"沿线国家投资项目数分别为 47 和 63 起（见表 4-9）。

表 4-9　　能源企业 ODI 在"一带一路"沿线国家的分布（2002—2014 年）

| 能源企业 | "一带一路"沿线国家 | 非"一带一路"沿线国家 | 合计 |
|---|---|---|---|
| 大唐发电 | 2 | 0 | 2 |
| 国电电力 | 0 | 1 | 1 |
| 华电能源 | 4 | 2 | 6 |
| 华能国际 | 1 | 0 | 1 |

---

① 中国出口信用保险公司. 国家风险分析报告［M］. 中国财政经济出版社，2014.

续表

| 能源企业 | "一带一路"沿线国家 | 非"一带一路"沿线国家 | 合计 |
|---|---|---|---|
| 开滦股份 | 0 | 2 | 2 |
| 潞安环能 | 1 | 0 | 1 |
| 陕西煤业 | 0 | 1 | 1 |
| 延长石油国际 | 0 | 1 | 1 |
| 中国电建 | 0 | 1 | 1 |
| 中国神华 | 3 | 1 | 4 |
| 中国石化 | 9 | 11 | 20 |
| 中国石油 | 19 | 12 | 31 |
| 中海油 | 5 | 21 | 26 |
| 中化国际 | 3 | 4 | 7 |
| 中煤能源 | 0 | 1 | 1 |
| 兖州煤业 | 0 | 4 | 4 |
| 昊华能源 | 0 | 1 | 1 |
| 合计 | 47 | 63 | 110 |

资料来源：根据公开媒体报道整理。

在投资样本数据中，电力、煤炭和油气行业在"一带一路"沿线国家的投资项目数分别占该区域能源行业海外投资总数的 14.9%、8.5%、76.6%。电力、煤炭和油气行业在非"一带一路"沿线国家的投资项目数分别占非"一带一路"区域能源行业海外投资总数的 6.3%、15.9%、77.8%（见表 4-10）。这样的分布说明，一是能源行业"走出去"过程中存在行业结构显著差异。电力企业在"一带一路"沿线国家的投资项目数高于非"一带一路"沿线国家；煤炭行业企业投资偏重于非"一带一路"沿线国家；油气企业在两个区域的投资项目数趋于均衡。二是两个区域投资项目总数比较，非"一带一路"沿线国家的投资项目数高于"一带一路"沿线国家。非"一带一路"沿线国家的投资比重过大，不利于国家战略的落地，也不能支撑对外开放措施的调整。

表 4-10    能源行业 ODI 在 "一带一路" 沿线国家的分布（2002—2014 年）

| 能源行业 | "一带一路" 沿线国家 | 非 "一带一路" 沿线国家 | 合计 |
|---|---|---|---|
| 电力 | 7 | 4 | 11 |
| 煤炭 | 4 | 10 | 14 |
| 石油天然气 | 36 | 49 | 85 |
| 合计 | 47 | 63 | 110 |

资料来源：根据公开媒体报道整理。

对于 "一带一路" 沿线国家和非 "一带一路" 沿线国家的能源企业投资模式的归纳如表 4-11 所示。非 "一带一路" 沿线国家并购模式和合同模式的投资项目数分别高于 "一带一路" 沿线国家同类模式项目 33.8% 和 20.7%。绿地模式与此相反，在 "一带一路" 沿线国家项目远高于非 "一带一路" 沿线国家同类模式。其中，面向俄罗斯联邦分别有 3 起并购模式和绿地模式。这样投资模式分布基本符合国家战略，特别是绿地投资能够更好推动资源国经济发展、改善民生，也利于实现国际产能合作。

表 4-11    能源企业 ODI 投资模式在 "一带一路"
沿线国家的分布（2002—2014 年）

| 投资模式 | "一带一路" 沿线国家 | 非 "一带一路" 沿线国家 | 合计 |
|---|---|---|---|
| 并购模式 | 11 | 34 | 45 |
| 合同模式 | 11 | 21 | 32 |
| 绿地模式 | 25 | 8 | 33 |
| 合计 | 47 | 63 | 110 |

资料来源：根据公开媒体报道整理。

本章以煤炭企业海外投资为例，简要分析能源特征①与投资模式选择的关系。

煤炭分布区域主要位于 "一带一路" 沿线国家（见表 4-12）。根据《BP世界能源统计年鉴 2015》的资料显示，2014 年底俄罗斯煤炭探明储量居世界第二位，煤炭产量占世界总量的 4.3%。哈萨克斯坦的煤炭探明储量居世界第七位，煤炭产量占世界总量的 1.4%。目前亚洲处于煤炭消费量上升的阶段。印度和东南亚是全球煤炭需求增长的主要来源。国际能源署预测，印度到

---

① 翟玉胜. 中国煤炭企业海外投资区域研究 [J]. 当代经济，2014（12）：52-55.

2020 年将成为世界上最大的煤炭进口国,进口量将超过 3 亿吨。东南亚煤炭消费占比预计将从 2014 年的 30% 逐步上升到 2030 年的 50%。这为中国煤炭企业"走出去"开发国外煤炭资源提供了非常有利的条件。

表 4-12　　　　　　　　**2014 年全球煤炭产量前十名国家排序**

| 国家 | 2014 年产量（亿吨） | 2013 年产量（亿吨） | 比 2013 年增减（%） |
|---|---|---|---|
| 中国 | 38.74 | 39.74 | -2.7% |
| 美国 | 9.07 | 8.93 | 1.4% |
| 印度 | 6.44 | 6.05 | 6.4% |
| 澳大利亚 | 4.92 | 4.71 | 4.7% |
| 印度尼西亚 | 4.58 | 4.49 | 7.2% |
| 俄罗斯 | 3.58 | 3.55 | 1.2% |
| 南非 | 2.61 | 2.56 | 3.8% |
| 德国 | 1.86 | 1.90 | -2.1% |
| 波兰 | 1.37 | 1.43 | -4.5% |
| 哈萨克斯坦 | 1.09 | 1.14 | -4.9% |

资料来源:国家煤炭工业网发布（2015 年 6 月 19 日）。

印度尼西亚和越南拥有丰富的煤炭资源。其中印度尼西亚无烟煤和烟煤探明储量占到 27.49%。越南探明煤炭储量达 1.5 亿吨,全部为优质无烟煤。印度尼西亚、越南靠近中国南部的广州港、宁波港、福州港等沿海港口,运输成本较低。投资印尼煤炭项目的不利之处是,该国煤炭勘探程度低,煤质较差,对华关系波动较大。越南政府允许外国投资者持有高于 50% 的煤矿股权,而投资越南煤炭项目的不利之处是水电、电信、交通等收费普遍高于东南亚其他国家,同时政府管理体制不顺,机关官僚作风严重,可能增加外商投资的无形成本。中国出口信用保险公司发布的《国家风险分析报告》将越南评为 6 级,国家风险水平较高;印度尼西亚评级为 7 级,国家风险水平显著。从这些因素分析,绿地投资模式是基本合理的选择。

俄罗斯煤炭总储量仅次于美国和中国,品种齐全。俄罗斯煤炭出口量排在澳大利亚和印度尼西亚之后,列世界第三位。中国动力煤和炼钢煤需求缺口大,中俄两国煤炭品种互补性强。俄罗斯大规模开发远东地区的煤炭资源,煤炭可以通过满洲里口岸入关。对中国来说能够降低煤炭运输成本。对俄罗斯而言,与中国合作不仅能够带动俄罗斯煤炭业的整体发展,还能够为欠发达的俄罗斯远东地区的经济发展注入新的活力。中俄 2010 年公布了《关于煤炭领域合作谅解备忘录的议定书》和《煤炭领域合作路线图》，双方将拓宽煤炭合作领域。但是俄罗斯对国内能源资源控制程度较高，当前俄罗斯法律法规不健全，政策的稳定性较差。这些因素需要中国能源企业投资高度重视投资风险，应以合同模式为主。

蒙古国目前的探明储量为 223 亿吨，远景储量约 1520 亿吨。其中塔本陶勒盖煤矿探明储量 64 亿吨，主焦煤 18.8 亿吨。按照我国焦煤分类方法，塔本陶勒盖煤田煤种主要为优质焦煤、肥焦煤、气煤等，当属优质冶金炼焦用煤。蒙古煤炭出口都是陆路口岸，煤炭主要通过中国内蒙古的甘其毛都、二连浩特、珠恩嘎达布其等口岸和新疆塔克什肯口岸入关。蒙古民主党和人民党两党都有资源民族主义的趋势，对审批中国煤炭投资项目存在戒备心理。例如神华集团陶勒盖煤矿项目几经反复，至今无果。该国投资应以并购模式为主。

哈萨克斯坦是中亚五国中煤炭资源最为丰富的国家，预测储量为 1620 亿吨，钨、铀、铬、锰、铜、锌的储量均在世界前五。哈萨克斯坦又是中亚最大的经济体，其经济总量相当于中亚其他四国之和，也是世界银行分类中的中高等收入国家。中哈两国在互联互通方面有很多合作，比如两国之间已经建有石油管道、渝新欧铁路等。事实也证明了哈萨克斯坦是中国能源投资和产能合作最成功的区域。这些有利条件，将有助于中哈能源投资模式的不断发展。中哈投资模式是以并购为主、绿地为辅的复合模式（见表 4-13）。

表 4-13　　　　　　　中国与中亚国家能源合作的主要成果

| 国别 | 投资项目 |
|---|---|
| 中哈能源合作 | 1997 年 9 月，中石油获取阿克纠宾斯克油田和乌津油田的开采权，购买阿克纠宾斯克油气股份公司 60.3% 的股份。2003 年 6 月再购买 25.12% 股份的协议。总计拥有公司 85.42% 的股份 |
| | 2003 年 3 月，中石化集团国际石油勘探开发公司与英国天然气国际集团的全资子公司 BG 国际公司达成协议，收购后者在哈萨克斯坦北里海项目 1/2 权益 |
| | 2004 年，中石化国际工程公司的技术和设备提供工程技术服务 |
| | 2005 年 10 月，中石油全资收购哈萨克斯坦石油公司，生产能力 700 万吨/年 |
| | 2004 年 7 月，中哈原油运输合资公司成立，双方各持有 50% 的股份 |
| | 推进哈萨克斯坦卡尔恰加纳克天然气田开发、卡沙甘油田开发等 |
| | 2014 年 12 月 14 日，中国庆华能源集团签署"煤基清洁能源综合利用项目"协议 |

续表

| 国别 | 投 资 项 目 |
|---|---|
| 中乌能源合作 | 2005 年 7 月，中石化的东升公司与乌兹别克斯坦国有石油及天然气公司建立合资公司，开发乌兹别克斯坦的安集延、沙夫卡特和麦德奇托夫地区 |
|  | 2008 年，乌兹别克斯坦国有石油天然气公司与中石油公司创建联合企业 "Asia Trans Gas"，建造 "乌兹别克斯坦—中国" 天然气管线 |
|  | 2009 年，乌兹别克斯坦国家公司和中国有关公司组建 3 个能源生产合资公司 |
|  | 2014 年，中国与乌兹别克斯坦等建设中国—中亚天然气管道 D 线 |
| 中土能源合作 | 2006 年 4 月，中土两国签署《中华人民共和国政府和土库曼斯坦政府关于实施中土天然气管道项目和土库曼斯坦向中国出售天然气的总协议》 |
|  | 2007 年 7 月 17 日，中石油与土库曼斯坦国家天然气康采恩签署中土天然气购销协议和土库曼斯坦阿姆河右岸天然气产品分成合同 |
|  | 启动实施土库曼斯坦 "复兴" 气田开发项目，争取 2016 年完成产能建设 |
| 中俄能源合作 | 开工建设中俄天然气管道东线，争取 2018 年通过管道向中国供气 |
|  | 启动中俄亚马尔 LNG 合作项目，争取 2016 年投产 |
|  | 2013 年 12 月，神华集团与俄罗斯技术集团（Rostec）签署有关俄罗斯 En+集团协议，将共同投资 300 亿卢布（约合 9.2 亿美元）开发俄境内后贝加尔边疆区扎舒兰煤矿 |
|  | 2014 年 9 月，神华集团与俄罗斯企业共同开发远东阿穆尔州煤田合作 |
|  | 中煤集团准备合作开发雅库特南部大型煤田 |

资料来源：根据媒体报道整理。

# 三、中国能源企业海外投资的区域风险评价

## （一）中国能源企业海外投资的主要风险类型①

本书从风险来源的角度把能源投资风险定义为，是由于政治、法律、社

---

① 李友田，李润国，翟玉胜. 中国能源型企业海外投资的非经济风险问题研究 [J]. 管理世界，2013（5）：1-11.

会、文化、意识形态、国际舆论引导等一切不确定因素或关系的不连续、不稳定给企业带来实际损失的可能性。中国能源企业海外投资的区域风险主要分为政治风险、经济风险和社会风险。进一步细分为：政府干涉风险、政府更迭风险、政策法律变动风险、投资动机风险、经济自由风险、社会动荡风险、现代舆论风险和文化差异风险八种类型。

**1. 政治风险的识别**

（1）政府干涉风险。

政府干涉风险主要是东道国政府基于本国的意识形态或所谓的国家利益而对外国并购本国企业行为进行干预而产生的风险。这种区别性干预具有很大的可变性、隐蔽性。其主要形式是划分禁止外国政府及其国有企业进入投资领域（如对金融、电信、能源等战略性部门的投资禁止）、限制投资比例或者要求遵循额外的法规或规定等。如开创国家安全审查制度先例的美国，立法部门明确授权商务部外国投资委员会可以禁止任何有损于国家安全的海外并购交易，并且其行政行为可以不接受美国法院的司法审查。比如中海油 2005 年收购美国尤尼科（Unocal）公司失败，其中原因之一就是共和党议员联合致信美国总统应对收购行为带来的经济安全、外交政策、国家安全问题进行综合考虑。

（2）政府更迭风险。

政府更迭风险是指政局不稳、政权变更等情况带来的不确定性。由于政局动荡造成政府更迭频繁，使得对海外投资者的政策或合作协议不连贯，加大了海外投资的风险变数。这种风险多发生在社会转型期的国家，要么选举带动的政治转型，或者国家发展导致的经济转型。中国能源企业投资的非洲、拉美地区都不同程度地面临着政府更迭频繁、执政党不稳定的局面。如委内瑞拉 2015 年 12 月反对派联盟赢得国会的控制权，两国之间的关系可能面临重大考验。

（3）政策法律变动风险。

政策变动风险是指因东道国变更政策给外国投资者造成经济损失的可能性。包括有关外国投资政策的重大调整、政府禁令、政府违约、提高税收政策、国有化政策（包括征用、征收、没收、报复性充公）等。资源民族主义浪潮使诸多资源国政府调整税收和权利金、提高项目股权比例等。发达国家政府通常是以环境保护、产品安全等为名义设置海外投资的非关税壁垒、技术壁垒和区别性的工业产权制度。如澳大利亚对于来自于其他国家主权公司的投资，进行严格审查，判断其是否符合澳大利亚的国家利益。这种国家利益概念的模糊性使得海外投资者承受着很大的风险。

通过上述风险识别，政治风险主要反映在政治稳定性、政治民主度、政府效率和法治规则等方面。

**2. 经济风险的识别**

经济风险是指国际经济运行的不确定性对企业发展的影响，反映为企业投资动机（技术、资源和市场）和东道国 FDI 程度带来的不确定性。

（1）投资动机风险。

投资动机风险，来源于企业战略和东道国行业与市场运行矛盾所带来的各种不确定性。同行业间应对国际宏观环境变化所采取的对抗措施的不确定后果。如世界前 20 家跨国公司掌握全球 81% 的已探明优质石油资源开采权。在全球层面公司成本下降幅度 10% 左右时，美国中小能源公司成本下降幅度却高达 37%，因此企业技术能力的差异对企业动机的达成将产生致命的影响。

（2）经济自由风险。

经济自由包括市场经济自由、金融市场自由和营销环境自由。美国商业部衡量市场经济国家的相关标准主要有货币可自由兑换的程度、生产方式控制程度和政府对资源分配、企业产出和价格决策的控制程度等。金融市场的自由化的问题包括利率和汇率两大金融参数形成的市场机制和适用范围的公平性。营商环境主要用以衡量企业开办、运作效率及商业退出的时效问题，主要包括对外商投资的领域、区位及股权设置严格的核准和管制制度等。这些因素都将反映东道国吸引外资水平的不确定性。

**3. 社会风险的识别**

社会风险是一种危及社会稳定和社会秩序的可能性。能源企业海外投资遇到的社会风险主要表现为社会不稳定、文化差异和基础设施造成灾难性的影响。

（1）社会动荡风险。

社会动荡风险是指能源所在国与其他国家或东道国内部爆发战争，或者是能源所在国不同党派、民族、宗教派系等之间革命、颠覆、政变、罢工、内乱、破坏和恐怖活动以及地方武装冲突等事件造成损失的可能性。这种风险多发生在多党派、多宗教信仰的国家或地区。中国能源企业现阶段海外投资多集中于政局多变、战事频发、外交形势复杂的区域。这些区域被很多学者称为资源陷阱、投资陷阱。特别是石油企业聚集的非洲国家更具有明显的共性，即国内政局动荡不稳、政治比较腐败、部落势力活跃甚至战乱频仍。由于恐怖主义、政府腐败、教派冲突导致的内乱或战争，构成对生命和财产的最严重伤害。

（2）现代舆论风险。

随着公共设施越来越现代化和互联网社会的出现，以移动通信为媒体的舆论正在改变社会民众的情绪。特别是贸易保护主义、能源民族主义和"冷战思维"重新抬头，一些西方国家制造和散布"中国石油威胁论"、"中国新殖民主义"论，蓄意将能源问题"政治化"，歪曲中非友好合作。如某些国家"指责"中国为获得能源与苏丹、安哥拉、津巴布韦等"问题国家"合作，对西方推行非洲大陆民主化造成了重大阻碍。这些来自国际媒体和西方舆论的"论调"，在不同程度上给中国能源企业海外投资制造了潜在风险。加之中国能源企业习惯于通过政府牵线搭桥寻得投资标的，走"上层路线"的投资渠道，当地群众则没有得到实惠，从而更容易被煽动滋生反华情绪。尤其在民主转型国家更为突出，如缅甸密松水电站合作项目搁浅就是典型案例。

（3）文化差异风险。

文化差异风险是指投资国及其管理人员与东道国的政府、社区、员工由于文化差异的不同而带来损失的可能性。德勤会计师事务所于2010年对中国企业超过一半的海外并购交易不成功案例进行分析，发现53%的并购失败是因为企业整合文化存在问题而导致的。发达国家的公民意识较高，公民意见往往是政府必须考虑的事项。中国与西方企业在有关工会、养老金、反垄断、环保以及知识产权等方面存在很多差异，从而使中国能源企业面临投资后的整合文化风险。

## （二）中国能源企业 ODI 东道国风险评估

能源作为一种战略性资源，受政治、经济、社会等多种风险因素的影响。能源企业海外直接投资的风险是相互影响，且有空间交织影响。许多国家对于能源投资，都属于敏感性投资领域，数据属于国家或行业的商业秘密范围。

### 1. 评价指标、方法与数据来源

本书根据《BP 世界能源统计年鉴 2015》的数据，在石油、天然气、煤炭三种能源数据进行公布的国家清单中选取 41 个国家。其中有 28 个石油资源国、25 个天然气资源国、17 个煤炭资源国、13 个三种能源均丰富国家和 9 个三种能源均贫乏国家。再根据上述对政治风险、经济风险和社会风险的因素识别，建立了能源东道国风险评价指标体系，包括 3 个大项一级指标、6 个二级指标和 21 个三级指标（见表4-14）。

表 4-14 东道国风险评估指标体系

| 一级指标 | 二级指标 | 三级指标 | 概　　述 |
|---|---|---|---|
| 经济风险 | 市场水平 | 不变价 GDP | 反映东道国经济规模 |
| | | GDP 增长率 | 反映东道国经济潜力 |
| | | 不变价人均 GDP | 反映东道国经济水平 |
| | 技术水平 | 科技期刊文章 | 反映东道国技术水平 |
| | 资源水平 | 自然资源禀赋 | 东道国能源净出口量/能源消费量×100% |
| | | 自然资源租金 | 反映东道国土地等国有自然资源的租金 |
| | "引进来"水平 | 贸易开放度 | 贸易额/GDP×100% |
| | | 投资开放度 | 净 FDI/GDP×100% |
| 社会风险 | 社会稳定性 | 失业率 | 反映劳动保障水平 |
| | | 国际谋杀犯罪率 | 反映社会治安水平 |
| | 公共设施现代化 | 城镇化 | 城镇人口/总人口×100% |
| | | 移动手机用户 | 反映信息化水平 |
| | | 网民 | 反映网络化水平 |
| | | 卫生设施改善 | 反映公共卫生水平 |
| | | 水源改善 | 反映公共服务水平 |
| 政治风险 | 无 | 政治民主度 | 反映言论和行为自由度 |
| | | 政权稳定性 | 反映政府被推翻可能性 |
| | | 政府效率 | 反映政府公共服务质量 |
| | | 监管质量 | 反映政府监管政策能力 |
| | | 腐败控制 | 反映公权力被私用程度 |
| | | 法治规则 | 反映遵守规则程度 |

本章选取 2002—2014 年 41 个样本国家的 21 个三级指标的年度平均值。

其目的是一方面可以精准评估样本时期内各国投资风险，另一方面可以解决缺失数据对评估样本的限制。考虑本章所选取的三级指标对风险的判断方向不一致，因此借鉴国家风险评级课题组（2014）的标准化处理，采取以下 0-1 标准化，对样本企业的原始数据进行线性变换，使结果处于 ［0，1］ 区间内，转换函数如下：

$$x^* = 1 - \left| \frac{x - x_0}{x_{\max} - x_{\min}} \right| \tag{4-1}$$

其中，当 $x$ 是正向指标时，$x_0$ 等于 $x_{\max}$；当 $x$ 是负向指标时，$x_0$ 等于 $x_{\min}$；当 $x$ 是失业率时，$x_0$ 等于 5%（国家风险评级课题组，2014）。

本章使用的实证方法为因子分析。首先采用相关分析，主要对政治、经济和社会风险评价三级指标相关性进行评价和检验。然后在相关分析的基础上，对原样本的随机向量数据通过正交变换的方法将其转化为向量不相关的新的随机向量。先通过方差分解进行指标排序和权重的分配和建立初始因子载荷矩阵。因子特征值大于 1，累计贡献率达到 85% 以上的指标为主因子。

本研究数据来源于世界银行数据库。

本书对能源企业海外投资的国家、地区的政治、经济和社会风险进行评价。重点对"一带一路"沿线地区的风险进行评价。基于本章采用的因子分析法，各因素因子得分越高，反映风险越低。

## 2. 政治风险的实证结果及分析

斯特芬·H. 罗伯克（Stenfan H. Robock）[①] 在《政治风险：识别与评估》中提出了识别跨国经营政治风险的 3 个特征，即政治风险主要存在于企业经营环境的不连续性，且不连续性难以预料，以及因东道国政治变化导致的价值减少。本章政治风险指标主要考察的是东道国的政治稳定性和制度质量。政治风险评价指标包含 6 个子指标（见表 4-15）。本章假定政治民主度高，政治体系的腐败程度较低，监管和法制水平都会相应质量较高。一国政治稳定和治理质量越高，法制环境越健全，契约和产权保护越能够得到保证，中国企业在其投资的风险则越低。

---

① Robock S. H. Political risk：Identification ment ［J］. Columbia Journal of World，1971，6（4）：6-20.

表 4-15　　　　　　　　　政治风险的相关系数矩阵

| | 政治民主度 | 政权稳定性 | 政府效率 | 监管质量 | 腐败控制 | 法治规则 |
|---|---|---|---|---|---|---|
| 政治民主度 | 1.0000 | | | | | |
| 政权稳定性 | 0.6635 | 1.0000 | | | | |
| 政府效率 | 0.8532 | 0.7817 | 1.0000 | | | |
| 监管质量 | 0.8560 | 0.7253 | 0.9676 | 1.0000 | | |
| 腐败控制 | 0.8404 | 0.8044 | 0.9793 | 0.9553 | 1.0000 | |
| 法治规则 | 0.8300 | 0.7921 | 0.9797 | 0.9446 | 0.9811 | 1.0000 |

本研究首先对政治层面风险评价指标变量间的依存关系进行相关检验。

从表 4-15 中可以看到，政治风险评价的大部分指标之间均有较强的相关性（大于 0.3），可以尝试进行因子分析。根据主成分协方差是对角矩阵，其对角线上的元素是原始数据相关矩阵的特征值，而主成分系数矩阵的元素则是原始数据相关矩阵特征值相应的特征向量。求得中国能源企业投资政治风险的特征根值（方差）和方差贡献率（见表 4-16）。

表 4-16　　　　　　　　　政治风险的总方差分解表

| Factor | Eigenvalue | Difference | Proportion | Cumulative |
|---|---|---|---|---|
| Factor1 | 5.3364 | 4.9693 | 0.8894 | 0.8894 |
| Factor2 | 0.3672 | 0.1558 | 0.0612 | 0.9506 |
| Factor3 | 0.2114 | 0.1604 | 0.0352 | 0.9858 |
| Factor4 | 0.0510 | 0.0317 | 0.0085 | 0.9943 |
| Factor5 | 0.0193 | 0.0047 | 0.0032 | 0.9976 |
| Factor6 | 0.0147 | . | 0.0024 | 1.0000 |

从表 4-16 和图 4-6 中可以看出，在政治风险评价指标中，仅有一个公因子政治民主度的特征值大于 1，且信息解释能力达到 88.9%，无需进行因子旋转，即便采用方差最大化因子旋转其结果仍不变。

从表 4-17 中可以看出，该公因子政治民主度的载荷最大，其主成分和相应原先变量的相关系数为 0.8917，能够代表所有政治风险指标。根据标准化的原始数据，分别代入主成分表达式，得到东道国政治风险的主成分得分。

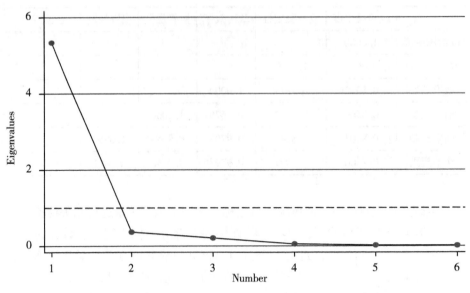

图 4-6　政治风险的碎石图

表 4-17　　　　　　　　　　政治风险的因子载荷矩阵

| 变量 | Factor1 | Uniqueness |
|------|---------|------------|
| 政治民主度 | 0.8917 | 0.2049 |
| 政权稳定性 | 0.8378 | 0.2981 |
| 政府效率 | 0.9862 | 0.0274 |
| 监管质量 | 0.9668 | 0.0653 |
| 腐败控制 | 0.9857 | 0.0285 |
| 法治规则 | 0.9801 | 0.0394 |

　　从表 4-18 中可以找看到，经济发达国家的政治风险较低，其中资源禀赋丰裕的国家澳大利亚、加拿大、美国等政治风险较低；非资源禀赋丰裕的国家瑞士、新加坡、德国、英国、法国、日本等政治风险最低。发展中国家政治风险普遍高于经济发展国家，其中伊拉克、苏丹的政治风险最高。哈萨克斯坦、土库曼斯坦、乌兹别克斯坦、蒙古等"一带一路"沿线国家的政治风险处于中等水平。这个评价结果与事实基本一致。发达国家政治体制完善，政治风险最低。伊拉克和苏丹深受国内分裂主义和恐怖主义的影响，国家处于战争或内

乱的治愈之中，种族和宗教冲突导致政治风险极高。

表 4-18                                    东道国政治风险得分

| 国　　家 | 政治风险得分 |
|---|---|
| 阿尔及利亚 | −0.7478 |
| 阿根廷 | −0.2897 |
| 阿拉伯联合酋长国 | 0.5382 |
| 埃及 | −0.5479 |
| 安哥拉 | −1.0421 |
| 澳大利亚 | 1.5463 |
| 巴西 | 0.0308 |
| 冰岛 | 1.5806 |
| 德国 | 1.4273 |
| 俄罗斯 | −0.6367 |
| 厄瓜多尔 | −0.6857 |
| 法国 | 1.1800 |
| 刚果（布） | −1.0115 |
| 哥伦比亚 | −0.3783 |
| 哈萨克斯坦 | −0.5297 |
| 韩国 | 0.7229 |
| 加拿大 | 1.5614 |
| 加蓬 | −0.4528 |
| 柬埔寨 | −0.7421 |
| 美国 | 1.2355 |
| 蒙古 | −0.0792 |
| 秘鲁 | −0.2612 |
| 墨西哥 | −0.0745 |
| 尼日尔 | −0.5754 |

续表

| 国　　家 | 政治风险得分 |
| --- | --- |
| 尼日利亚 | −1.0681 |
| 葡萄牙 | 1.0214 |
| 日本 | 1.1671 |
| 瑞士 | 1.6785 |
| 沙特阿拉伯 | −0.2861 |
| 苏丹 | −1.4303 |
| 泰国 | −0.1326 |
| 特立尼达和多巴哥 | 0.1732 |
| 土库曼斯坦 | −1.2837 |
| 委内瑞拉 | −1.0859 |
| 乌兹别克斯坦 | −1.2288 |
| 西班牙 | 0.9211 |
| 新加坡 | 1.4595 |
| 也门共和国 | −1.0884 |
| 伊拉克 | −1.4700 |
| 印度尼西亚 | −0.5045 |
| 英国 | 1.3893 |

　　从表 4-19 中可以看到，以经济发达体为主的北美洲政治风险最低，以经济不发达国家为主的非洲政治风险最高。中东和中南美区域的政治风险处于中等水平。"一带一路"沿线国家的政治风险高于非"一带一路"沿线国家。这样的风险区域分布主要与区域经济发展水平、政治民主化进程有关。"一带一路"沿线国家中经济发达体较少，经济发展水平制约政治体制改革，政治风险整体较高。特别是以中亚为主能源丰富的"一带一路"沿线国家多为政治经济转型体，随能源价格调整，经济结构单调的后果日益显著，国内的民族矛盾和政治不稳定性因素增加。由于普遍存在强人独裁政治现象和较为严重的腐败现象，因此政治风险较高。中东国家的种族和宗教冲突，以及极端恐怖活动

的影响，为"一带一路"倡议实施增加了不确定性。

表 4-19 地区政治风险得分

| 地区 | 政治风险得分 |
|---|---|
| 北美洲 | 0.9074 |
| 非洲 | −0.8595 |
| 欧洲及欧亚大陆 | 0.5017 |
| 亚太地区 | 0.4297 |
| 中东国家 | −0.5766 |
| 中南美洲 | −0.3567 |
| "一带一路"沿线国家① | −0.4666 |
| 非"一带一路"沿线国家 | 0.2419 |

### 3. 经济风险的结果及分析

经济风险是企业在海外投资过程中因经济发展水平、产业结构以及运行状况等导致的不确定性。其中经济发展的规模、速度和经济运行的自由度是最具有影响力的因素。对经济指标关注程度，也反映了一个企业衡量投资国家或地区经济发展状态和潜力的动力诉求。本章建立 8 个三级指标来评价经济风险，来衡量企业投资区域的经济基础和"引进来"水平。

从表 4-20 中可以看到，大部分指标之间有相关性，符合进行因子分析的基本要求。对经济风险评价指标样本数据进行标准化处理，由于各个主成分的

---

① 本书中的"丝绸之路经济带"和"海上丝绸之路经济带"（简称"一带一路"）涉及相关国家和地区共计 65 个，包括东亚的蒙古，东盟 10 国（新加坡、马来西亚、印度尼西亚、缅甸、泰国、老挝、柬埔寨、越南、文莱和菲律宾），西亚 18 国（伊朗、伊拉克、土耳其、叙利亚、约旦、黎巴嫩、以色列、巴勒斯坦、沙特阿拉伯、也门、阿曼、阿联酋、卡塔尔、科威特、巴林、希腊、塞浦路斯和埃及的西奈半岛），南亚 8 国（印度、巴基斯坦、孟加拉国、阿富汗、斯里兰卡、马尔代夫、尼泊尔和不丹），中亚 5 国（哈萨克斯坦、乌兹别克斯坦、土库曼斯坦、塔吉克斯坦和吉尔吉斯斯坦），独联体 7 国（俄罗斯、乌克兰、白俄罗斯、格鲁吉亚、阿塞拜疆、亚美尼亚和摩尔多瓦）和中东欧 16 国（波兰、立陶宛、爱沙尼亚、拉脱维亚、捷克、斯洛伐克、匈牙利、斯洛文尼亚、克罗地亚、波黑、黑山、塞尔维亚、阿尔巴尼亚、罗马尼亚、保加利亚和马其顿）。

方差是递减的。本章根据特征值大于 1 和因子特征值累计贡献率大于 80%，选取前 3 个为主成分，即不变价 GDP、GDP 增长率和不变价人均 GDP 为公共因子（见表 4-21）。

表 4-20　　　　　　　　　　经济风险的相关系数矩阵

|  | 不变价<br>GDP | GDP<br>增长率 | 不变价<br>人均 GDP | 科技期<br>刊文章 | 自然资<br>源禀赋 | 自然资<br>源租金 | 贸易<br>开放度 | 投资<br>开放度 |
|---|---|---|---|---|---|---|---|---|
| 不变价 GDP | 1.0000 | | | | | | | |
| GDP 增长率 | −0.3938 | 1.0000 | | | | | | |
| 不变价人均 GDP | 0.4431 | −0.5904 | 1.0000 | | | | | |
| 科技期刊文章 | 0.9883 | −0.4023 | 0.4756 | 1.0000 | | | | |
| 自然资源禀赋 | −0.2482 | 0.2775 | −0.3439 | −0.2549 | 1.0000 | | | |
| 自然资源租金 | 0.3301 | −0.5263 | 0.5118 | 0.3463 | −0.7778 | 1.0000 | | |
| 贸易开放度 | −0.2524 | 0.2924 | 0.1399 | −0.2253 | 0.0877 | −0.0885 | 1.0000 | |
| 投资开放度 | −0.2381 | 0.4068 | −0.0625 | −0.2118 | 0.2117 | −0.1885 | 0.6914 | 1.0000 |

表 4-21　　　　　　　　　　经济风险的总方差分解表

| Factor | Eigenvalue | Difference | Proportion | Cumulative |
|---|---|---|---|---|
| Factor1 | 3.5338 | 1.9011 | 0.4417 | 0.4417 |
| Factor2 | 1.6326 | 0.3477 | 0.2041 | 0.6458 |
| Factor3 | 1.2850 | 0.4809 | 0.1606 | 0.8064 |
| Factor4 | 0.8041 | 0.4627 | 0.1005 | 0.9069 |
| Factor5 | 0.3414 | 0.1058 | 0.0427 | 0.9496 |
| Factor6 | 0.2356 | 0.0786 | 0.0294 | 0.979 |
| Factor7 | 0.1570 | 0.1462 | 0.0196 | 0.9987 |
| Factor8 | 0.0107 | . | 0.0013 | 1.0000 |

如图 4-7 所示，不变价 GDP、GDP 增长率和不变价人均 GDP 等前 3 个因子的特征值大于 1，累计特征值贡献率达到了 80.64%，基本代表了原有指标变量特征。经济风险的因子载荷矩阵如表 4-22 所示。

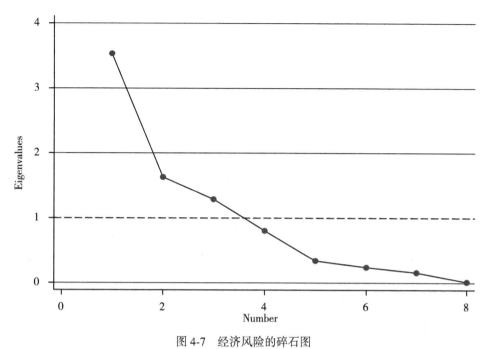

图 4-7　经济风险的碎石图

表 4-22　　　　　　　　　　　经济风险的因子载荷矩阵

| 变量 | Factor1 | Factor2 | Factor3 | Uniqueness |
|---|---|---|---|---|
| 不变价 GDP | 0.7799 | −0.0209 | 0.5772 | 0.0582 |
| GDP 增长率 | −0.7453 | 0.0495 | 0.1347 | 0.4239 |
| 不变价人均 GDP | 0.6805 | 0.4650 | 0.0571 | 0.3175 |
| 科技期刊文章 | 0.7861 | 0.0183 | 0.5759 | 0.0501 |
| 自然资源禀赋 | −0.6092 | −0.2590 | 0.5518 | 0.2573 |
| 自然资源租金 | 0.7374 | 0.3171 | −0.4752 | 0.1299 |
| 贸易开放度 | −0.3748 | 0.8446 | 0.1019 | 0.1358 |
| 投资开放度 | −0.4835 | 0.7295 | 0.2410 | 0.1760 |

　　采用方差最大法进行因子旋转（见表 4-23）。每个因子具有最高载荷的变量数目达到最小，从而实现简化经济风险分析的目的。旋转后三个主成分特征值总方差累计贡献率仍保持为 80.64%。

表 4-23　　　　　　　　经济风险因子旋转后的总方差分解表

| Factor | Eigenvalue | Difference | Proportion | Cumulative |
|---|---|---|---|---|
| Factor1 | 2.3539 | 0.0851 | 0.2942 | 0.2942 |
| Factor2 | 2.2688 | 0.4401 | 0.2836 | 0.5778 |
| Factor3 | 1.8287 | . | 0.2286 | 0.8064 |

表 4-24　　　　　　　　经济风险因子旋转后的因子载荷矩阵

| 变量 | Factor1 | Factor2 | Factor3 | Uniqueness |
|---|---|---|---|---|
| 不变价 GDP | 0.9522 | 0.1161 | −0.1469 | 0.0582 |
| GDP 增长率 | −0.4128 | −0.5465 | 0.3271 | 0.4239 |
| 不变价人均 GDP | 0.5424 | 0.5871 | 0.2089 | 0.3175 |
| 科技期刊文章 | 0.9583 | 0.1366 | −0.1135 | 0.0501 |
| 自然资源禀赋 | −0.0396 | −0.8554 | 0.0970 | 0.2573 |
| 自然资源租金 | 0.1872 | 0.9112 | −0.0692 | 0.1299 |
| 贸易开放度 | −0.1258 | 0.0332 | 0.9205 | 0.1358 |
| 投资开放度 | −0.1083 | −0.1736 | 0.8844 | 0.1760 |

　　从经济风险因子旋转后的因子载荷矩阵（见表 4-24）可以看出，旋转后的因子载荷矩阵发生了很大的变化。第一公因子主要代表不变价 GDP 和科技期刊文章的信息，反映的是东道国技术水平。第二公因子主要代表自然资源禀赋和自然资源租金的信息，反映的是东道国资源水平。第三公因子主要代表贸易开放度和投资开放度的信息，反映的是东道国"引进来"水平。值得一提的是，GDP 增长率和不变价人均 GDP 被第一、二公因子的解释程度相差不大。东道国经济风险得分如表 4-25 所示。

表 4-25　　　　　　　　东道国经济风险得分

| 国家 | 技术水平 | 资源水平 | "引进来"水平 | 经济风险得分 |
|---|---|---|---|---|
| 阿尔及利亚 | −0.2500 | −0.8724 | −0.6877 | −0.6034 |
| 阿根廷 | −0.5592 | 0.4196 | −0.7851 | −0.3082 |
| 阿拉伯联合酋长国 | 0.0771 | 0.0502 | 0.7228 | 0.2834 |

| 国家 | 技术水平 | 资源水平 | "引进来"水平 | 经济风险得分 |
|---|---|---|---|---|
| 埃及 | −0. 5852 | 0. 1723 | −0. 5675 | −0. 3268 |
| 安哥拉 | −0. 0784 | −2. 0718 | 0. 1378 | −0. 6708 |
| 澳大利亚 | 0. 3715 | 0. 5653 | −0. 1538 | 0. 2610 |
| 巴西 | −0. 0211 | 0. 3908 | −0. 7648 | −0. 1317 |
| 冰岛 | −0. 3173 | 1. 2476 | 0. 2719 | 0. 4007 |
| 德国 | 0. 9479 | 1. 0375 | −0. 2041 | 0. 5938 |
| 俄罗斯 | 0. 0267 | −0. 2948 | −0. 5370 | −0. 2683 |
| 厄瓜多尔 | −0. 5699 | −0. 0991 | −0. 7337 | −0. 4676 |
| 法国 | 0. 6186 | 1. 0785 | −0. 3763 | 0. 4402 |
| 刚果（布） | 0. 6306 | −2. 9064 | 1. 8141 | −0. 1539 |
| 哥伦比亚 | −0. 4269 | −0. 1545 | −0. 5691 | −0. 3835 |
| 哈萨克斯坦 | −0. 3273 | −0. 8181 | 0. 5166 | −0. 2096 |
| 韩国 | −0. 1759 | 0. 9018 | −0. 3126 | 0. 1378 |
| 加拿大 | 0. 4952 | 0. 8160 | −0. 0450 | 0. 4220 |
| 加蓬 | 0. 1720 | −1. 6345 | −0. 2326 | −0. 5651 |
| 柬埔寨 | −0. 8114 | 0. 3538 | 0. 6813 | 0. 0746 |
| 美国 | 5. 4220 | −0. 5189 | −0. 2766 | 1. 5421 |
| 蒙古 | −0. 3880 | −0. 7032 | 1. 7149 | 0. 2079 |
| 秘鲁 | −0. 7071 | 0. 2600 | −0. 3535 | −0. 2669 |
| 墨西哥 | −0. 3221 | 0. 4958 | −0. 6014 | −0. 1425 |
| 尼日尔 | −0. 6934 | 0. 2133 | −0. 1097 | −0. 1966 |
| 尼日利亚 | −0. 5579 | −0. 7031 | −0. 4163 | −0. 5591 |
| 葡萄牙 | −0. 3999 | 1. 3094 | −0. 3144 | 0. 1984 |
| 日本 | 1. 4017 | 0. 9110 | −0. 7832 | 0. 5098 |
| 瑞士 | 0. 1954 | 1. 6813 | 0. 7011 | 0. 8593 |
| 沙特阿拉伯 | −0. 0157 | −1. 1007 | −0. 0805 | −0. 3990 |
| 苏丹 | −0. 6727 | 0. 1422 | −0. 5781 | −0. 3696 |

续表

| 国家 | 技术水平 | 资源水平 | "引进来"水平 | 经济风险得分 |
|---|---|---|---|---|
| 泰国 | -0.6377 | 0.7054 | 0.1369 | 0.0682 |
| 特立尼达和多巴哥 | -0.2414 | -0.4736 | 0.3861 | -0.1096 |
| 土库曼斯坦 | -0.3909 | -1.0449 | 1.0060 | -0.1433 |
| 委内瑞拉 | -0.2261 | -0.4185 | -0.8127 | -0.4858 |
| 乌兹别克斯坦 | -0.5786 | -0.9292 | -0.4914 | -0.6664 |
| 西班牙 | 0.1103 | 1.1439 | -0.3741 | 0.2934 |
| 新加坡 | -0.0286 | 1.4825 | 4.8411 | 2.0983 |
| 也门共和国 | -0.4440 | -0.2625 | -0.5832 | -0.4299 |
| 伊拉克 | -0.2682 | -1.2531 | -0.3934 | -0.6382 |
| 印度尼西亚 | -0.5586 | 0.0218 | -0.6739 | -0.4036 |
| 英国 | 0.7847 | 0.8594 | -0.1187 | 0.5084 |

注：经济风险得分为技术水平、资源水平、"引进来"水平的平均值。

　　由上述分析可以看到：经济发达国家比经济发展中国家的经济风险普遍较小。而资源国的经济风险又高于非资源国。其中安哥拉、乌兹别克斯坦、伊拉克、阿尔及利亚经济风险总体评价最高；加蓬、委内瑞拉、厄瓜多尔和印度尼西亚经济风险程度次之。从图4-8中可以看到，上述资源国经济风险影响因子中技术水平、"引进来"得分普遍较低。其中委内瑞拉的"引进来"水平因子得分最差。这个结果证明了该国经济高度依赖资源和政策不连续等因素导致外国投资率非常低的现实情况。也是当下该国经济陷入崩溃而无法摆脱困境的重要原因。苏丹的技术水平因子得分最低，该国是中国石油海外投资最早的国家，也是中国帮助其建立从开采到炼制的完整工业体系。与资源国相反，美国和新加坡凭借超强的技术创新水平和"引进来"水平，使经济风险最低，成为全球投资的热土。

　　从表4-26中可知，经济风险最小的地区依次为北美洲、亚太地区、欧洲及欧亚大陆。三个地区间欧洲及欧亚大陆三项评价指标相对均衡，而北美洲的"引进来"水平和亚太地区的技术水平都为负值。也就是说，北美洲由于资源禀赋低于中东和非洲、中南美洲，对能源企业投资的吸引力小于其他三个地区。而亚太地区技术水平为负值，说明能源企业的技术创新能力低于北美洲，而高于中东和非洲、中南美洲。这组数据证明能源企业在这两个地区投资具有

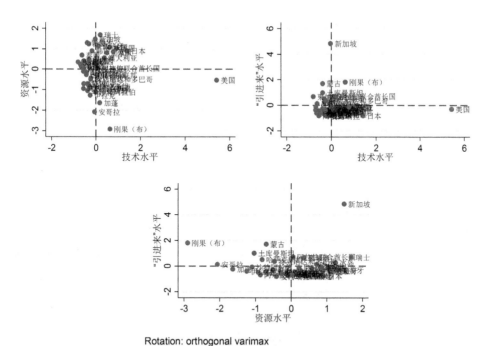

Rotation: orthogonal varimax
Method: principal-component factors

图 4-8　东道国经济风险得分

经济发展上的互补性。在其他三个地区，中国能源企业具有技术的比较优势。
"一带一路"沿线国家总体经济风险得分为负值，失分的原因主要是技术水平
和资源水平。资源水平又体现在资源管理费用方面。这样的结论，为实施
"一带一路"倡议和推进国际产能合作提供了科学依据。

表 4-26　　　　　　　　　　　　地区经济风险得分

| 地区 | 技术水平 | 资源水平 | "引进来"水平 | 经济风险得分 |
| --- | --- | --- | --- | --- |
| 北美洲 | 1.8650 | 0.2643 | −0.3077 | 0.6072 |
| 非洲 | −0.2544 | −0.9576 | −0.0800 | −0.4306 |
| 欧洲及欧亚大陆 | 0.0609 | 0.4791 | 0.0072 | 0.1824 |
| 亚太地区 | −0.1034 | 0.5298 | 0.6813 | 0.3693 |
| 中东国家 | −0.1627 | −0.6415 | −0.0836 | −0.2959 |

续表

| 地区 | 技术水平 | 资源水平 | "引进来"水平 | 经济风险得分 |
|---|---|---|---|---|
| 中南美洲 | -0.3931 | -0.0108 | -0.5190 | -0.3076 |
| "一带一路"沿线国家 | -0.3522 | -0.2586 | 0.4495 | -0.0538 |
| 非"一带一路"沿线国家 | 0.1826 | 0.1341 | -0.2331 | 0.0279 |

注：经济风险得分为技术水平、资源水平、"引进来"水平的平均值。

### 4. 社会风险的结果及分析

良好的公共设施和社会运行秩序是确保企业有序经营的基础。社会风险评价指标反映了影响中国企业海外投资的社会风险因素。本章指标包含 7 个子指标（见表 4-27），其中，失业率以及国际谋杀犯罪率衡量了一国的内部稳定程度和社会安全环境；卫生设施改善和城镇化反映了一国的经商环境。内部稳定程度越高，设施和经商环境越好，则企业投资的社会风险越小。

表 4-27　　　　　　　　　社会风险的相关系数矩阵

| | 城镇化 | 移动手机用户 | 网民 | 卫生设施改善 | 水源改善 | 失业率 | 国际谋杀犯罪率 |
|---|---|---|---|---|---|---|---|
| 城镇化 | 1.0000 | | | | | | |
| 移动手机用户 | 0.6141 | 1.0000 | | | | | |
| 网民 | 0.6146 | 0.6831 | 1.0000 | | | | |
| 卫生设施改善 | 0.5598 | 0.6953 | 0.7121 | 1.0000 | | | |
| 水源改善 | 0.6693 | 0.8086 | 0.7104 | 0.8633 | 1.0000 | | |
| 失业率 | 0.1157 | 0.2282 | 0.4125 | 0.1791 | 0.1539 | 1.0000 | |
| 国际谋杀犯罪率 | 0.0243 | 0.1387 | 0.3151 | 0.0878 | 0.0625 | 0.1411 | 1.0000 |

从表 4-27 中可以看到，大部分指标之间均有较强的相关性（大于 0.3），可以尝试进行因子分析。对样本标准化后数据进行协方差矩阵求解。根据协方差矩阵，求出特征值、主成分贡献率和累计方差贡献率（见表 4-28）。

表 4-28  社会风险的总方差分解表

| Factor | Eigenvalue | Difference | Proportion | Cumulative |
|---|---|---|---|---|
| Factor1 | 3. 8982 | 2. 7379 | 0. 5569 | 0. 5569 |
| Factor2 | 1. 1603 | 0. 3100 | 0. 1658 | 0. 7226 |
| Factor3 | 0. 8503 | 0. 3767 | 0. 1215 | 0. 8441 |
| Factor4 | 0. 4737 | 0. 1627 | 0. 0677 | 0. 9118 |
| Factor5 | 0. 3109 | 0. 1057 | 0. 0444 | 0. 9562 |
| Factor6 | 0. 2052 | 0. 1037 | 0. 0293 | 0. 9855 |
| Factor7 | 0. 1015 | . | 0. 0145 | 1. 0000 |

由表 4-28 和图 4-9 可知，有 2 个主成分的特征值大于 1，其特征值累计方差贡献度超过 70%，且可靠性良好。再建立初始因子载荷矩阵（见表 4-29）。该因子载荷量反映主成分与原始指标的相关系数，即反应原有 7 个评价指标与主成分之间的相关程度。

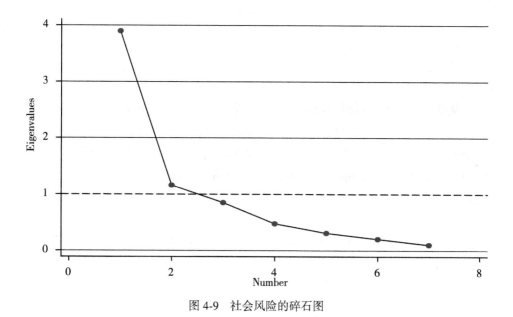

图 4-9  社会风险的碎石图

表 4-29　　　　　　　　　　　社会风险的因子载荷矩阵

| 变量 | Factor1 | Factor2 | Uniqueness |
|---|---|---|---|
| 城镇化 | 0.7685 | −0.2369 | 0.3532 |
| 移动手机用户 | 0.8735 | −0.0775 | 0.2309 |
| 网民 | 0.8801 | 0.2408 | 0.1675 |
| 卫生设施改善 | 0.8755 | −0.1494 | 0.2112 |
| 水源改善 | 0.9201 | −0.2180 | 0.1058 |
| 失业率 | 0.3377 | 0.6294 | 0.4898 |
| 国际谋杀犯罪率 | 0.2067 | 0.7578 | 0.3831 |

　　采用方差最大法进行因子旋转，求得简化后的总方差分解数值。获得第一主成分的贡献率为 53.29%；第二主成贡献率为 18.98%（见表 4-30），其特征值累计方差贡献率与原始评价体系的累计值保持相同。

表 4-30　　　　　　　社会风险因子旋转后的总方差分解表

| Factor | Eigenvalue | Difference | Proportion | Cumulative |
|---|---|---|---|---|
| Factor1 | 3.7300 | 2.4015 | 0.5329 | 0.5329 |
| Factor2 | 1.3284 | . | 0.1898 | 0.7226 |

　　从旋转后的因子载荷矩阵可以看出，旋转后的因子载荷矩阵发生了很大的变化。第一个公因子主要代表城镇化、移动手机用户、网民、卫生设施改善和水源改善的信息，反映的是东道国公共设施现代化。第二公因子主要代表失业率和国际谋杀犯罪率的信息，反映的是东道国社会稳定性（见表 4-31、表 4-32）。

表 4-31　　　　　　　社会风险因子旋转后的因子载荷矩阵

| 变量 | Factor1 | Factor2 | Uniqueness |
|---|---|---|---|
| 城镇化 | 0.8033 | −0.0390 | 0.3532 |
| 移动手机用户 | 0.8655 | 0.1414 | 0.2309 |
| 网民 | 0.7929 | 0.4514 | 0.1675 |

续表

| 变量 | Factor1 | Factor2 | Uniqueness |
|---|---|---|---|
| 卫生设施改善 | 0.8852 | 0.0722 | 0.2112 |
| 水源改善 | 0.9454 | 0.0168 | 0.1058 |
| 失业率 | 0.1712 | 0.6935 | 0.4898 |
| 国际谋杀犯罪率 | 0.0125 | 0.7854 | 0.3831 |

表4-32　　　　　　　　　东道国社会风险得分

| 国家 | 公共设施现代化 | 社会稳定性 | 社会风险得分 |
|---|---|---|---|
| 阿尔及利亚 | −0.1915 | −0.5571 | −0.3743 |
| 阿根廷 | 0.8014 | −0.4493 | 0.1760 |
| 阿拉伯联合酋长国 | 1.0189 | 0.7654 | 0.8921 |
| 埃及 | −0.2108 | 0.0210 | −0.0949 |
| 安哥拉 | −1.7912 | 0.4434 | −0.6739 |
| 澳大利亚 | 0.9340 | 0.9924 | 0.9632 |
| 巴西 | 0.5224 | −1.0654 | −0.2715 |
| 冰岛 | 1.1229 | 1.1338 | 1.1284 |
| 德国 | 0.8688 | 0.7351 | 0.8019 |
| 俄罗斯 | 0.4480 | 0.0351 | 0.2415 |
| 厄瓜多尔 | −0.1827 | −0.1730 | −0.1778 |
| 法国 | 0.7052 | 0.4039 | 0.5545 |
| 刚果（布） | −1.2222 | 0.1745 | −0.5239 |
| 哥伦比亚 | 0.4493 | −2.5508 | −1.0507 |
| 哈萨克斯坦 | 0.2270 | −0.0472 | 0.0899 |
| 韩国 | 0.8177 | 0.9372 | 0.8775 |
| 加拿大 | 0.6188 | 0.7848 | 0.7018 |
| 加蓬 | 0.0699 | −2.1036 | −1.0169 |
| 柬埔寨 | −1.8332 | 0.6000 | −0.6166 |
| 美国 | 0.7537 | 0.5803 | 0.6670 |

续表

| 国家 | 公共设施现代化 | 社会稳定性 | 社会风险得分 |
|---|---|---|---|
| 蒙古 | −0.9005 | 0.3058 | −0.2973 |
| 秘鲁 | −0.2271 | 0.3640 | 0.0685 |
| 墨西哥 | 0.0812 | −0.1430 | −0.0309 |
| 尼日尔 | −2.5113 | 1.1927 | −0.6593 |
| 尼日利亚 | −1.5334 | 0.3581 | −0.5877 |
| 葡萄牙 | 0.6007 | 0.2558 | 0.4282 |
| 日本 | 0.8598 | 0.9933 | 0.9266 |
| 瑞士 | 0.9137 | 1.0440 | 0.9789 |
| 沙特阿拉伯 | 0.8092 | 0.3081 | 0.5586 |
| 苏丹 | −1.7766 | −0.3737 | −1.0751 |
| 泰国 | −0.0117 | −0.0007 | −0.0062 |
| 特立尼达和多巴哥 | 0.1148 | −0.5692 | −0.2272 |
| 土库曼斯坦 | −1.2229 | 0.0066 | −0.6081 |
| 委内瑞拉 | 0.8145 | −2.7741 | −0.9798 |
| 乌兹别克斯坦 | −0.5369 | −0.0181 | −0.2775 |
| 西班牙 | 0.9033 | −0.6329 | 0.1352 |
| 新加坡 | 1.2290 | 0.7372 | 0.9831 |
| 也门共和国 | −1.6160 | −0.5099 | −1.0629 |
| 伊拉克 | −0.1026 | −2.6286 | −1.3656 |
| 印度尼西亚 | −0.8304 | 0.5025 | −0.1640 |
| 英国 | 1.0169 | 0.9215 | 0.9692 |

注：社会风险得分为公共设施现代化、社会稳定性的平均值。

从东道国社会风险排序来看，得分最低的资源国伊拉克、苏丹、哥伦比亚、加蓬和非资源国也门等国家都是处于内乱或分裂势力、恐怖组织影响严重的国家，社会的稳定性较差。战争和恐怖破坏活动，使上述国家的现代化设施极度匮乏。与之相反的是，发达经济体国家的社会风险都比较低。值得注意的是，中亚和中南美国家都存在一定程度的社会风险。其中土库曼斯坦、乌兹别克斯坦、委内瑞拉的社会风险等级较高。

中亚和南美洲社会风险的根源有所不同：土库曼斯坦、乌兹别克斯坦的公共设施现代化程度较低，国内社会稳定性也较低（见图4-10）。中亚的乌兹别克斯坦的长期受乌伊运、伊扎布特等极端宗教势力的影响。其国内年轻人比例接近65%，且存在比较严重的失业问题。同时，底层民众对国内统治者普遍不满，而这种不满为宗教极端主义的传播提供了最好的基础。土库曼斯坦有100多个民族，民族融合是社会稳定的基石。委内瑞拉的社会矛盾主要来自经济衰退。根据IMF预测，委内瑞拉的通胀率及失业率都将不断增高。这样的高失业率和高通胀率的直接后果就是社会的不稳定。

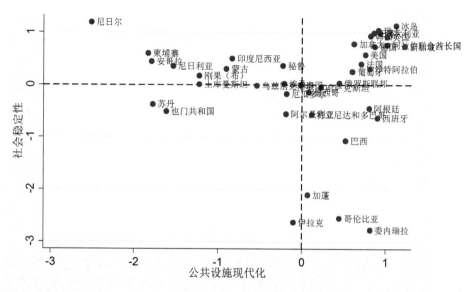

Rotation: orthogonal varimax
Method: principal-component factors

图 4-10　东道国社会风险得分

从表4-33中可知，能源企业投资区域社会风险较为突出的是非洲和中南美洲、中东地区。其中非洲公共设施和社会稳定程度都是最差的。这与非洲总体经济发展水平、公民素质和种族、宗教冲突有关，其社会弹性也因此较为脆弱。中东地区在能源经济的推动下现代公共设施有了长足发展，但是受地缘政治博弈和极端恐怖组织的影响，同时在能源价格极度低迷的催化下，部分国家内乱或恐怖事件使公共设施遭遇破坏，特别是社会失业率和犯罪率较高，社会稳定也遭到破坏。中东受伊斯兰两大教派的影响，使整个区域国家均不同程度地陷入动荡。中南美洲社会风险高于中东地区，主要影响因素是社会稳定问题。近年中南美洲经济出现萎缩甚至崩溃，通胀率高造成了民生困难，加剧了社会动荡。非洲、中东、中亚、东南亚都是"一带一路"沿线国家，其社会风险比较突出。这是中国对外直接投资必须面对的重大风险。

表 4-33 地区社会风险得分

| 地区 | 公共设施现代化 | 社会稳定性 | 社会风险得分 |
|---|---|---|---|
| 北美洲 | 0.4846 | 0.4074 | 0.4460 |
| 非洲 | −1.1459 | −0.1056 | −0.6257 |
| 欧洲及欧亚大陆 | 0.4588 | 0.3489 | 0.4038 |
| 亚太地区 | 0.0331 | 0.6335 | 0.3333 |
| 中东国家 | 0.0274 | −0.5163 | −0.2444 |
| 中南美洲 | 0.3275 | −1.0311 | −0.3518 |
| "一带一路"沿线国家 | −0.2523 | 0.0055 | −0.1234 |
| 非"一带一路"沿线国家 | 0.1308 | −0.0029 | 0.0640 |

注：社会风险得分为公共设施现代化、社会稳定性的平均值。

### 5. 中国能源企业海外投资区域风险的结论

本章根据经济风险得分、社会风险得分、政治风险得分的平均值，得到能源企业投资国家风险的最终评价值。投资风险结果与中国海外投资指数（2014）评价进行比较。

从国别投资风险总的评级结果（见表 4-34）来看，样本所涉及的发达经济体国家的投资风险评级结果普遍高于发展中经济体，无论是资源丰富还是资源禀赋缺乏的发达经济体国家的投资总体风险都较低。这个结论与 2014 年中国海外投资指数的结果一致，只是由于样本选择不同，风险排序略有不同。

表 4-34 东道国投资风险得分

| 国家 | 经济风险得分 | 社会风险得分 | 政治风险得分 | 投资风险得分 | 投资指数 |
|---|---|---|---|---|---|
| 阿尔及利亚 | −0.6034 | −0.3743 | −0.7478 | −0.5751 | 25.3 |
| 阿根廷 | −0.3082 | 0.1760 | −0.2897 | −0.1406 | 24.7 |

续表

| 国家 | 经济风险得分 | 社会风险得分 | 政治风险得分 | 投资风险得分 | 投资指数 |
|---|---|---|---|---|---|
| 阿拉伯联合酋长国 | 0.2834 | 0.8921 | 0.5382 | 0.5712 | 37.7 |
| 埃及 | −0.3268 | −0.0949 | −0.5479 | −0.3232 | 27.1 |
| 安哥拉 | −0.6708 | −0.6739 | −1.0421 | −0.7956 | 22.3 |
| 澳大利亚 | 0.2610 | 0.9632 | 1.5463 | 0.9235 | 43.7 |
| 巴西 | −0.1317 | −0.2715 | 0.0308 | −0.1241 | 34.4 |
| 冰岛 | 0.4007 | 1.1284 | 1.5806 | 1.0366 | —— |
| 德国 | 0.5938 | 0.8019 | 1.4273 | 0.9410 | 37.7 |
| 俄罗斯 | −0.2683 | 0.2415 | −0.6367 | −0.2212 | 39.6 |
| 厄瓜多尔 | −0.4676 | −0.1778 | −0.6857 | −0.4437 | 23.3 |
| 法国 | 0.4402 | 0.5545 | 1.1800 | 0.7249 | 35.7 |
| 刚果（布） | −0.1539 | −0.5239 | −1.0115 | −0.5631 | —— |
| 哥伦比亚 | −0.3835 | −1.0507 | −0.3783 | −0.6042 | 27.2 |
| 哈萨克斯坦 | −0.2096 | 0.0899 | −0.5297 | −0.2165 | 29.5 |
| 韩国 | 0.1378 | 0.8775 | 0.7229 | 0.5794 | 33.4 |
| 加拿大 | 0.4220 | 0.7018 | 1.5614 | 0.8951 | 43.2 |
| 加蓬 | −0.5651 | −1.0169 | −0.4528 | −0.6782 | —— |
| 柬埔寨 | 0.0746 | −0.6166 | −0.7421 | −0.4281 | —— |
| 美国 | 1.5421 | 0.6670 | 1.2355 | 1.1482 | 54.9 |
| 蒙古 | 0.2079 | −0.2973 | −0.0792 | −0.0562 | —— |
| 秘鲁 | −0.2669 | 0.0685 | −0.2612 | −0.1532 | 29.3 |
| 墨西哥 | −0.1425 | −0.0309 | −0.0745 | −0.0827 | 32.6 |
| 尼日尔 | −0.1966 | −0.6593 | −0.5754 | −0.4771 | —— |
| 尼日利亚 | −0.5591 | −0.5877 | −1.0681 | −0.7383 | 22.7 |
| 葡萄牙 | 0.1984 | 0.4282 | 1.0214 | 0.5493 | 29.4 |
| 日本 | 0.5098 | 0.9266 | 1.1671 | 0.8678 | 43.8 |
| 瑞士 | 0.8593 | 0.9789 | 1.6785 | 1.1722 | 40.2 |
| 沙特阿拉伯 | −0.3990 | 0.5586 | −0.2861 | −0.0421 | 36.7 |

续表

| 国家 | 经济风险得分 | 社会风险得分 | 政治风险得分 | 投资风险得分 | 投资指数 |
|---|---|---|---|---|---|
| 苏丹 | −0.3696 | −1.0751 | −1.4303 | −0.9583 | —— |
| 泰国 | 0.0682 | −0.0062 | −0.1326 | −0.0235 | 31.0 |
| 特立尼达和多巴哥 | −0.1096 | −0.2272 | 0.1732 | −0.0545 | —— |
| 土库曼斯坦 | −0.1433 | −0.6081 | −1.2837 | −0.6784 | —— |
| 委内瑞拉 | −0.4858 | −0.9798 | −1.0859 | −0.8505 | 26.0 |
| 乌兹别克斯坦 | −0.6664 | −0.2775 | −1.2288 | −0.7242 | —— |
| 西班牙 | 0.2934 | 0.1352 | 0.9211 | 0.4499 | 32.9 |
| 新加坡 | 2.0983 | 0.9831 | 1.4595 | 1.5137 | 48.9 |
| 也门共和国 | −0.4299 | −1.0629 | −1.0884 | −0.8604 | —— |
| 伊拉克 | −0.6382 | −1.3656 | −1.4700 | −1.1579 | —— |
| 印度尼西亚 | −0.4036 | −0.1640 | −0.5045 | −0.3573 | 29.0 |
| 英国 | 0.5084 | 0.9692 | 1.3893 | 0.9557 | 36.0 |

　　注：投资风险得分为经济风险得分、社会风险得分、政治风险得分的平均值，投资指标来源于《the Economist》公布的《2014 年中国海外投资指数》。

　　发达经济体国家中政治风险较低，经济基础普遍较好，社会风险较小。能源企业在发达经济体的澳大利亚、加拿大、美国投资存量最多，各项评价指标相对稳健。相比而言，澳大利亚的经济风险和美国的社会风险得分偏低（见图 4-11）。这个现象反映了澳大利亚经济转型的困难和美国社会转型的复杂关系。总体而言，发达经济体国家的经济稳步复苏，由于发达经济体低水平增长和引领经济增长的革命性创新并未出现。对于中国能源企业来说，原有投资项目的风险相对可控。能源企业未来投资发达经济体国家，除了以较低的价格购得资产外，更应强化获得中国企业比较欠缺的高端技术。

　　对于以中亚和俄罗斯为主的转型经济体来说，样本涉及的四个国家出现了分化。俄罗斯和哈萨克斯坦总体投资风险较低，土库曼斯坦和乌兹别克斯坦的投资风险处于样本总体次高位置，主要表现为其政治风险较高。四个国家中除俄罗斯外社会设施基础较为薄弱，较多不稳定因素导致社会风险较高。这个区域与中国关系比较友好。金融危机后资本市场提供了大量廉价资金，人为制造了转型经济体的经济复苏假象，同时也掩盖了产业结构畸形、创新能力低下、国家资本垄断过强等结构性问题。国家资本主义在一定程度上扭曲了经济活

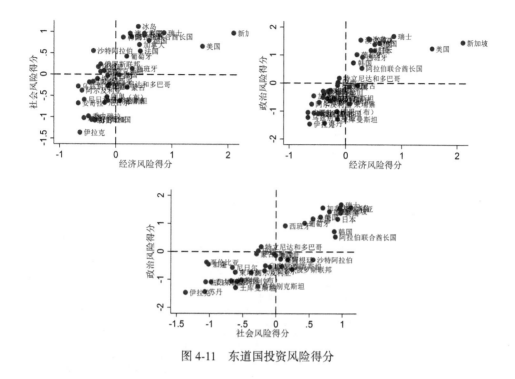

图 4-11 东道国投资风险得分

动,抑制了经济增长。因此投资不确定性也相对较大。

从样本评价总体结果来说,发展中国家投资风险普遍较大,排名靠后的国家集中在中东、非洲、南美洲和东南亚国家。这些国家的风险呈现出国家特征,不具备区域普遍性。从排名靠后的共同因素来看,主要是经济发展水平较差,经济结构性矛盾突出;政治民主度较低,社会公共设施落后,社会不稳定因素复杂。从国家个体来看,中东的伊拉克投资风险最为严重;阿联酋同区域国家风险最小;非洲的苏丹投资风险最为严重;尼日尔同区域国家风险最小;东南亚柬埔寨、印尼投资风险相对严重;泰国同区域国家风险最小;南美洲委内瑞拉投资风险相对严重;巴西同区域国家风险最小。由于上述国家与中国关系较好,同时中国在这些国家的投资存量也比较大,因此中国企业海外投资时需综合考虑多方面因素。

从地区投资风险总体评价结果来看,从表 4-35 可知,投资风险从小到大的地区依次为北美洲、亚太地区、欧洲及欧亚大陆、中南美洲、中东国家、非洲。风险评价结果为正的三个地区间北美洲比欧洲及欧亚大陆的三项评价指标相对均衡，欧洲及欧亚大陆经济风险和政治风险均较高。这主要是与欧亚大陆选取样本国家包括俄罗斯和中亚三国有关。亚太地区投资风险略低欧洲及欧亚大陆，主要是样本中澳大利亚和新加坡两个发达经济体国家风险评价等级为AA有关（张明，王永中等，2016[①]）。中东和非洲、中南美洲三个地区由于政治民主化程度不高，法律体系并不健全，腐败寻租现象比较普遍，因此，虽然能源储量最大，且开发难度与风险都较小，但是社会风险和经济风险相当严重。上述风险的存在，要求中国能源企业在保持稳定的合作关系基础上，重点关注能源国的政治局势和经济社会发展状况。

表 4-35　　　　　　　　　　　地区投资风险得分

| 地区 | 经济风险得分 | 社会风险得分 | 政治风险得分 | 投资风险得分 | 投资指数 |
|---|---|---|---|---|---|
| 北美洲 | 0.6072 | 0.446 | 0.9074 | 0.6535 | 43.6 |
| 非洲 | −0.4306 | −0.6257 | −0.8595 | −0.6386 | 24.4 |
| 欧洲及欧亚大陆 | 0.1824 | 0.4038 | 0.5017 | 0.3627 | 35.1 |
| 亚太地区 | 0.3693 | 0.3333 | 0.4297 | 0.3774 | 38.3 |
| 中东国家 | −0.2959 | −0.2444 | −0.5766 | −0.3723 | 37.2 |
| 中南美洲 | −0.3076 | −0.3518 | −0.3567 | −0.3387 | 27.5 |
| "一带一路"沿线国家 | −0.0538 | −0.1234 | −0.4666 | −0.2146 | 34.9 |
| 非"一带一路"沿线国家 | 0.0279 | 0.0640 | 0.2419 | 0.1113 | 33.3 |

注：投资风险得分为经济风险得分、社会风险得分、政治风险得分的平均值，投资指标来源于《the Economist》公布的《2014年中国海外投资指数》。

"一带一路"沿线国家中拥有广阔的能源资源市场，沿线国家总体风险处于负值区域，与中东和非洲、中南美洲三个地区相比并不显著。《中国海外投资国家风险评级报告（2016）》的结果也证明了"一带一路"沿线国家除新加坡属于低风险评级国家外大多为中等风险国家。以新兴经济体为主体的"一带一路"沿线国家，社会基础设施供给严重不足，经济结构单一，需要外

---

① 张明，王永中等. 中国海外投资国家风险评级报告［M］. 中国社会科学出版社，2016.

部投资以拉动区域经济的发展。并且中国能源企业在该区域具有技术的比较优势，这是能源企业海外投资的基础，但是也要注意到该区域缺乏社会弹性，政治风险高的现实。

# 四、本 章 小 结

本章基于中国能源企业的特性，首先主要讨论了绿地投资、并购投资和非股权投资三种模式的具体类型。对模式的具体方式进行描述。绿地投资模式是资源和炼化厂、发电厂和管道运输一体化项目。并购投资模式分为股权并购和资产并购，是系统化地解析中国能源企业海外投资的经验性措施和现实性短板。非股权投资模式在石油投资中占有近40%比例，主要是矿税费合同、产量分成合同和风险服务合同。其次，分析了能源企业投资模式的区域分布。按石油投资区域和煤炭投资区域，分别讨论了区域及主要国家的政治、经济和社会的基本特征；按采矿业投资存量，分析了各区域及主要国家的特点。再次，分析了能源企业海外投资的政治、经济和社会风险及其主要风险因素。最后，对区域风险进行了评价。本章根据《BP世界能源统计年鉴2015》中对石油、天然气、煤炭三种能源数据进行公布的国家清单，选取41个国家进行政治风险、经济风险和社会风险评价，通过建立3个大项、6个二级指标和21个三级指标评价体系进行因子分析。评价结论是，样本所涉及的发达经济体国家的投资风险评级结果普遍高于发展中经济体，无论是资源丰富还是资源禀赋缺乏的发达经济体国家的投资总体风险都较低。在转型经济体中，俄罗斯和哈萨克斯坦总体投资风险较低，土库曼斯坦和乌兹别克斯坦的投资风险处于样本总体次高位置，主要表现为其政治风险较高。发展中国家投资风险普遍较大，排名靠后的国家集中在中东、非洲、南美洲和东南亚国家。"一带一路"沿线国家中拥有广阔的能源资源市场，沿线国家总体风险处于负值区域，与中东和非洲、中南美洲三个地区相比并不显著。从国家个体风险来看，中东的伊拉克投资风险最为严重。

# 第五章  投资动机、制度质量与中国
# 能源企业投资模式选择

中国能源企业受投资区域的限制，海外投资面临着政治风险、经济风险和社会风险。上一章实证表明，发达经济体的投资风险普遍低于发展中国家和转型经济体。谢丹阳和姜波（2012）① 将中美海外投资进行对比（见图5-1），发现中国的 OFDI 平均参考收益率比美国高 2%~3%。但是美国获得实际收益率高于中国 3% 以上。投资收益除了与企业管理有关，更与投资区域的不同有关。中国海外投资投向了风险较大的市场，美国大部分资产投向了风险较小的市场。《中国企业国际化报告（2014）》蓝皮书②称，2005—2014 年发生的120 起"走出去"失败案例中，有 25% 是政治原因所致，有 8% 的投资事件在审批环节因东道国政治派系力量的阻挠而失败，还有 17% 是在运营过程中因东道国政治动荡领导人更迭等原因而遭受损失。因此中国企业遭遇的政治风险非常突出。这种现实反映出两个问题：一是中国企业海外投资动机对投资模式选择的影响；二是投资区域的制度质量与中国企业海外投资风险的关系。本章将论证投资动机、制度质量对中国能源企业海外投资模式的影响。

## 一、能源企业海外投资现实思考与研究预期

### （一）能源企业海外投资动机因素及预期作用

投资动机（investment motivation）是指企业对外直接投资活动所要达到的目标与期望。全球能源企业无不通过收购、兼并进入新市场、扩大经营领

---

① 谢丹阳，姜波. 中美对外直接投资表现对比［EB/OL］. FT 中文网，http：//www. ftchinese. com/story/001042814？page＝2，2012-01-20.
② 杨煜. 首部《中国企业国际化报告（2014）》蓝皮书发布［EB/OL］. 光明网，http：//economy. gmw. cn/2014-10/29/content_13692219_3. htm，2014-10-29.

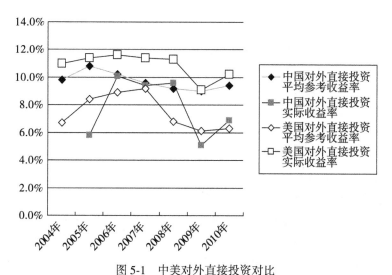

图 5-1　中美对外直接投资对比

资料来源：谢丹阳，姜波．中美对外直接投资表现对比［N］．金融时报，2012-01-20.

域，实现跨越式的发展，进而成长为世界特大型跨国公司。跨国石油公司埃克森美孚、BP 等的发展史，也是世界石油工业的购并史。埃克森并购美孚，达到资产互补，成为世界上实力最大的一体化石油公司。BP 兼并阿莫科，实现勘探与生产地域的互补，成为美国和欧盟最大的石油和天然气的生产商、销售商。

从 20 世纪能源国际公司与拉美资源国的国有化斗争历史来分析，西方能源公司失去殖民主义时期石油的资源，处于资源占有被削弱的劣势，但是其通过控制开采技术、运输线路、销售市场和冶炼工艺等重要环节，依然成为斗争的最大受益者。相反资源国固守资源依赖型经济发展方式，使得经济始终难以摆脱时好时坏的日子。

采用资本运营方式实现资源规模效应，实施技术创新实现外部控制，是世界能源企业发展动机的两大选择。中国能源企业目前的投资带有一定的"机会主义"色彩，并未从政治、经济、社会文化等制度层面全面地考察东道国的投资环境。国有大型企业是中国海外投资的主体，与其他性质的企业相比，国有企业的经济行为更能体现政府的发展战略，也更易于获得各项优惠政策和制度便利，从而有效地抵消东道国环境带来的成本和风险（Buckley，2007）；甚至认为中国跨国企业为政府塑造型（government shaping），在不透明的制度环境中利用复杂的私人关系进行寻租（Yeung 和 Liu，2008①）。虽然中国企业海外投资受到中国制度的固有影响，但是中国能源企业海外投资动机的判断应该考虑三个选择因素：

一是能源国的资源禀赋因素。能源国的资源禀赋包括油气、煤炭等能源的种类、储量和勘探地质条件、生产基础等方面。能源丰裕程度直接影响能源企业海外投资的最终效益。这种投资动机的评价指标，通常是用探明储量和增储潜力反映资源开发潜力；用储量和产量来衡量开发程度。这两组评价指标忽略了能源国的自身消费状态对能源输出能力的影响。比如美国是天然气的生产大国，但是庞大的消费量使其天然气出口供给量并不多。能源进出口比重可以更好评价能源国的输出能力。以能源资源为动机的海外投资，与东道国政府和民众关注外国公司控制当地资源的敏感度相冲突，往往遇到较高的投资壁垒。

本章预期 5-1：能源资源丰富、勘探开发成本低，对中国能源企业海外投资越有吸引力。资源寻求型动机的企业，可能更加倾向于采取并购和合资的投资模式。

二是能源国的市场与成本因素。能源市场包括能源本身市场和整体消费市场。市场因素就是寻求市场扩张、扩大市场份额的条件状况。从宏观层面，主要是评价东道国的经济规模、经济发展水平和经济发展潜力。这些状况能够反映该国的市场容量、居民的消费能力。经济发展水平与经济结构、产业结构相关，这为中国能源和其他行业协同投资，实现产能国际合作创造了机遇。从微观层面，能源竞争对象及合作对象是影响能源企业市场扩张的重要因素。影响能源企业竞争强度的主要是资源垄断程度，包括两个方面的内容：一方面是能源国自身对市场的控制程度。能源国市场垄断程度越高，进入该国家或地区进行投资开发的难度越大。另一方面是其他国家在该区域资源开发现状。如中国选择美国、中东地区作为能源投资的目标国。美国企业竞争力比中国能源企业强，其较强的国际竞争力和规模优势，会使得中国企业在市场竞争处于被动地位。在中东投资，该区域又是国际能源企业最集中的地方，中国企业也无技术优势可言。按波特"五力"竞争模式的要素，除了考查上述现有竞争企业间实力，还要考查替代品企业实力，消费者需要满足状态。中国能源企业投资的选择因素，主要是看哪个国家制度质量更利于中国投资，也要考虑与中国的政治经济关系稳定，是否更愿与中国企业合作。制度因素对中国企业海外投资交

---

① Yeung H. W., W. Liu. Globalizing China: The Rise of Mainland Firms in the Global Economy [J]. Eurasian Geographyand Economics, 2008, 49（1）: 57-86.

易成本效率会产生直接或间接影响。成本效率主要是指在全球范围内优化配置生产要素，实现运营成本的降低以及边际产业的转移。当前中国国内能源需求与能源安全需要迫使中国能源企业面对东道国的壁垒及政策限制而不得不选择投资。国内政策如优惠、补贴等制度因素又诱发对制度质量差的国家进行投资。而市场经济要素如市场不发达以及组织效率低下等无疑将增加中国能源企业的管理成本和费用。最突出的表现是跨国公司的竞争风险和能源地区的政治风险影响直接或间接导致了海外并购项目的失败或者流产。这个层面的影响因素，是中国能源企业海外投资必须重视的方面。

本章预期 5-2：市场规模和竞争适度的区域，对中国能源企业海外投资有吸引力。市场寻求型动机的企业，可能更加倾向于采取绿地和合资的投资模式。

三是能源产业的技术因素。海外能源投资属于技术密集型投资，需要强大的技术装备和技术知识支撑。能源技术涉及上游产业的勘探开采技术、环境保护技术；中游产业的输送技术和下游产业的炼化技术、销售技术等方面。这些技术创新的成果通常可以用科研论文、专利技术来展现。比如欧美能源公司把持着许多专有装备和关键技术，同处发展中国家的巴西石油集团拥有深海开采技术，而中国海上石油开发晚，在技术、设备等方面都比较落后。中国的炼化设备、工艺和许多关键设备依赖于进口。这些说明中国能源企业在技术竞争上处于劣势。因此，在重大石油海外并购或者勘探、油气开发项目投标上，中国能源企业与国外特大型石油公司或者能源公司合作完成；中国能源企业通过资金支持或者通过技术互补来实现并购投资或获得标的项目。如中海油收购切萨皮克能源公司页岩气项目的 1/3 权益，投资目的就是争取页岩气（从页岩中开采石化燃料）领域的先进开发技术。这要求中国能源企业通过海外投资来弥补的技术短板。投资发达国家，其根本动机应该是获取技术知识、管理经验，实现弥补本身技术薄弱环节或资源的优势互补。

本章预期 5-3：能源技术优势的获取或资源优势互补，对中国能源企业海外投资有吸引力。技术寻求型动机的企业，可能更加倾向于采取并购和合资的投资模式。

（二）制度质量和企业基础的影响预期

制度理论的观点看来，企业活动总是地理嵌入和网络嵌入在一个国家特定制度下。其中地理嵌入是企业活动被区域已经存在的经济行为同化约束；网络嵌入是同区域企业之间的建立正式或非正式关系。Scott（2001）① 认为"制度"的社会结构分为管制、规范和认知三个维度。吴先明（2011）② 认为Scott制度维度与DiMaggio和Powell③ 的制度扩散机制是相一致的，并运用三个维度考察了制度环境对中国企业对外投资模式选择的影响。实证发现，正式制度越健全越倾向于并购和独资模式。非正式制度差距越大越倾向于合资模式。根据新制度经济学的观点，制度通过影响交易成本进而影响投资模式的选择。一方面，制度影响投资模式的选择空间。表现为东道国通过管制市场制度体系扩大或缩小来开放投资空间。学者基于发达国家的企业市场化运作和国家制度优越进行研究，发现制度质量在发达国家和大规模经济体之中对海外投资有正向影响（Kaufman et al. ，1999④）。清廉高效的政府对海外投资的流入产生促进作用，而且制度环境比经济因素或硬环境更重要（鲁明泓，1999 ⑤；Globerman，Shapiro ，2002）⑥。经济与法治制度对中国向发展中国家的OFDI有显著的正向效应（邓明，2012⑦；池建宇，方英，2014⑧）。蒋冠宏和蒋殿春（2012）⑨ 发现中国OFDI对制度缺陷有特殊"偏好"。另一方面，制度影响不同投资模式的组织成本。不同的投资模式对资源投入程度、控制程度不同。发达国家由于市场体系完善、法律制度健全、政策透明和执行规范，从而

---

① Scott W. Richard. Institutions and Organizations ［M］. Thousand Oaks, California：Sage Publications，2001：48.

② 吴先明. 制度环境与我国企业海外投资进入模式 ［J］. 经济管理，2011（4）：68-79.

③ DiMaggio P. J. ，Powell W. W. The iron cage revisited：Institutional isomorphism and collective rationality in organizational fields ［J］. American Sociological Review，1983，48（April）：147-160.

④ Kaufmann D. ，A. Kraay，P. Zoido-Lobaton. Aggregating governance indicators ［R］. Vol. 2195：World Bank Publications，1999.

⑤ 鲁明泓. 制度因素与国际直接投资区位分布：一项实证研究 ［J］. 经济研究，1999（7）：57-66.

⑥ Gloherman S. ，D. Shapiro. Global foreign direct investment flows：the role of governance infrastr ucture ［J］. World Development，2002，30（11）：1899-1919.

⑦ 邓明. 制度距离、"示范效应"与中国OFDI 的区位分布 ［J］. 国际贸易问题，2012（2）：123-135.

⑧ 池建宇，方英. 中国对外直接投资区位选择的制度约束 ［J］. 国际经贸探索，2014（1）：81-91.

⑨ 蒋冠宏，蒋殿春. 中国对发展中国家的投资——东道国制度重要吗 ［J］. 管理世界，2012（11）：45 -56.

使独资企业相对于合资企业组织成本更低。在信用体系比较完善的情况下，专用性投资所需要的签订、监管和执行的合同成本也将降低，合资相对于独资的组织成本将得到减少。假定企业对所处的制度环境只能被动应对，在给定的制度框架下寻求合法性以避免成本。然而，企业也并非只能被动应对制度环境，在一定条件下，企业也可以改变或影响制度。企业这种改变或影响制度的能力被称为"制度资本"。Aizenman 和 Spiegel（2006）① 用模型分析不同的制度安排将会导致不同的市场交易成本，较差的制度给 FDI 的进入带来额外的成本。这种假定是基于制度环境和企业资源基础对 ODI 的影响，这也是本章实证的控制变量选择的理论依据。

### 1. 制度质量的维度及预期作用

制度是个多维的变量，王建和张宏（2011）② 考察东道国政府治理水平对中国对外直接投资流量的影响，采用评价指标为政府施政有效性水平、贪腐控制水平、公民参政与政治人权、政治稳定程度、市场经济限制程度、司法有效性等指标。张中元（2013）③ 采用司法有效性（LAW）、贪腐控制（CC）与政府施政有效性（GE）指标来反映东道国的制度质量。Kaufmann 等（2010）④ 根据全球治理指标（Worldwide Governance Indicators，WGI），将制度分解政治民主度、政权稳定性、政府效率、监管质量、腐败控制和法治规则6 个不同的维度。上述指标的取值范围均为 [-2.5, 2.5]，数值越大证明该国的制度质量越高。制度的不同维度对海外投资（ODI）有不同的影响：

（1）政治民主度。

政治民主度主要是指公民选举权、舆论话语权等方面的自由程度。一般来讲，民主国家通常比民主程度低的国家更加开放，话语权与问责制的表达方式更为丰富。但是东道国的政治民主度既可能促进 ODI 的流入，又可能导致东道国的民族主义、福利主义膨胀和劳工权利保护的增强，从而阻遏 ODI

---

① Aizenman J., M. Spiegel. Institutional Efficiency, Monitoring Costs, and the Investment Share of FDI [J]. Review of International Economics, 2006, 14 (4): 683-697.

② 王建，张宏. 东道国政府治理与中国对外直接投资关系研究——基于东道国面板数据的实证分析 [J]. 亚太经济，2011 (1): 127-132.

③ 张中元. 东道国制度质量、双边投资协议与中国对外直接投资—基于面板门限回归模型（PTR）的实证分析 [J]. 南方经济，2013 (4): 49-62.

④ Kanfmann D., A. Kraay, M. Mastruzzi. The Worldwide Governance Indicators: Methodologyand Analytical Issues [D]. World Bank Policy Research Working Paper, 2010.

的流入。

本章预期 5-4：东道国的政治民主度对中国能源企业 ODI 同样有正反两方面的作用。

（2）政治稳定性。

由于政治和社会秩序是企业经营的前提条件，政治稳定必然为市场参与者创造一个财产和人员安全的运营环境。相反，政治稳定性低必将引发社会稳定度的缺失，也必将增加外国投资的风险并减少 ODI 流入。

本章预期 5-5：中国能源企业 ODI 会偏向选择政治稳定、无暴力活动和恐怖主义的国家。

（3）政府效率。

政府效率反映政府部门的工作质量、效率和工作原则的独立性。

本章预期 5-6：不受各种政治压力左右的高质量的政府服务和政策执行，都将促进中国对其投资。

（4）监管质量。

监管质量反映了政府制定并执行政策和规制的能力。健全的政府监管通常要求企业高度透明，对股东权益提供良好保护。同时最大程度地减少信息的不对称性，降低企业经营风险。

本章预期 5-7：中国能源企业 ODI 倾向于流向有较好监管质量的国家。

（5）法治水平。

法治水平是指一国法律法规的健全程度、公众和组织遵守秩序程度和发生犯罪或暴力的可能性。强有力的司法系统可以保护投资者的权利，进一步降低违约风险和交易成本。但是严格的法治必将强调企业社会责任和义务。

本章预期 5-8：中国能源企业 ODI 产生约束作用。

（6）腐败控制

腐败控制反映一国政府抑制腐败的能力。

本章预期 5-9：中国能源企业 ODI 更愿意投资在腐败较少的国家。

上述制度性因素体现制度质量评价的基本结构，但是对中国能源企业 ODI 影响并不全部显现。

本章预期 5-10：政治民主度、政府效率、监管质量和腐败控制对中国能源企业 ODI 的模式选择可能有正向影响，对能源企业投资模式选择更倾向于并购模式；法治水平的作用可能是负向的，对能源企业投资模式选择更倾向于合同模式。

**2. 异质性企业理论的影响因素及其作用**

异质性企业理论认为企业竞争需要拥有"异质性"的资源。它具有价值性、不可模仿性、不可替代性（Barney，1991）①。异质性企业理论强调企业生产力水平和组织成本。对于企业海外投资的作用，反映在两个方面：

一是企业海外投资能否利用现有的资源和能力，实现投资收益的最大化。这个方面是对企业规模、经营能力和融资能力的反映。

二是企业海外投资获取新资源，能否增强企业竞争优势。这个方面体现为企业对外投资的动机，即资源寻求、市场寻求和技术寻求。

本章认为，资源寻求动机意味着中国 ODI 与自然资源丰裕有正向关系。企业投资是为获得稀缺的并能够成为企业竞争优势的技术和能力，体现的是技术寻求型动机。投资有利于市场扩张或争取国内产能转移，则是市场寻求型动机。这三种动机直接反映在企业对不同区域不同投资模式的选择决策之中。违背区域投资动机或无动机的投资，都可能导致投资风险的发生。

# 二、模型、变量构造与数据来源

## （一）研究模型

由于能源企业 ODI 投资模式属于多元离散选择，从企业投资动机（技术、资源、市场）和东道国制度质量双重视角分析能源企业投资模式选择，需要建立在多元选择 Logit 模型之上。本章将中国能源企业 ODI 投资模式 $M$ 分为并购模式、合同模式和绿地模式三种，依此设为 1、2 和 3。于是，构建能源企业 ODI 投资模式的潜在变量模型为：

$$M_{ictk}^{*} = \beta_k Z_{ct} + \alpha_k X_{ct} + \gamma_k X_{it} + \varepsilon_{ictk} \qquad (5-1)$$

其中，$i$（$i=1, \cdots, 17$）表示 17 个能源企业，$c$（$c=1, \cdots, 41$）表示 41 个国家，$t$（$t=2002, \cdots, 2014$）表示时间，$M^{*}$ 表示反映投资模式的潜在变量，$Z$ 表示企业投资动机变量和东道国制度质量，$X$ 表示控制变量，$\varepsilon_{ictk}$ 表示随机扰动项。对于投资模式为 $m$ 的能源企业而言，潜在变量 $M_m^{*}$ 将大于其他任何 $M_k^{*}$，其中 $k=1, 2, 3$ 且 $k \neq h$，其发生概率为 $P\left[M_{ictm}^{*} > M_{ictk}^{*}\right]$。此时，如果假

---

① Barney Jay. Firm Resources and Sustained Competitive Advantage [J]. Journal of Management，199，17（1）：99-120.

定 $\varepsilon_{ictk}$ 独立同分布，且服从 *Gumbel* 分布，就可以得到多元选择 Logit 模型：

$$P(M_{ict} = m \mid Z_{ct}, X_{ct}, X_{it}) = \frac{\exp(\beta_m Z_{ct} + \alpha_m X_{ct} + \gamma_m X_{it})}{\sum\limits_{k=1}^{3} \exp(\beta_k Z_{ct} + \alpha_k X_{ct} + \gamma_k X_{it})} \quad (5\text{-}2)$$

本章将并购模式（$H=1$）作为基准结果，基于多元选择 Logit 模型得到的 $\beta_k$，将表示相比于并购模式，投资动机或制度质量对能源企业 ODI 选择合同模式或绿地模式概率的影响。

由于多元选择 Logit 模型是否合理，依赖于三种投资模式的发生概率是否服从于独立不相关假定（Independence from Irrelevant Alternatives，IIA），因此为了保持模型稳健性，本章还将给出放松 IIA 假定的多元选择 Probit 模型结果作为对比，但该方法基于极大似然估计计算过程较为复杂，没有多元选择 Logit 模型计算简便。

## （二）变量构造和数据来源

### 1. 被解释变量

本章被解释变量为中国能源企业海外投资模式。根据本书研究归纳结果，中国能源企业海外投资模式主要分为三类，即绿地模式、并购模式和合同模式。数据来源主要通过整理各主要能源企业的官方网站和公开媒体报道，可以得到 2002—2014 年 17 家能源企业面向 41 个国家的 110 起投资项目。

（1）解释变量。

①能源企业投资动机。根据文献梳理和能源海外投资实践归纳，本章将能源企业投资分为市场寻求型、技术寻求型、资源寻求型。其基本内涵在动机影响因素中均有所表述。

资源寻求型投资标的主要是能源、黑色和有色金属。本章根据数据可得性，将资源寻求型动机用东道国能源净出口量与能源消费量的比值代表。这个指标反映东道国能源禀赋的比较优势。本章预期变量的系数为正时，则说明相对比并购模式，合同模式或绿地模式有显著的资源寻求型动机。数据来源于世界银行数据库。

东道国市场需求的潜力是市场寻求型 ODI 的主要影响因素。本章参考 Brouthers 等的研究方法，分别用不变价 GDP、GDP 增长率、不变价人均 GDP 表示，该项指标越高，表明当地市场规模越大和市场需求潜力越高、居民购买力越强。当这些变量的系数为正时，说明合同模式或绿地模式相对比并购模式，有显著的市场寻求型动机。数据来源于世界银行数据库。

新兴市场和发展中国家的企业与发达经济体企业相比具有后发优势，实现的渠道就在于以发达国家为投资目标地，获取先进技术等战略性资产，从而缩短行业竞争短板。中国能源企业的技术研发和创新能力总体仍居劣势，以获取技术为 ODI 动机也将不断加强。本章用科技期刊文章数量来测度东道国的技术创新水平。该指标分值越高，表明东道国技术越雄厚。当这些变量的系数为正时，则说明合同模式或绿地模式比并购模式，更有利于技术寻求型动机的实现。数据来源于世界银行数据库。

②东道国制度质量。对于对外直接投资来说，行政体制清廉高效、法制公平有力将有助于保护产权，降低交易成本，控制投资风险。本章根据已有文献的研究方法，采用 Kaufmann 等（2010）的政治民主度、政权稳定性、政府效率、监管质量、腐败控制和法治规则指标体系，取值范围为［-2.50，2.50］，数值越高代表制度质量越高。

本章借鉴王永钦（2014）引入总体制度质量（ institutional average ）变量的办法，先来检验总体的制度质量对模式选择的作用，再对 6 个制度维度质量进行相应分析。其中，总体制度质量用 6 个制度维度质量的平均值表示，数值越高代表制度质量越高。

本章预期当这些变量的系数为正时，则说明相对比并购模式，合同模式或绿地模式有显著的政治民主度（或政权稳定性、政府效率、监管质量、腐败控制、法治规则）偏好。数据来源于世界银行数据库。

（3）控制变量。

①东道国控制变量：包括东道国贸易开放度、东道国投资开放度、东道国失业率、东道国城镇化率。本章用贸易开放度、投资开放度来表示东道国"引进来"水平。本章用东道国贸易额与其 GDP 比重来衡量其贸易开放度，评价一个国家的贸易开放水平；用 FDI 和 ODI 差值与 GDP 比重来评价东道国投资开放度。东道国失业率、东道国城镇化率主要衡量城镇化人口的就业水平和所占总人口的比重，反映社会稳定性和人力资源状态。这个指标对能源企业所有权优势的专用性资源转移，提升内部化优势，降低交易成本至关重要。数据来源于世界银行数据库。

②能源企业控制变量：包括总资产、资产息税前利润率和静态市盈率。这三项指标反映投资企业的资产规模、经营能力和融资能力。企业规模越大，抗风险能力越大。但是能源企业规模越大，越具备国有企业的体制性问题，可能遭遇东道国资产审查等政治风险也越多。利润率反映企业自有资金对投资项目

后续支撑力度。市盈率反映投资者对企业经营的认可程度，对企业融资有正反两个方面的影响。本部分数据是通过整理 Wind 数据库提供的 17 家能源企业上市财务数据得到的。

本章所用变量的简单统计概述，如表 5-1 所示。

表 5-1　　各能源企业 ODI 投资模式及相关解释变量的统计描述

| 变量 | 概述 | 观察数 | 平均值 | 标准差 | 最小值 | 最大值 |
|---|---|---|---|---|---|---|
| 投资模式 | 并购模式＝1，合同模式＝2，绿地模式＝3 | 110 | 1.89 | 0.84 | 1 | 3 |
| 不变价 GDP（单位，亿美元） | 反映东道国市场规模 | 110 | 12597.06 | 25614.60 | 53.15 | 157736.70 |
| GDP 增长率（单位,%） | 反映东道国市场潜力 | 110 | 4.31 | 3.89 | −7.82 | 15.24 |
| 不变价人均 GDP（单位，美元/人） | 反映东道国市场机会 | 110 | 22260.80 | 21185.68 | 345.25 | 72901.43 |
| 科技期刊文章（单位，篇） | 反映东道国技术水平 | 110 | 32371.15 | 67601.51 | 2.60 | 412541.50 |
| 能源净出口比重（单位,%） | 东道国能源净出口量/能源消费量×100% | 110 | 94.72 | 152.16 | −97.69 | 1006.09 |
| 政治民主度 | 反映言论和行为自由度 | 110 | −0.05 | 1.18 | −2.12 | 1.59 |
| 政权稳定性 | 反映政府被推翻可能性 | 110 | −0.14 | 1.04 | −2.35 | 1.34 |
| 政府效率 | 反映政府公共服务质量 | 110 | 0.29 | 1.16 | −1.61 | 2.26 |
| 监管质量 | 反映政府监管政策能力 | 110 | 0.23 | 1.19 | −2.07 | 1.97 |
| 腐败控制 | 反映公权力被私用程度 | 110 | 0.12 | 1.27 | −1.77 | 1.89 |
| 法治规则 | 反映遵守规则程度 | 110 | 0.17 | 1.34 | −1.47 | 2.21 |
| 贸易开放度（单位,%） | 贸易额/GDP×100% | 110 | 73.62 | 56.45 | 22.52 | 372.10 |
| 投资开放度（单位,%） | 净 FDI/GDP×100% | 110 | 4.24 | 4.75 | −5.70 | 23.30 |
| 失业率 | 失业人口/劳动人口×100% | 110 | 7.24 | 3.69 | 0.10 | 24.70 |
| 城镇化率 | 城镇人口/总人口×100% | 110 | 66.69 | 22.29 | 9.41 | 100.00 |

| 变量 | 概述 | 观察数 | 平均值 | 标准差 | 最小值 | 最大值 |
|---|---|---|---|---|---|---|
| 总资产<br>（单位，亿元） | 反映企业规模 | 110 | 8060.50 | 6974.03 | 32.75 | 23420.04 |
| 资产息税前利润率<br>（单位，%） | 息税前利润（EBIT）/总资产平均余额×100% | 110 | 18.86 | 15.65 | -20.49 | 55.24 |
| 静态市盈率<br>（单位，%） | 股价/当期每股收益×100% | 110 | 23.37 | 60.96 | -11.69 | 627.45 |

资料来源：根据各类数据库中的数据整理得来。

# 三、实证检验与结果分析

## （一）投资动机和总体制度质量对投资模式的影响

本章首先在整体上考察企业投资动机（技术、资源、市场）和东道国制度质量对能源企业海外投资模式选择的影响。通过对 2002—2014 年的 110 起投资项目所涉及的 17 家油气、煤炭和电力能源企业和 41 国家样本数据进行实证检验，验证是否支持上述预期作用。参考王永钦等（2014）的做法，先定义总体制度质量（6 个制度维度质量的平均值）来检验总体的制度质量的作用，然后再细分 6 大制度维度质量进行相应分析。为研究 6 个制度性因素各自的作用，本章引入 3 个包含不同控制变量的回归。本章第一个回归只包含基本的解释变量，包括不变价 GDP（取对数）、GDP 增长率、不变价人均 GDP（取对数）、科技期刊文章（取对数）、能源净出口比重、总体制度质量，从而衡量了投资动机和总体制度质量对模式选择作用。第二个回归包含控制变量东道国的贸易开放度、投资开放度、失业率、城镇化率，从而衡量加入东道国因素后动机与制度质量对模式选择的作用。第三个回归除包含了上述解释变量和东道国控制变量，还加入了能源企业的控制变量，包含总资产（取对数）、资产息税前利润率和静态市盈率。

从表 5-2 中的结果来看，投资动机和总体制度质量对能源企业海外投资模式选择的总体作用并不显著。实证结果显示：

表5-2                 **投资动机和总体制度质量对投资模式的影响**

| 投资模式 | 合同模式（1） | 绿地模式（2） | 合同模式（3） | 绿地模式（4） | 合同模式（5） | 绿地模式（6） |
|---|---|---|---|---|---|---|
| ln（不变价 GDP） | 0.0255 | 0.373 | 0.0506 | 0.692 | 0.370 | 1.065* |
| | (0.448) | (0.434) | (0.485) | (0.487) | (0.550) | (0.549) |
| GDP 增长率 | −0.0769 | −0.0783 | −0.115 | −0.141 | −0.187 | −0.181 |
| | (0.0887) | (0.0861) | (0.100) | (0.0987) | (0.115) | (0.111) |
| ln（不变价人均 GDP） | −0.675 | −0.132 | −1.170 | −0.923 | −1.380* | −1.176 |
| | (0.542) | (0.538) | (0.728) | (0.698) | (0.825) | (0.785) |
| ln（科技期刊文章） | −0.343 | −0.866** | −0.311 | −0.907** | −0.589 | −1.185*** |
| | (0.360) | (0.358) | (0.397) | (0.380) | (0.456) | (0.437) |
| 能源净出口比重 | 0.00373 | −0.00457 | 0.00605* | −0.000586 | 0.00597 | 0.000316 |
| | (0.00306) | (0.00340) | (0.00363) | (0.00388) | (0.00426) | (0.00446) |
| 总体制度质量 | 0.396 | −0.0302 | 0.905 | −0.00924 | 1.156 | 0.420 |
| | (0.552) | (0.599) | (0.639) | (0.650) | (0.744) | (0.739) |
| 贸易开放度 | | | 0.0112 | 0.0110 | 0.0153 | 0.0143 |
| | | | (0.0101) | (0.00817) | (0.0106) | (0.00893) |
| 投资开放度 | | | −0.118 | 0.00230 | −0.137 | −0.0243 |
| | | | (0.117) | (0.111) | (0.126) | (0.121) |
| 失业率 | | | 0.0505 | −0.140 | 0.0596 | −0.145 |
| | | | (0.0854) | (0.112) | (0.113) | (0.125) |
| 城镇化率 | | | 0.00215 | 0.0211 | 0.0108 | 0.0251 |
| | | | (0.0280) | (0.0274) | (0.0315) | (0.0320) |
| ln（总资产） | | | | | 0.436* | 0.348 |
| | | | | | (0.249) | (0.228) |
| 资产息税前利润率 | | | | | 0.0681*** | 0.0462* |
| | | | | | (0.0232) | (0.0243) |
| 静态市盈率 | | | | | −0.00642 | 0.00796 |
| | | | | | (0.0238) | (0.00504) |
| Constant | 8.751* | 5.836 | 11.95** | 9.494* | 8.175 | 6.959 |
| | (4.584) | (4.654) | (5.779) | (5.659) | (6.434) | (6.085) |
| Observations | 110 | | 110 | | 110 | |
| log likelihood | −94.90 | | −88.25 | | −79.57 | |
| pseudo-$R$-squared | 0.206 | | 0.261 | | 0.334 | |

注：小括号内为标准差，*、**和***分别表示显著性水平为10%、5%和1%。

能源企业市场寻求型动机对海外投资模式选择作用不显著。只有不变价 GDP、不变价人均 GDP 在 10% 的水平上，能源企业面向市场规模较大的东道国时，选择绿地模式的概率比选择并购模式概率大。这个结果与预期作用基本一致。面向市场机会较多的东道国时，选择合同模式的概率比选择并购模式大。说明中国能源企业在非洲、欧洲及欧亚大陆、亚太地区的投资模式总体方向，就是在市场规模较大的国家，选择绿地模式有利于能源与其他行业的协同投资，有利于国际产能合作。

能源企业技术寻求型动机对模式选择作用比较显著，三个回归在 5% 以内的显著性水平上，作用显著为负。说明面向技术水平较高的东道国时，选择并购模式的概率比选择绿地模式大。实证结果与预期作用一致，证明能源企业为缩小技术创新短板，最好的投资模式就是并购发达经济体企业的股权或资产，可以最大程度地减少投资风险。这个结论与中国能源企业的投资实践也基本一致。说明中国能源企业在北美洲、欧洲及欧亚大陆、亚太地区的投资模式总体是正确的。

资源寻求型动机、总体制度变量不会显著影响到能源企业的投资模式选择。这个结论与预期作用不一致，但与已有研究文献的结果相近。产生这样结果的原因有两种可能，一是能源企业投资的基本动机就是获得海外能源以保障国内需求。这种投资模式是能源企业海外投资的通用行为方式。二是制度质量对中国能源企业投资模式决策的影响不大。这与中国能源企业的体制性问题有关，在已有研究成果中对制度质量的作用也是相互矛盾的。

为了检验模型结果的稳健性，本章采用多元选择 Probit 模型再次估计，其具体结果（见表 5-3）显示，技术寻求型动机对投资模式的选择有着显著的负向影响作用。这个结果基本支持多元选择 logit 模型估计得到的结论，说明多元选择 logit 模型实证结果是稳健的。

表 5-3　　投资动机和总体制度质量对投资模式的影响（稳健性检验）

| 投资模式 | 合同模式<br>（1） | 绿地模式<br>（2） | 合同模式<br>（3） | 绿地模式<br>（4） | 合同模式<br>（5） | 绿地模式<br>（6） |
|---|---|---|---|---|---|---|
| ln（不变价 GDP） | 0.00245<br>(0.318) | 0.253<br>(0.314) | 0.0175<br>(0.346) | 0.515<br>(0.352) | 0.229<br>(0.409) | 0.765*<br>(0.406) |
| GDP 增长率 | −0.0632<br>(0.0723) | −0.0657<br>(0.0687) | −0.0932<br>(0.0807) | −0.109<br>(0.0779) | −0.146<br>(0.0888) | −0.140*<br>(0.0844) |

| 投资模式 | 合同模式<br>（1） | 绿地模式<br>（2） | 合同模式<br>（3） | 绿地模式<br>（4） | 合同模式<br>（5） | 绿地模式<br>（6） |
|---|---|---|---|---|---|---|
| ln（不变价人均GDP） | −0.523<br>(0.413) | −0.0683<br>(0.405) | −0.902*<br>(0.546) | −0.668<br>(0.543) | −1.087*<br>(0.627) | −0.864<br>(0.604) |
| ln（科技期刊文章） | −0.250<br>(0.262) | −0.659**<br>(0.258) | −0.203<br>(0.282) | −0.684**<br>(0.271) | −0.418<br>(0.332) | −0.912***<br>(0.318) |
| 能源净出口比重 | 0.00307<br>(0.00240) | −0.00332<br>(0.00256) | 0.00470*<br>(0.00283) | −0.000354<br>(0.00297) | 0.00421<br>(0.00318) | −0.000315<br>(0.00325) |
| 总体制度质量 | 0.305<br>(0.435) | −0.0581<br>(0.442) | 0.644<br>(0.485) | −0.0160<br>(0.479) | 0.858<br>(0.570) | 0.326<br>(0.552) |
| 贸易开放度 | | | 0.00886<br>(0.00767) | 0.00819<br>(0.00640) | 0.0120<br>(0.00783) | 0.0105<br>(0.00685) |
| 投资开放度 | | | −0.0844<br>(0.0915) | 0.0138<br>(0.0871) | −0.104<br>(0.0977) | −0.0139<br>(0.0935) |
| 失业率 | | | 0.0426<br>(0.0687) | −0.107<br>(0.0847) | 0.0360<br>(0.0811) | −0.115<br>(0.0921) |
| 城镇化率 | | | 0.00144<br>(0.0208) | 0.0151<br>(0.0219) | 0.00969<br>(0.0235) | 0.0205<br>(0.0241) |
| ln（总资产） | | | | | 0.323*<br>(0.177) | 0.245<br>(0.154) |
| 资产息税前利润率 | | | | | 0.0502***<br>(0.0169) | 0.0324*<br>(0.0176) |
| 静态市盈率 | | | | | −0.00161<br>(0.0163) | 0.00638<br>(0.00413) |
| Constant | 8.751*<br>(4.584) | 5.836<br>(4.654) | 11.95**<br>(5.779) | 9.494*<br>(5.659) | 6.776<br>(4.776) | 5.673<br>(4.610) |
| Observations | 110 | | 110 | | 110 | |
| log likelihood | −94.83 | | −88.23 | | −79.74 | |
| pseudo-$R$-squared | —— | | —— | | —— | |

注：小括号内为标准差，*、**和***分别表示显著性水平为10%、5%和1%。

在 Probit 和 Logit 模型中，能源市场寻求型动机在市场规模大的国家投资以绿地模式为宜；在市场机会多的国家投资以合同模式为先；在技术寻求型动机下投资以并购模式为优。能源寻求型合同模式选择的影响系数略微下降，但与并购模式相比优先选择概率可以忽略不计。总体制度质量作用仍然不显著。
此结论与吴先明（2011）的结论相同，市场寻求型动机的投资是正的影响，
技术寻求型动机的投资则是负的影响。前者选择绿地模式，后者选择并购模
式，资源寻求型动机对投资模式没有明显的倾向性。

从这个结论说明，中国能源企业海外投资动机对投资模式选择有着比较明
确的影响力，但东道国的制度质量并不显著影响投资模式决策，也就可能失去
"风险链"的控制。

## （二）投资动机和各制度质量对投资模式的影响

本实证与投资动机和总体制度质量对投资模式的影响回归过程是相同的，
只是将总体制度质量指标细分为政治民主度、政权稳定性、政府效率、监管质
量、腐败控制、法治规则6个制度维度。本章进一步验证这些制度维度变量与
并购模式、合同模式或绿地模式选择的关系（见表5-4）。

表5-4　　　　　　　　**投资动机和各制度质量对投资模式的影响**

| 投资模式 | 合同模式（1） | 绿地模式（2） | 合同模式（3） | 绿地模式（4） | 合同模式（5） | 绿地模式（6） |
|---|---|---|---|---|---|---|
| ln（不变价 GDP） | −0.0857 (0.487) | 0.429 (0.501) | −0.159 (0.588) | 0.580 (0.612) | 0.595 (0.747) | 1.274* (0.735) |
| GDP 增长率 | −0.0642 (0.0930) | −0.0843 (0.0971) | −0.101 (0.110) | −0.158 (0.111) | −0.291** (0.148) | −0.281* (0.147) |
| ln（不变价人均 GDP） | −0.369 (0.695) | −0.545 (0.747) | −1.651* (0.924) | −1.921* (1.031) | −3.206*** (1.232) | −3.302** (1.311) |
| ln（科技期刊文章） | −0.472 (0.402) | −0.904** (0.405) | −0.230 (0.486) | −0.874* (0.481) | −0.967 (0.637) | −1.580** (0.629) |
| 能源净出口比重 | 0.00391 (0.00359) | −0.00254 (0.00400) | 0.0111** (0.00544) | 0.00548 (0.00566) | 0.0148** (0.00740) | 0.0105 (0.00755) |
| 政治民主度 | 0.129 (0.562) | −0.810 (0.538) | 1.245 (0.812) | 0.482 (0.818) | 0.576 (1.080) | 0.135 (1.060) |
| 政权稳定性 | −0.332 (0.771) | 0.574 (0.814) | 0.796 (0.985) | 0.950 (1.027) | 2.392* (1.318) | 2.101 (1.343) |
| 政府效率 | −0.277 (1.731) | 0.706 (1.826) | −1.654 (1.867) | −0.0373 (2.020) | −3.120 (2.307) | −0.331 (2.456) |

续表

| 投资模式 | 合同模式<br>（1） | 绿地模式<br>（2） | 合同模式<br>（3） | 绿地模式<br>（4） | 合同模式<br>（5） | 绿地模式<br>（6） |
|---|---|---|---|---|---|---|
| 监管质量 | 0.426<br>(1.238) | 1.229<br>(1.239) | 0.579<br>(1.669) | −0.219<br>(1.663) | 2.074<br>(2.074) | 0.521<br>(2.048) |
| 腐败控制 | 2.259<br>(1.892) | 1.757<br>(1.817) | 4.021*<br>(2.410) | 4.550*<br>(2.357) | 7.158**<br>(3.436) | 7.632**<br>(3.293) |
| 法治规则 | −1.835<br>(1.591) | −2.717*<br>(1.648) | −3.463*<br>(1.836) | −4.527**<br>(2.003) | −5.940**<br>(2.578) | −7.263***<br>(2.668) |
| 东道国控制变量 | NO | NO | YES | YES | YES | YES |
| 企业控制变量 | NO | NO | NO | NO | YES | YES |
| Observations | 110 | | 110 | | 110 | |
| log likelihood | −89.02 | | −82.17 | | −68.78 | |
| pseudo-$R$-squared | 0.255 | | 0.312 | | 0.424 | |

注：小括号内为标准差，*、** 和 *** 分别表示显著性水平为10%、5%和1%。

从表5-4中的结果来看，在第一次回归中，只有技术寻求型动机方面，在5%显著性水平下，选择并购模式的概率比选择绿地模式大；法治规则在10%显著性水平下，对投资模式选择的作用是负向的，即影响能源企业选择并购模式的概率比选择绿地模式大。

在第二次回归中加入东道国控制变量后，面向市场机会较多的东道国时，市场寻求型动机影响能源企业投资模式选择秩序为并购模式、合同模式和绿地模式。这个结论与上述实证的结论略有差异，并购模式被选择概率高于合同模式。这个结论说明能源企业投资机会与风险相比，控制风险是模式选择优先考虑的问题。资源寻求型动机和腐败控制对模式的作用明显，支持合同模式概率优于并购模式。法治规则在5%显著性水平下，对投资模式选择的负向作用更加显著，选择顺序是并购模式、合同模式和绿地模式。

在第三次回归中再加入能源企业控制变量后，在市场寻求型动机方面，能源企业面向市场规模较大的东道国时，选择绿地模式的概率比选择并购模式大；面向市场潜力较大的东道国时，投资模式选择概率大小关系依次是并购模式、绿地模式、合同模式；面向市场机会较多的东道国时，投资模式选择概率大小关系依次是并购模式、合同模式、绿地模式。只有资源寻求型动机时，在

5%显著性水平下，选择合同模式的概率比选择并购模式大；这个结论与上述实证结论有差异，在东道国因素和企业因素共同影响下，从控制风险的视角去考虑模式选择，合同模式风险最小。正是如此，法治规则在1%显著性水平下，对投资模式选择的负向作用更加显著，选择顺序依然是并购模式、合同模式和绿地模式。政治民主度在1%显著性水平下，能源企业投资模式选择绿地模式概率高于并购模式。

在制度维度质量方面，法治规则对模式选择的负向作用最为显著。腐败控制对模式选择的作用是正向的，即绿地模式、合同模式概率应高于并购模式。这个结论说明能源企业投资尊重市场交易规则，避免非正当交易风险。政治民主度和政权稳定性对投资模式选择分别支持绿地模式和合同模式。而政府效率和监管质量对投资模式的影响不显著。

能源企业在面向政权稳定性越高的东道国时，选择合同模式的概率比选择并购模式的大；面向腐败控制在越高的东道国时，投资模式选择概率大小关系依次是绿地模式、合同模式、并购模式；面向法治规则越高的东道国时，投资模式选择概率大小关系依次是并购模式、合同模式、绿地模式；面向政治民主度越高的东道国时，选择绿地模式的概率比选择并购模式的大。

同样的，为了检验模型结果稳健性，本章采用多元选择 Probit 模型进行估计（见表5-5），估计结果基本支持多元选择 logit 模型估计得到的结论，说明模型结果稳健。

表 5-5　　投资动机和各制度质量对投资模式的影响（稳健性检验）

| 投资模式 | 合同模式<br>（1） | 绿地模式<br>（2） | 合同模式<br>（3） | 绿地模式<br>（4） | 合同模式<br>（5） | 绿地模式<br>（6） |
|---|---|---|---|---|---|---|
| ln（不变价 GDP） | −0.0855 | 0.281 | −0.178 | 0.393 | 0.414 | 0.991 * |
| | (0.363) | (0.371) | (0.419) | (0.438) | (0.576) | (0.579) |
| GDP 增长率 | −0.0520 | −0.0713 | −0.0804 | −0.122 | −0.217 * | −0.216 ** |
| | (0.0782) | (0.0766) | (0.0898) | (0.0878) | (0.114) | (0.110) |
| ln（不变价人均 GDP） | −0.357 | −0.422 | −1.322 * | −1.431 * | −2.595 *** | −2.553 *** |
| | (0.538) | (0.556) | (0.713) | (0.766) | (0.942) | (0.988) |
| ln（科技期刊文章） | −0.327 | −0.673 ** | −0.121 | −0.687 ** | −0.670 | −1.248 ** |
| | (0.293) | (0.291) | (0.354) | (0.350) | (0.487) | (0.486) |

续表

| 投资模式 | 合同模式(1) | 绿地模式(2) | 合同模式(3) | 绿地模式(4) | 合同模式(5) | 绿地模式(6) |
|---|---|---|---|---|---|---|
| 能源净出口比重 | 0.00354 | −0.00139 | 0.00867** | 0.00429 | 0.0116** | 0.00803 |
| | (0.00288) | (0.00308) | (0.00406) | (0.00420) | (0.00552) | (0.00566) |
| 政治民主度 | 0.142 | −0.590 | 0.945 | 0.239 | 0.485 | 0.0371 |
| | (0.444) | (0.414) | (0.622) | (0.619) | (0.817) | (0.796) |
| 政权稳定性 | −0.242 | 0.451 | 0.619 | 0.621 | 2.013* | 1.639 |
| | (0.589) | (0.611) | (0.765) | (0.769) | (1.042) | (1.023) |
| 政府效率 | −0.141 | 0.788 | −1.274 | 0.276 | −2.213 | 0.0396 |
| | (1.301) | (1.427) | (1.414) | (1.588) | (1.745) | (1.933) |
| 监管质量 | 0.218 | 0.799 | 0.486 | −0.195 | 1.831 | 0.431 |
| | (0.905) | (0.913) | (1.226) | (1.260) | (1.529) | (1.531) |
| 腐败控制 | 1.897 | 1.303 | 3.243* | 3.587* | 5.025** | 5.618** |
| | (1.451) | (1.413) | (1.819) | (1.849) | (2.425) | (2.413) |
| 法治规则 | −1.547 | −2.165* | −2.850* | −3.592** | −4.542** | −5.474*** |
| | (1.270) | (1.264) | (1.461) | (1.552) | (1.946) | (2.008) |
| 东道国控制变量 | NO | NO | YES | YES | YES | YES |
| 企业控制变量 | NO | NO | NO | NO | YES | YES |
| Observations | 110 | | 110 | | 110 | |
| log likelihood | −88.80 | | −81.90 | | −68.60 | |
| pseudo-$R$-squared | —— | | —— | | —— | |

注：小括号内为标准差，＊、＊＊和＊＊＊分别表示显著性水平为10%、5%和1%。

此外，从东道国控制变量的回归结果看，全部评价指标对模式选择均不显著；从能源企业控制变量的回归结果看，总资产和资产息税前利润率对模式选择倾向于合同模式，静态市盈率作用不显著。这个结论说明，中国能源企业投资模式选择中东道国经济自由度、社会稳定程度和人力资源成本以及企业融资能力并不是考虑的重点。这也证明中国能源企业海外投资存在的政治风险因素和经营风险因素。

## （三）投资动机和总体制度质量对投资模式的交互影响

前文验证了投资动机（技术寻求型、资源寻求型和市场寻求型）、总体制度质量对中国能源企业 ODI 模式的作用。这里考虑到中国能源企业 ODI 动机的多元化（市场、技术、资源）与制度质量的耦合效应，引入投资动机与总体制度质量的交互项，进一步探究投资动机在不同制度质量下会如何表现。

本章使用多元选择 logit 模型来研究投资模式选择问题。选取之前多元选择 logit 模型中的投资动机、制度质量作为解释变量，作为交叉项模型中的控制变量。用不变价 GDP（取对数）、GDP 增长率、不变价人均 GDP（取对数）、科技期刊文章（取对数）、能源净出口比重代表投资动机因素；总体制度质量代表制度维度因素；还增加了总体制度质量和不变价 GDP（取对数）的交叉项、总体制度质量和 GDP 增长率的交叉项、总体制度质量和不变价人均 GDP（取对数）的交叉项、总体制度质量和科技期刊文章（取对数）的交叉项以及总体制度质量和能源净出口比重的交叉项。东道国和样本企业指标仍作为控制变量，观察样本数不变。通过不同投资动机与总体制度质量的共同作用，检验对投资模式选择的影响，验证总体制度质量和三类投资动机之间是否存在显著的替代关系。

表 5-6 显示了投资动机变量和制度质量变量的回归结果。第 1 回归在加入了总体制度质量和不变价 GDP（取对数）的交叉项后，展示了市场寻求型动机和技术寻求型动机对模式选择的作用显著；作用的结果是，在市场规模较大国家能源投资支持绿地模式；在市场增长潜力大国家和技术寻求型能源投资支持并购模式。第 2 回归中增加了总体制度质量和 GDP 增长率的交叉项，实证结果与第一回归结果相同，在 5% 的水平上市场规模对模式选择作用显著为正；技术寻求型动机在 1% 的水平上对模式选择的作用显著为负。第 3 回归加入了总体制度质量和不变价人均 GDP（取对数）的交叉项，结果为市场机会多的国家模式选择支持并购模式概率大；技术寻求型动机作用有所减弱，仍支持并购模式；资源寻求型动机的作用初现，合同模式概率略高于并购模式。第四回归增加了总体制度质量和科技期刊文章（取对数）的交叉项，结果为在市场潜力大的国家投资和技术寻求投资应优先考虑并购模式。第五回归中加入了总体制度质量和能源净出口比重的交叉项，结果为在市场规模较大的国家投资支持绿地模式，在发展潜力大国家投资和技术寻求型投资仍旧支持并购模式，在制度质量较高的国家投资最好关注合同模式。这个结论与预期作用相一致。

表5-6　投资动机和总体制度质量对投资模式的交互影响

| 投资模式 | 合同模式 (1) | 绿地模式 (2) | 合同模式 (3) | 绿地模式 (4) | 合同模式 (5) | 绿地模式 (6) | 合同模式 (7) | 绿地模式 (8) | 合同模式 (9) | 绿地模式 (10) |
|---|---|---|---|---|---|---|---|---|---|---|
| ln（不变价 GDP） | 0.206 (0.571) | 0.933* (0.544) | 0.438 (0.571) | 1.122** (0.566) | 0.226 (0.587) | 0.892 (0.595) | 0.118 (0.609) | 0.951* (0.561) | 0.167 (0.581) | 1.072* (0.603) |
| GDP 增长率 | -0.225* (0.123) | -0.195* (0.116) | -0.171 (0.126) | -0.187 (0.116) | -0.151 (0.117) | -0.162 (0.109) | -0.224* (0.123) | -0.191* (0.115) | -0.156 (0.116) | -0.199* (0.115) |
| ln（不变价人均 GDP） | -1.260 (0.825) | -1.122 (0.773) | -1.329 (0.852) | -1.133 (0.809) | -1.858* (1.037) | -1.616* (0.954) | -1.295 (0.821) | -1.123 (0.767) | -1.611* (0.868) | -1.425* (0.844) |
| ln（科技期刊文章） | -0.563 (0.455) | -1.144*** (0.435) | -0.689 (0.485) | -1.287*** (0.468) | -0.451 (0.478) | -1.048** (0.460) | -0.429 (0.485) | -1.148** (0.454) | -0.400 (0.483) | -1.143** (0.463) |
| 能源净出口比重 | 0.00543 (0.00430) | 0.000301 (0.00448) | 0.00566 (0.00431) | -5.75e-05 (0.00451) | 0.00799* (0.00477) | 0.00205 (0.00486) | 0.00545 (0.00428) | 0.000346 (0.00446) | 0.00580 (0.00507) | 0.00407 (0.00551) |
| 总体制度质量 | -1.279 (2.684) | -0.262 (2.610) | 1.007 (0.782) | 0.328 (0.773) | 8.943 (5.594) | 8.468 (5.834) | -1.011 (2.500) | 0.0727 (2.333) | 1.791* (0.933) | 0.328 (0.965) |
| ln（不变价 GDP）×总体制度质量 | 0.249 (0.265) | 0.0647 (0.263) | | | | | | | | |
| GDP 增长率×总体制度质量 | | | 0.0739 (0.0953) | 0.0514 (0.0856) | | | | | | |

续表

| 投资模式 | 合同模式 (1) | 绿地模式 (2) | 合同模式 (3) | 绿地模式 (4) | 合同模式 (5) | 绿地模式 (6) | 合同模式 (7) | 绿地模式 (8) | 合同模式 (9) | 绿地模式 (10) |
|---|---|---|---|---|---|---|---|---|---|---|
| ln（不变价人均 GDP）×总体制度质量 | | | | | -0.725 | -0.751 | | | | |
| | | | | | (0.513) | (0.545) | | | | |
| ln（科技期刊文章）×总体制度质量 | | | | | | | 0.198 | 0.0250 | | |
| | | | | | | | (0.219) | (0.210) | | |
| 能源净出口比重×总体制度质量 | | | | | | | | | -0.00656 | 0.00305 |
| | | | | | | | | | (0.00445) | (0.00527) |
| 东道国控制变量 | YES | YES | YES | YES | YES | YES | YES | YES | YES | YES |
| 企业控制变量 | YES | YES | YES | YES | YES | YES | YES | YES | YES | YES |
| Observations | 110 | 110 | 110 | 110 | 110 | 110 | 110 | 110 | 110 | 110 |
| log likelihood | -79.06 | -79.06 | -79.23 | -79.23 | -78.24 | -78.24 | -78.97 | -78.97 | -76.48 | -76.48 |
| pseudo-$R$-squared | 0.338 | 0.338 | 0.337 | 0.337 | 0.345 | 0.345 | 0.339 | 0.339 | 0.360 | 0.360 |

注：小括号内为标准误差，*、**和***分别表示显著性水平为 10%、5%和 1%。

实证总体结果显示，在市场寻求和技术寻求的投资动机对投资模式选择的作用相对稳定。总体制度质量在10%的水平上对模式选择作用显著为正，能源寻求型动机者的作用略显为正，两者一致认为合同模式选择概率应高于并购模式和绿地模式。总体制度质量和三类投资动机的交互项实验没有通过显著性检验，说明交互作用不显著，也就是说总体制度质量和三类投资动机之间不存在显著的替代关系。

这个实证结果说明，中国能源企业在不考虑区域的政治、经济和社会因素下，海外投资对制度质量的考量，与对投资动机的考虑之间并不存在必然联系。实证结果也说明中国能源企业投资模式对动机作用的重视，高于对东道国制度质量的重视。

### （四）面向不同地区投资动机和制度质量对投资模式的异质性影响

在如前分析的基础上，本章将再进一步来探究面向不同地区投资时，投资动机和制度质量对投资模式是否存在异质性的影响。陈恩、王方方（2011）① 发现中国2007—2009年对外直接投资以市场导向型为主，以"南—南"型区域为主。投资保护制度、自然资源禀赋等不是投资的主要影响因素。王永钦（2014）发现中国的ODI关心政府效率、监管质量和腐败控制，并倾向于避开法治规则严格的国家。蒋冠宏（2015）② 认为东道国制度对中国企业在中低收入国家投资更为敏感。中低收入国家越是政治稳定、政府高效率、法制严明和腐败控制良好，中国企业投资时的风险越低。上述文献的结论是，制度质量对投资区域选择有显著影响。

本章将能源企业的投资区域缩小到"一带一路"沿线国家和非"一带一路"沿线国家的范围，验证投资动机和制度质量对该区域投资模式选择的影响如何？前文在风险评价中，"一带一路"沿线国家风险得分低于非"一带一路"沿线国家，说明"一带一路"沿线国家风险较大。这些风险与投资动机、制度质量又有什么样的联系呢？

本章选取的被解释变量和解释变量与上述实证相同，另外选取不变价

---

① 陈恩，王方方．中国对外直接投资影响因素的实证分析——基于2007—2009年国际面板数据的考察［J］．商业经济与管理，2011（8）：43-50.

② 蒋冠宏．制度差异、文化距离与中国企业对外直接投资风险［J］．世界经济研究，2015（8）：37-47.

GDP（对数）、GDP 增长率、不变价人均 GDP（对数）和"一带一路"沿线
国家作交互项。

如表 5-7 和表 5-8 所示，本研究引入投资动机（市场、技术、资源）与
"一带一路"沿线国家的交叉项，以此验证投资动机、制度质量在特定区域内
投资模式选择异质性偏好。

表 5-7　　面向不同地区投资动机和制度质量对投资模式的异质性影响（回归 1）

| 投资模式 | 合同模式<br>（1） | 绿地模式<br>（2） | 合同模式<br>（3） | 绿地模式<br>（4） | 合同模式<br>（5） | 绿地模式<br>（6） |
|---|---|---|---|---|---|---|
| ln（不变价 GDP） | 0.559 | 0.807 | 0.368 | 0.980* | 0.547 | 0.910 |
| | (0.595) | (0.586) | (0.565) | (0.566) | (0.593) | (0.587) |
| GDP 增长率 | −0.185 | −0.179 | −0.213 | −0.256* | −0.185 | −0.195* |
| | (0.114) | (0.114) | (0.141) | (0.143) | (0.115) | (0.115) |
| ln（不变价人均 GDP） | −1.496* | −1.354* | −1.407* | −1.295* | −1.504* | −1.525* |
| | (0.806) | (0.793) | (0.810) | (0.787) | (0.793) | (0.813) |
| ln（科技期刊文章） | −0.759 | −1.212*** | −0.587 | −1.120** | −0.755 | −1.233*** |
| | (0.481) | (0.460) | (0.468) | (0.446) | (0.481) | (0.462) |
| 能源净出口比重 | 0.00416 | −0.000230 | 0.00565 | 0.000506 | 0.00393 | −0.000521 |
| | (0.00439) | (0.00474) | (0.00429) | (0.00452) | (0.00434) | (0.00474) |
| 总体制度质量 | 1.270 | 1.080 | 1.158 | 0.479 | 1.327 | 1.210 |
| | (0.817) | (0.849) | (0.736) | (0.737) | (0.807) | (0.861) |
| ln（不变价 GDP）×<br>"一带一路"沿线国家 | −0.0218 | 0.225* | | | | |
| | (0.128) | (0.130) | | | | |
| GDP 增长率×<br>"一带一路"沿线国家 | | | 0.0465 | 0.118 | | |
| | | | (0.139) | (0.141) | | |
| ln（不变价人均 GDP）×<br>"一带一路"沿线国家 | | | | | 0.0165 | 0.234* |
| | | | | | (0.119) | (0.124) |
| 东道国控制变量 | YES | YES | YES | YES | YES | YES |
| 企业控制变量 | YES | YES | YES | YES | YES | YES |
| Observations | 110 | | 110 | | 110 | |
| log likelihood | −76.58 | | −79.19 | | −76.65 | |
| pseudo-*R*-squared | 0.359 | | 0.337 | | 0.358 | |

注："一带一路"沿线国家为虚拟变量，当东道国为"一带一路"沿线国家时等于 1，否则
等于 0。小括号内为标准差，*、** 和 *** 分别表示显著性水平为 10%、5% 和 1%。

表5-8　　面向不同地区投资动机和制度质量对投资模式的异质性影响（回归2）

| 投资模式 | 合同模式<br>（1） | 绿地模式<br>（2） | 合同模式<br>（3） | 绿地模式<br>（4） | 合同模式<br>（5） | 绿地模式<br>（6） |
|---|---|---|---|---|---|---|
| ln（不变价 GDP） | 0.532<br>（0.593） | 0.960*<br>（0.576） | 0.322<br>（0.587） | 0.977*<br>（0.588） | 0.548<br>（0.598） | 1.229**<br>（0.597） |
| GDP 增长率 | −0.187<br>（0.114） | −0.172<br>（0.114） | −0.209*<br>（0.119） | −0.218*<br>（0.117） | −0.195*<br>（0.118） | −0.186<br>（0.114） |
| ln（不变价人均 GDP） | −1.508*<br>（0.814） | −1.297<br>（0.790） | −1.954**<br>（0.875） | −1.864**<br>（0.878） | −1.562*<br>（0.817） | −1.410*<br>（0.819） |
| ln（科技期刊文章） | −0.702<br>（0.504） | −1.387***<br>（0.491） | −0.514<br>（0.476） | −1.073**<br>（0.459） | −0.693<br>（0.487） | −1.288***<br>（0.468） |
| 能源净出口比重 | 0.00453<br>（0.00447） | −0.000379<br>（0.00484） | 0.00265<br>（0.00401） | −0.00401<br>（0.00472） | 0.00584<br>（0.00431） | 0.000239<br>（0.00452） |
| 总体制度质量 | 1.177<br>（0.847） | 1.147<br>（0.886） | 1.724**<br>（0.820） | 1.055<br>（0.836） | 1.472*<br>（0.775） | 0.770<br>（0.797） |
| ln（科技期刊文章）×<br>"一带一路"沿线国家 | −0.0710<br>（0.134） | 0.227*<br>（0.137） | | | | |
| 能源净出口比重×<br>"一带一路"沿线国家 | | | 0.0126*<br>（0.00695） | 0.0158**<br>（0.00691） | | |
| 总体制度质量×<br>"一带一路"沿线国家 | | | | | −1.194<br>（0.998） | −1.224<br>（1.051） |
| 东道国控制变量 | YES | YES | YES | YES | YES | YES |
| 企业控制变量 | YES | YES | YES | YES | YES | YES |
| Observations | 110 | | 110 | | 110 | |
| log likelihood | −76.12 | | −76.49 | | −78.70 | |
| pseudo-R-squared | 0.363 | | 0.360 | | 0.341 | |

注："一带一路"沿线国家为虚拟变量，当东道国为"一带一路"沿线国家时等于1，否则等于0。小括号内为标准差，*、** 和 *** 分别表示显著性水平为10%、5%和1%。

实证结果显示，在能源企业面向"一带一路"沿线国家的投资模式选择会展现出差异化的投资动机，对市场规模、市场机会、技术水平和自然资源有着异质性偏好。面向市场规模越大（或市场机会越多，技术水平越高）的东道国时，选择绿地模式的概率比选择并购模式的大；面向自然资源越丰富的东道国时，投资模式选择概率大小关系依次是绿地模式、合同模式、并购模式。

面向"一带一路"沿线经济发展潜力大国家的投资模式选择没有异质性偏好。但是在制度质量方面,能源企业面向"一带一路"沿线国家的投资模式选择并未表现出异质性偏好。这个结论支持陈恩和王方方(2011)的结论,与王永钦(2014)的结论存在差异。这个结论一定程度上是与样本选择有关,同理说明本章所研究的投资动机、制度质量与风险控制存在相关关系。投资动机能够影响投资模式选择,能够对投资风险进行预见;但是对投资区域制度质量的轻视,又有可能抵消风险管理的效应。

# 四、本 章 小 结

本章选择中国 17 家能源企业 2002—2014 年在 41 个国家 110 起投资项目作为研究样本,研究制度质量(包括政治民主度、政治稳定性、政府效率、监管质量、腐败控制、法治规则这六类制度维度)和投资动机(市场寻求型、技术寻求型、资源寻求型)对中国能源企业 ODI 模式选择的影响。本章分别讨论了投资动机与总体制度质量对投资模式选择影响;投资动机与各制度质量对投资模式的影响;投资动机和总体制度质量对投资模式的交互影响和面向不同地区投资动机和制度质量对投资模式的异质性的影响。

本章通过投资动机与总体制度质量对投资模式选择影响的实证,发现能源企业面向市场规模较大的东道国时,选择绿地模式的概率比选择并购模式大;面向市场机会较多的东道国时,选择并购模式的概率比选择合同模式大;面向技术水平较高的东道国时,选择并购模式的概率比选择绿地模式大。资源寻求型动机、总体制度变量不会显著影响到能源企业的投资模式选择。

进一步检验投资动机与各制度维度质量对投资模式的影响,实证发现市场寻求型动机的能源企业面向市场规模较大的东道国时,可能选择绿地模式;面向市场潜力较大和市场机会较多的东道国时,会优先选择并购模式;技术寻求型动机的投资将选择并购模式。资源寻求型动机的投资,选择合同模式的概率大。能源企业在面向政权稳定的东道国时,选择合同模式;面向腐败控制和政治民主度高的东道国时,选择绿地模式概率大;面向法治规则高的东道国时,则可能选择并购模式。

再探究投资动机(市场、技术、资源)和总体制度质量对投资模式的交互影响,发现总体制度质量和三类投资动机之间不存在显著的替代关系。

最后探究面向不同地区投资时,投资动机和制度质量对投资模式是否存在异质性的影响。结果表明能源企业面向"一带一路"沿线国家的投资模式选择会展现出差异化的投资动机，对市场规模、市场机会、技术水平和自然资源有着异质性偏好。总体制度质量对能源企业面向"一带一路"沿线国家的投资模式选择并未表现出异质性偏好。

# 第六章 "一带一路"煤炭投资与能源通道风险分析

中国是一个多煤、贫油、少气的国家，资源禀赋决定了煤炭成为我国最重要的一次能源和重要生产资料的必然属性。在未来相当长时期内煤炭作为主体能源的地位不会改变。从世界煤炭储量和煤炭贸易来看，世界煤炭储量分布较为集中，美国、俄罗斯和中国占了61.7%，前8个国家占了近90%的储量（见图6-1）。由于能源使用倾向的不同带来世界资源分布与产量之间的差别，煤炭成为亚洲的重要能源，而欧美地区则以石油和天然气为主。近20年来，中国、澳大利亚、印度和印度尼西亚等地区是世界煤炭增产的主要地区。2014年开始世界煤炭产量呈加速下滑趋势。世界煤炭产量在1981—2000年年均增长0.99%，2000—2013年的年均复合增速高达4.41%。但是世界煤炭产量自2014年开始下降，2014—2016年世界煤炭产量分别为81.98亿吨、79.61亿吨、74.60亿吨，同比增速分别为-0.93%、-2.89%、-6.29%。其中，2016年中国煤炭产量为33.6亿吨，占全球总产量的45.7%。世界煤炭总体供给正在逐步收缩。

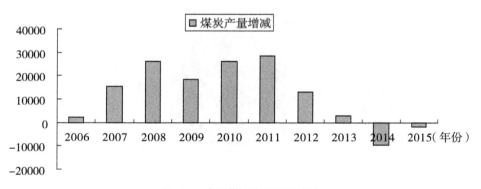

图6-1 中国煤炭产量增量变化

资料来源：根据中国煤炭网数据整理。

世界煤炭产量分煤种来看，动力煤、炼焦煤、无烟煤产量占比分别为 84.38%、14.48%、1.14%。中国、美国、澳大利亚、印度、欧盟、印尼是世界主要煤炭生产国（地区），2016 年煤炭产量占比分别为 46.10%、9.98%、8.19%、7.89%、6.99%、3.65%（见图 6-2）。俄罗斯、哥伦比亚和南非在前十位生产国中处于小幅度增长。在煤炭贸易格局方面，中国仍是全球煤价主导国。按照 BP 能源统计，2016 年中国煤炭消费量和产量分别占全球的 50.6% 和 46.1%，继续主导全球煤炭市场定价。据海关总署统计数据显示：我国 2003 年煤炭进口量只有 1076 万吨，而 2009 年开始成为煤炭净进口国；2012 年进口煤炭达到 2.89 亿吨。2017 年 1—12 月，全国共进口煤炭 27090 万吨，同比增长 6.1%，累计进口金额 2263670.7 万美元，同比增长 60%。中国共出口煤炭 817 万吨，同比下降 7%，总金额 110393.8 万美元，同比增长 58.1%。南亚印度产能释放压制进口需求，印度 2016 年进口量 2.02 亿吨，同比降 2.6%。东南亚越南、菲律宾进口量分别为 0.21 亿吨、0.13 亿吨，分别增长 92.4%、47.8%。由于欧美日经济增长缓慢和页岩气开采加速的影响，国际市场煤炭供求宽松，世界煤炭市场主要集中在中国、印度、日本、韩国和菲律宾。我国进口煤源快速呈现多元化趋势，进口煤源从地理方向看，南向主要有澳大利亚、印度尼西亚；北向主要是邻国蒙古和俄罗斯。2015 年印度尼西亚、澳大利亚和俄罗斯是动力煤的主要出口国，占全球的 80%；美国、加拿大、澳大利亚是焦煤主要出口国，占比 93%。

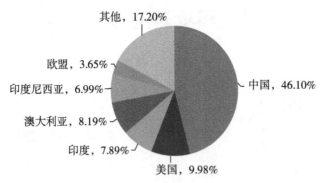

图 6-2　世界主要煤炭国家（地区）生产量占比

资料来源：根据《BP 世界能源统计年鉴 2017》整理。

# 一、"一带一路"煤炭投资区域分析

金德尔伯格（1969）指出，跨国公司之所以在 FDI 中获得较大的收益，是因为它们具有垄断优势，这些优势包括技术、原材料、规模、渠道和 R&D 能力等。邓宁（1976）提出的国际生产折中理论认为，企业对外投资是垄断优势、内部化优势和区位优势综合作用的结果。沃尔特、伊萨德最早提出区位优势理论，认为跨国公司对外投资只有获得一定的区位优势才能实现利润的最大化，其区位优势体现在廉价的投资要素、市场的距离、避开贸易壁垒和经营环境等。本章选取投资要素、市场距离和经营环境三个指标，对煤炭企业海外投资区域进行定性分析。

## （一）东盟投资分析

### 1. 投资要素

东盟 11 个国家，人口约 5.6 亿，是全球能源的重要富集地之一。印度尼西亚和越南拥有丰富的煤炭资源。其中印度尼西亚截至 2011 年底探明煤炭储量 55.29 亿吨，其中无烟煤和烟煤探明储量占 27.49%。印度尼西亚是世界最主要的煤炭生产国，2016 年生产量占全球的 3.65%；2016 年煤炭出口 3.69 亿吨，居世界出口国第二位。

### 2. 市场距离

印度尼西亚的区位优势是东南亚能源生产最大的优势。印度尼西亚靠近中国南部的广州港、宁波港、福州港等沿海港口，运输成本较低。印度尼西亚从煤矿区到煤炭出口码头距离近，如布米资源集团 KPC 煤炭公司在加里曼丹省的露天煤矿距离煤码头仅 20 km，露天矿到装船外运可以全部实现自动化胶带运输。

### 3. 经营环境

印度尼西亚已跻身世界矿业大国之列。印度尼西亚于 1970 年修订的《外国资本投资法》和 1967 年 11 月颁布的《采矿法》规定：国家拥有专属的采矿权，外国公司可以参与本国矿业开发，途径是同矿业当局或拥有采矿权的国营企业签订矿业合同；外商投资企业准予 30 年的经营期限，若期间增加了投资，将给予所扩大项目再延长 30 年的经营期；允许外资企业以独资方式成立，但要求在商业经营后 15 年内，通过直接销售或国内证券交易所的非直接方式，把部分股权转让给印度尼西亚的个人或法人。我国与印度尼西亚于 2000 年 5 月签署了《两国关于未来双边合作方向的联合声明》及《两国政府关于成立双边合作联合委员会的谅解备忘录》，我国与印度尼西亚能源合作已经取得了较大的进展。投资印度尼西亚煤炭项目的不利之处是，该国煤炭勘探程度低，煤质较差，对华关系波动较大。近年来越南把开发能源作为发展经济的重要途径，国家基础设施也在逐步改善。越南的《矿产法》和《外国投资法》规定：欢迎和鼓励外国组织和个人投资其矿产开采业并保护其合法权益。越南政府允许外国投资者持有高于 50% 的煤矿股权，同时简化外商投资项目审批流程。在越南投资的不利之处是，水电、电信、交通等收费普遍高于东南亚其他国家，同时政府管理体制不完善，机关官僚作风严重，可能增加外商投资无形成本。

对东南亚的综合分析，中国在东盟投资仍处于海外投资的初级阶段，同欧盟（809.54 亿美元）、美国（422.85 亿美元）、日本（320.71 亿美元）、韩国（38.16 亿美元）相距甚远，未能形成规模与集聚效应。中国出口信用保险公司 2017 年发布的《国家风险分析报告》将印度尼西亚评级为 6 级，国家风险处中等水平。目前印度尼西亚社会总体稳定，市场化程度较高，金融市场充分开放，经济增长前景看好。主要面临恐怖主义的影响。依赖外资拉动，抗击外部经济波动能力弱。

### （二）澳大利亚投资分析

#### 1. 投资要素

澳大利亚煤炭资源极其丰富，埋藏浅，烟煤蕴藏量为 5110 亿吨，褐煤蕴藏量为 4110 亿吨，主要产煤区集中在新南威尔士州和昆士兰州。煤炭是澳大利亚最大的出口商品，2016 年煤炭出口 3.9 亿吨，位居世界第一。其中出口对象主要为日本 47%、韩国 12% 以及中国台湾地区 9%。我国内地 2011 年从澳大利亚进口 5946 万吨，占进口总量的 20.6%。

#### 2. 市场距离

澳大利亚地处南太平洋要冲，与中国地理关系较近。昆士兰州靠近布里斯班港口、煤炭外运相对便利。在我国进口煤炭价格结构中，澳大利亚的均价高于其他地区的价格。以 2011 年为例，其他地区煤炭进口动力煤价格为 103.7 美元/吨、褐煤价格为 62.9 美元/吨、炼焦煤价格为 142.7 美元/吨；而从澳大利亚进口平均价格为 130 美元/吨。

### 3. 经营环境

20 世纪以来,澳大利亚逐步成为世界上经济增长较快的发达国家之一。澳大利亚的经济总量排名全球第 12 位,竞争力排名第 16 位。从经济增长情况看,20 世纪 90 年代以来澳大利亚保持了经济持续高速增长、低利率、低通胀、失业率逐步降低的良好势头。澳大利亚实行逐步外国投资自由化的政策。澳大利亚矿业投资政策规定,对于勘探活动,外国投资商可设立独资企业。在获得相关批准后,无须再经过外商投资政策的批准。对于开发活动,若外国公司申请设立总投资在 1000 万澳元或以上的企业,需依据澳外国投资政策事先向联邦政府(外国投资评估委员会)申报。从 1999 年 9 月起,投资或接管总资产未满 5000 万澳元的澳洲企业不经由政府审批;将外国公司中收购本国资产须向澳政府通知的底线放宽到 5000 万澳元;取消了在外国人参与新的矿产开发项目时本国人须拥有 50% 的股权和控制利益以及对外国人接管既存采矿企业时要进行经济利益检测的规定。同时,对发展中国家实施关税优惠,仅对少数产品实行配额限制。近年对收益税收征收比率有大幅度的提高。另外,澳大利亚是世界上政治不稳定风险最低的国家。2017 年国家风险等级排在德国、新西兰之后,是第三名。国家经济基础好,政治风险较低,社会弹性较高,偿债能力较强,腐败程度低。澳大利亚的整体投资风险明显低于新兴经济体(见表 6-1)。

表 6-1 我国煤炭企业海外投资典型项目

| 投资项目 | 投资时间 | 投资方 | 东道国 | 项目概况 |
|---|---|---|---|---|
| 南苏门答腊煤电项目 | 2008 年 1 月 | 神华集团 | 印度尼西亚 | 项目采取煤矿坑口建设形式,煤电联营,本期工程安装 2 台 150MW 单抽汽凝汽式汽轮发电机组,配套露天煤矿年产量约 150 万吨 |
| 沃特马克勘探煤炭项目 | 2008 年 11 月 | 神华集团 | 澳大利亚 | 新南威尔士州沃特马克勘探区域面积约 190 平方公里,预计含动力煤的浅煤层资源量超过 10 亿吨;有铁路延伸到纽卡斯尔港(约 270 公里) |

| 投资项目 | 投资时间 | 投资方 | 东道国 | 项目概况 |
|---|---|---|---|---|
| 塔旺陶勒盖煤田项目 | 2010 年 9 月 | 日本三井物产、中国神华集团 | 蒙古 | 塔本陶勒盖煤矿储藏面积达 400 平方公里,该煤矿属优质炼焦用煤。初步探明的焦煤储量约为 64 亿吨,其中主焦煤为 18 亿吨,动力煤为 46 亿吨,价值高达 3000 多亿美元 |
| 哥伦布拉勘探区项目 | 2010 年 10 月 | 中煤集团 | 澳大利亚 | 昆士兰州苏拉盆地哥伦布拉项目,主采煤层预估资源量 100 亿吨以上。初步规划 1 座年产 1000 万吨的矿井,后期再建设 3 座同等规模的矿井,形成年产 4000 万吨的矿区 |
| 南田煤矿 | 2004 提 | 兖矿集团 | 澳大利亚 | 新南威尔士州南田煤矿当时是一个已经关闭的煤矿。以 3200 万美元的对价将南田煤矿收购。现在每年产生效益 8000 多万澳元。已经连续 4 年被评为澳大利亚新南威尔士州安全最好的示范矿井 |
| 收购菲利克斯资源有限公司股权 | 2009 年 12 月 | 兖州煤业股份有限公司 | 澳大利亚 | 并购交易总额达 33.33 亿澳元。被并购的公司拥有 4 个运营中的煤矿、两个开发中的煤矿和 4 个煤矿勘探项目,2008 财政年度商品煤产量为 700 万吨 |

资料来源:根据公开媒体报道整理。

## (三)俄罗斯投资分析

### 1. 投资要素

俄罗斯煤炭总储量仅次于美国和中国,品种齐全,从长焰煤到褐煤应有尽有,其中动力煤和炼钢煤具有低灰、低硫等优点。2016 年煤炭生产量居全球第五位。2018 年俄罗斯的煤炭产量可能超过 4.2 亿吨,从而超过了苏联时期的最高产量水平。俄罗斯动力煤炭贸易量排在澳大利亚和印度尼西亚之后，列世界第三位。进入 21 世纪，国际能源战略格局加速重组，中国和俄罗斯是国际体系中两个重要战略力量，是影响国际战略格局走向的重要因素。俄罗斯已经成为中国对外能源合作的全面战略协作伙伴和维护能源安全的重要选择。中国动力煤和炼钢煤需求缺口大，中俄两国煤炭品种互补性强。

### 2. 市场距离

俄罗斯的库兹巴斯、哈卡斯、雅库特、泰瓦、哈巴罗夫斯克边疆区等地区的煤炭产量增长。东部边疆区进口煤炭与可以通过中国满洲里口岸入关，铁路运输成本相对较低。俄罗斯进口煤可以补偿我国稀缺煤种的国内需求。推进符拉迪沃斯托克的自由港，为中国东南部省份煤炭进口多了选择权。

### 3. 经营环境

中俄两国能源领域合作不断深入，俄罗斯已成为中国主要能源进口国，双方在石油、天然气、煤炭、电力等领域开展的一批大项目合作都取得了实质性成果。2009 年完成了《中国东北地区与俄罗斯远东及东西伯利亚地区合作规划纲要（2009—2018 年）》，纲要涉及俄罗斯 3 个州的煤炭开发计划；2010 年公布了《关于煤炭领域合作谅解备忘录的议定书》和《煤炭领域合作路线图》，双方将拓宽煤炭合作领域。到 2025 年俄罗斯的煤炭产量可能增长到 5.6 亿吨，到 2030 年将达到 5.9 亿吨，这些计划的实施需要投资 1 万亿卢比的私人投资。俄罗斯是"一带一路"上的重要国家。中俄双方签署了《中华人民共和国与俄罗斯联邦关于全面战略协作伙伴关系新阶段的联合声明》后，两国更宽领域的合作陆续开展起来。近年在美欧制裁的重压下，加上卢布贬值，俄罗斯的经济跌入低谷，俄罗斯更需要外资，特别是像中国这样重要的合作伙伴国家的投资。但是当前俄罗斯存在较多不确定的因素，如投资的法律保护不强，官僚机构臃肿、官员的腐败行为以及滥用职权，外资政策中存在歧视和不透明成分以及根深蒂固的民族文化传统、民族性格等对于中国企业都是严峻的挑战。另外，随着卢布贬值，汇率也给国内企业进入俄罗斯带来风险。总体上中俄的政治关系优势、地缘毗邻优势、经济互补优势、文化相通优势，在相当长的时期，中俄都有着共同发展的利益，是政治领域的合作对象。

## （四）蒙古投资分析

### 1. 投资要素

蒙古目前共发现有 300 多个矿藏，现已探明储量为 223 亿吨，远景储量约 1520 亿吨。蒙古南戈壁省拥有世界级储量的主焦煤资源，已经探明煤炭储量为 530 亿吨，其中塔本陶勒盖煤矿探明储量 64 亿吨，主焦煤 18.8 亿吨。按照我国焦煤分类方法，塔本陶勒盖煤田煤种主要为优质焦煤、肥焦煤、气煤等，当属优质冶金炼焦用煤。蒙古煤炭具有质量好、埋藏深度浅、煤层厚等优点，适合露天开采，具有良好的开发价值和市场前景。

### 2. 市场距离

蒙古煤炭出口都是陆路口岸，煤炭主要通过内蒙古的甘其毛都、二连浩特、珠恩嘎达布其等口岸和新疆塔克什肯口岸入关。以甘其毛都口岸（见图 5-7）为例，由于甘其毛都地理位置贴近蒙古国主要矿产地。2004 年实现蒙古国原煤首次通关，进口煤炭 3.6 万吨，2010 年口岸进口原煤 771 万吨；2011 年原煤进口均突破 1000 万吨，主焦煤进口占到总进口量的 98%以上。2012 年原煤进货总量达到 1200 万吨。甘其毛都口岸成为内蒙古自治区过货量最大的公路口岸和仅次于满洲里的综合口岸。

### 3. 经营环境

蒙古历任政府均将开发矿产资源作为拉动其国民经济发展的重要政策之一，并在组织机构管理、政策法规支持方面予以重点关注。蒙古在 20 世纪末颁布新矿法和制定系列优惠政策吸引投资，成为世界矿业投资的热点区域之一。但随着国际矿产品价格的大幅提高和过多的外资投入，蒙古国政府近几年修改了矿业法。2006 年 7 月修改的《矿产和税收法》将权利金由 2.5%提高到 5%；取消免税期；采矿许可证的最长年限从 100 年减为 70 年。蒙古民主党和人民党两党都有资源民族主义的趋势，蒙古国试图抑制中国的影响力，对审批中国煤炭投资项目存在戒备心理。

中国已经是全球第二大对外直接投资国，对外直接投资再创新高的同时，中国企业海外投资面临的外部风险也在显著提升。比如中缅密松大坝工程和中缅合资的莱比塘铜矿项目被叫停、中缅皎漂-昆明铁路工程计划被取消等受阻或失败的典型案例。根据中国社会科学院世界经济与政治研究所（社科院世经政所)发布了"2017 年度中国海外投资国家风险评级"(见表6-2)。"一带一路"沿线国家投资风险较高,其中部分国家地缘政治复杂,政权更迭频繁,政治风险较高;而且内部社会弹性和偿债能力也较低;而经济基础薄弱则是最大的掣肘。煤炭资源存量丰富也主要集中在"一带一路"沿线国家。我国对"一带一路"地区直接投资最多的是东盟地区,投资的主要方向是金属和能源开采和制造业、基础设施如电力和建筑业,还有橡胶制品。增长最快的则是南亚地区的印度和巴基斯坦,主要投资到基础设施建设、信息通讯技术、软件设计开发、金属开采和制造等行业。煤炭海外投资的还是有较大的增长空间。

表6-2           "一带一路"沿线国家评级结果

| 2017 排名 | 国家 | 地区 | 是否发达国家 | 2017 年评级结果 | 2016 年评级结果 |
|---|---|---|---|---|---|
| 1 | 新加坡 | 东亚 | 1 | AA | AA |
| 2 | 阿联酋 | 西亚 | 0 | A | A |
| 3 | 以色列 | 西亚 | 1 | A | A |
| 4 | 匈牙利 | 中东欧 | 1 | A | A |
| 5 | 捷克 | 中东欧 | 1 | A | A |
| 6 | 罗马尼亚 | 中东欧 | 0 | A | BBB |
| 7 | 波兰 | 中东欧 | 0 | A | A |
| 8 | 马来西亚 | 东亚 | 0 | A | BBB |
| 9 | 沙特阿拉伯 | 西亚 | 0 | BBB | A |
| 10 | 哈萨克斯坦 | 中亚 | 0 | BBB | A |
| 11 | 俄罗斯 | 独联体 | 0 | BBB | BBB |
| 12 | 柬埔寨 | 东亚 | 0 | BBB | BBB |
| 13 | 印度尼西亚 | 东亚 | 0 | BBB | BBB |
| 14 | 保加利亚 | 中东欧 | 0 | BBB | BBB |
| 15 | 老挝 | 东亚 | 0 | BBB | BBB |
| 16 | 菲律宾 | 东亚 | 0 | BBB | BBB |
| 17 | 希腊 | 中东欧 | 1 | BBB | BBB |
| 18 | 土耳其 | 中东欧 | 0 | BBB | BBB |
| 19 | 土库曼斯坦 | 中亚 | 0 | BBB | BBB |

续表

| 2017排名 | 国家 | 地区 | 是否发达国家 | 2017年评级结果 | 2016年评级结果 |
|---|---|---|---|---|---|
| 20 | 巴基斯坦 | 南亚 | 0 | BBB | BBB |
| 21 | 印度 | 南亚 | 0 | BBB | BBB |
| 22 | 伊朗 | 西亚 | 0 | BBB | BBB |
| 23 | 蒙古 | 东亚 | 0 | BBB | BBB |
| 24 | 泰国 | 东亚 | 0 | BBB | BBB |
| 25 | 斯里兰卡 | 南亚 | 0 | BBB | BBB |
| 26 | 越南 | 东亚 | 0 | BBB | BBB |
| 27 | 缅甸 | 东亚 | 0 | BBB | BBB |
| 28 | 塔吉克斯坦 | 中亚 | 0 | BB | BBB |
| 29 | 乌兹别克斯坦 | 中亚 | 0 | BB | BBB |
| 30 | 孟加拉国 | 南亚 | 0 | BB | BB |
| 31 | 白罗斯 | 独联体 | 0 | BB | BB |
| 32 | 吉尔吉斯斯坦 | 中亚 | 0 | BB | BB |
| 33 | 埃及 | 非洲 | 0 | BB | BB |
| 34 | 乌克兰 | 独联体 | 0 | BB | BB |
| 35 | 伊拉克 | 西亚 | 0 | B | B |

资料来源：中国社会科学院世界经济与政治研究所（社科院世经政所）发布的《2017年度中国海外投资国家风险评级》。

## 二、"一带一路"煤炭供需分析

总结国际煤炭公司发展历史发现，自20世纪50—60年代开始，皮博地、必和必拓和力拓集团等企业实施跨国经营战略，在全球多个国家开发煤炭资源。如皮博地能源集团的煤炭资源分布在美国和澳大利亚，2011年拥有煤炭证实储量9011亿吨，其中美国境内储量占86.67%、澳大利亚境内储量占13.33%。力拓矿业集团煤炭资源分布在澳大利亚、美国和南非，2011年分别占其总储量的81.11%、1.30%和17.59%。从美日韩城市化发展历程可知，能源消费与城市化、人均GDP存在较明显的正相关性。在节能减排和经济转型的影响下，煤炭需求下降趋势是不可避免的。但是煤炭作为等热值价格最低廉的能源，在发展中国家仍是主导能源。

### （一）中国陆地周边煤炭海外供给端分析

煤炭产业是全球性产业，全球有超过 50 个国家开采煤矿，使用煤炭的国家超过 70 个。根据《BP 世界能源统计年鉴 2015》资料显示，2014 年底俄罗斯煤炭探明储量居世界第二位，煤炭产量占世界总量 4.3%。哈萨克斯坦的煤炭探明储量居世界第七位，煤炭产量占世界总量的 1.4%。为中国煤炭企业"走出去"开发国外煤炭资源，提供有利条件。2016 年数据显示，中国周边国家煤炭的出口量前八名中的 50%。俄罗斯、蒙古与中国陆地相通，供给条件最为便利（见表 6-3）。

表 6-3　　　　　　　　　2016 年全球煤炭出口量前八名国家排序

| 序号 | 国别 | 出口量（亿吨） | 序号 | 国别 | 出口量（亿吨） |
|---|---|---|---|---|---|
| 1 | 澳大利亚 | 3.9 | 5 | 南非 | 0.73 |
| 2 | 印度尼西亚 | 3.69 | 6 | 美国 | 0.55 |
| 3 | 俄罗斯 | 1.64 | 7 | 加拿大 | 0.3 |
| 4 | 哥伦比亚 | 0.85 | 8 | 蒙古 | 0.26 |

资料来源：公开资料整理。

#### 1. 中俄煤炭领域合作

俄罗斯煤炭储量极其丰富，探明可采储量仅次于美国，排名世界第二位。2014 年，俄罗斯煤炭产量 3.5 亿吨，居世界第六位；煤炭出口 1.5 亿吨，居世界第三位。俄罗斯煤炭资源虽然很丰富，但是地理分布极不平衡，俄罗斯 75% 以上的煤炭资源分布在亚洲部分尤其是远东地区。俄罗斯远东地区与中国东北毗邻，俄罗斯大规模开发远东地区的煤炭资源，对中国来说，能够降低煤炭运输成本。对俄罗斯而言，与中国合作不仅能够带动俄罗斯煤炭业的整体发展，还能够为欠发达的俄罗斯远东地区的经济发展注入新的活力。

近年中俄煤炭交易总量不断扩大。2009 年 6 月《中俄关于煤炭领域合作谅解备忘录》；2012 年底《中俄煤炭领域合作路线图》。2013 年俄罗斯向中国出口煤炭 2728 万吨，比 2012 年增长 35%；2014 年向中国出口煤炭 2539 万吨，同比下降 6.9%。

能源企业投资已经开始。2013 年 12 月，神华集团与俄罗斯技术集团（Rostec）签署有关俄罗斯 En+集团协议，将共同投资 300 亿卢布（约合 9.2 亿美元）开发俄境内后贝加尔边疆区扎舒兰煤矿，这是神华集团在俄罗斯的首个煤炭项目。2014 年 9 月，神华集团签署建设一座港口以及可向中国出口电力的高压输电线路。还与俄罗斯企业签署了联合开发远东阿穆尔州煤田合作协议，双方还将共同建设铁路、港口等基础设施。中煤集团也准备合作开发雅库特南部大型煤田。

**2. 中蒙煤炭合作**

蒙古国煤炭资源丰富，分布广泛，被称为"煤矿的沙特"。据蒙古国能源局预测煤炭储量达 1733 亿吨，是世界储量最丰富的前 15 大国家。据初步详细勘探结果，蒙古煤炭资源量 230 亿吨，已探明储量 122 亿吨，其中炼焦煤 20 亿吨，动力煤 100 亿。蒙古煤炭为露天开采，开采条件优越。蒙古煤炭资源分布于全国各地，主要炼焦煤资源（占全国资源的 35%）集中在西部和中南部地区，动力煤和褐煤则集中在中部和东部地区。蒙古炼焦煤杂质含量低，如灰分、挥发分和含硫量，因此炼焦后生产出的焦炭可用于现代化大型高炉。中国是蒙古煤炭最重要的炼焦煤的进口国，2012 年中国进口炼焦煤 5355 万吨。蒙古煤田距离中蒙边境最近，只有 150km。与哈萨克斯坦和澳大利亚向中国出口相比，蒙古更具战略地理优势。蒙古煤炭出口量则有明显增长蒙古世界级煤炭生产商得益于露天开采、厚煤层和快速新建的基础设施，由于具有地理位置的优势，蒙古煤炭供应最终用户只需支付很少的运输成本。蒙古煤炭资源处于地面表层，因而可实现低成本开采。蒙古矿业公司（MMC）原煤的现金成本 25.3 美元/吨，炼焦洗精煤现金成本 36 美元/吨。蒙古煤炭生产商平均现金成本为 30 美元/吨，仅相当于中国煤炭生产商的一半，并且远低于澳大利亚和加拿大生产商的成本。使其出售蒙古煤炭最高能够获得 40%的收益。

蒙古国煤炭产量和出口量快速增加。产量从 500 万吨扩大到 2012 年的 3110 万吨；出口量几乎由零出口增长到 2050 万吨。蒙古国是中国煤炭进口主要来源之一。2011 年从蒙古国进口煤炭 2016 万吨，2012 年进口 2213 万吨。2013 年中蒙煤炭贸易出现较大幅度下降（进口 1749.5 万吨，下降 20.9%），但 2014 年蒙古国对我国的煤炭出口又快速恢复，全年进口 1927 万吨，增长 10.1%。

2013 年蒙古通过新《投资法》①，将一视同仁对待国内外投资商，且海外投资商投资前无需经过政府和议会审批可直接投资。标志着 2012 年 5 月蒙古国议会《战略领域外国投资协调法》作废。新《投资法》还提出根据不同投资额和投资地区给予不同年限的稳定税收政策。由此可以降低矿产使用税、增值税成本，降低运输成本，提高产品售价，进而获得更好的收益。但是由于蒙古政策多变，尤其是政府经常单方面改变中长期投资政策的政策环境，因而被评为全球最差矿业开采和开发国。中国投资蒙古所面临的政治、舆论压力远超其他投资国。

蒙古向中国出口煤炭主要采用汽车运输。蒙古矿业公司投资 4 亿美元新建连接塔旺陶勒盖和中国的公路。公路建成后运输能力将显著提升，运输成本将下降 8 美元/吨至 9 美元/吨。2014 年 10 月 24 日，蒙古国国家大呼拉尔（议会）决定与中国临近的两段南线铁路将采用与中国相同的标轨。这不仅有利于巩固中蒙政治互信，更为中蒙两国跨境铁路通道建设取得突破性意义，也无疑将更有利于蒙古加大对中国的煤炭出口。

神华集团早在 2003 年就筹备进入蒙古国开发煤矿，已经中标蒙古国塔本陶勒盖煤矿（TT 项目）。在 TT 项目多方僵持不下的情况下，神华集团在国内建成了甘泉铁路。2014 年 11 月，神华集团与蒙古国签订了铁路合作协议，神华集团将与蒙古国铁路国家股份公司合作修建蒙古国口岸标准轨铁路，并确定建成后由包神铁路集团代为运营。铁路建设的先行为神华集团在争取蒙古国 TT 项目的开发权方面赢得了先机。

### 3. 中哈煤炭合作

哈萨克斯坦是中亚五国中煤炭资源最为丰富的国家，预测储量 1620 亿吨，位列全球第八。已开发煤田近百个。2014 年煤炭产量 1.14 亿吨，煤炭出口 3000 万吨左右。哈萨克斯坦国内其他资源丰富，钨储量达到 200 万吨以上，占到全球总储量的一半以上，铀矿储量超过 150 万吨，占全球总储量的四分之一，铬、锰、铜、锌的储量均在世界前五。尤为值得注意的是，哈萨克斯坦毗邻有着"下一个中东"之称的里海，所属里海地区石油探明储量约为 80 亿吨。按照美国能源信息署的估算，若里海五国完成对于里海地区能源划分的协议，哈萨克斯坦有望获得近三成里海水域，近一半的里海石油储备和 1/3 的天

---

① 欧浦钢网. 蒙古国新《投资法》实施 将为煤矿投资加温 [EB/OL]. 国际煤炭网, 2013-11-20.

然气储备。

哈萨克斯坦是中亚最大的经济体，虽然其在金融危机之后经济增速明显放缓，但其经济总量仍相当于中亚其他四国之和，也是世界银行分类中的中高等收入国家。中哈两国在互联互通方面有很多合作，比如两国之间已经建立有石油管道。渝新欧铁路经过哈萨克斯坦。哈萨克斯坦政府提出要维持并扩大煤炭产量和出口量。2014年12月14日，中国庆华能源集团有限公司与哈萨克斯坦企业签署了"煤基清洁能源综合利用项目"合作协议。

### (三) 中国临国煤炭消费需求端分析

我们知道，现在能源结构中石油和煤炭是一种竞争关系。煤炭产销经历了十年的强劲增长之后，在2015年这种增长陷入停滞并出现负增长。由于较少采取节能或碳捕集及储存措施，煤炭消费将导致碳排放水平明显高于其他能源。现在美国和欧洲有《环保法》和《空气污染治理法》，使得其对煤炭的需求量下降。欧盟区煤炭市场供需总量基本在7亿吨~8亿吨波动。其中2014年区内硬煤产量1.06亿吨，褐煤产量4.01亿吨，硬煤进口量2.05亿吨。欧盟主要经济体煤炭进口保持5000万吨，且煤炭进口还呈下降趋势。从2011年以来，国际煤价几乎一路走低，纽卡斯尔NEWC动力煤现货价从2011年的136.3美元/吨的高位下跌到2015年末的50.5美元/吨，跌幅高达63%，煤价的低迷使得国际煤企纷纷降低资本开支。必和必拓和力拓（合计产量占澳洲比重约25%）2015年资本开支分别只有2012年的20%和7%水平，阿达罗能源2015年只有2011年的15%水平。由于产能释放滞后期的存在，国际煤矿短期较难实现复产。但是特朗普可能复苏美国煤炭产业，重振美国煤炭产业，减少环境监管发展燃煤电厂，以此创造更多就业岗位。若这一举措实现，不仅可以推动美国煤炭产业复苏，而且美国煤炭出口增加可以刺激欧洲为首的大西洋地区对成本低廉的煤炭消费。另外，特朗普复苏美国制造业，重建改造美国各地的公路、铁路、桥梁和机场等，也将刺激美国的能源消费，利好煤炭行业。

由于可再生能源的供应具有间歇性，煤炭在亚洲往往是回报率最高的选择。随着全球煤炭消费重心逐渐由欧洲、北美东移至亚洲，2015年亚洲煤炭消费量已接近全球总量的3/4。目前亚洲处于煤炭消费量仍然处于上升的阶段。日本、韩国作为传统的煤炭进口国需求相对稳定。印度和东南亚是全球煤炭需求增长的主要来源。不过越南、马来西亚等东盟国家增长虽然强劲但是基数仍然偏小，只有中国、印度两大新兴经济体才能够真正影响全球煤炭市场的需求。

**1. 印度煤炭消费量持续增长**

印度是煤炭资源大国,硬煤总储量约为 3000 亿吨。印度煤炭以露天矿开采为主,露天矿约占到煤矿总数的 80%,产量占 90% 以上。虽然印度煤炭资源储量非常丰富,高居世界第 4 位,但受制于煤质普遍不高(低热值高灰分),基础设施落后及土地征批困难等因素,印度煤炭进口依赖度一直较高。印度也是世界上继中国、美国之后的第三大煤炭生产国和进口大国。2014 年,印度煤炭产量虽然超过 6 亿吨,但其不能满足其国内需求,进口仍超过了 2 亿吨。国际能源署预测,印度到 2020 年将成为世界上最大的煤炭进口国,进口量超 3 亿吨,到 2035 年进口量可达 6.3 亿吨。在未来的印度,煤炭将会起到至关重要的作用,能够在印度帮助更多没有电的人享受到廉价的电力供应。印度政府把煤炭的发展放在经济发展的中心地位。近年来政府不断加大煤炭资源的开发力度。印度煤炭集团 Coal India(CIL)产量占比高达 80% 以上,随着 CIL 资本开支投入逐年升高,印度煤炭产量也在不断增加,资本开支增加,印度煤炭产能释放压制进口需求。2015 年共进口 2.23 亿吨,同比下降 1400 万吨。

**2. 东南亚地区的煤炭消费总量小幅度上升**

东南亚经济近年增速非常快,比如越南、马来西亚、菲律宾这些国家要获得经济增速就需要更多的煤炭来发电。但跟中国和印度的煤炭需求比起来,东南亚国家的需求量还比较少。东南亚煤炭消费占比预计将从 2014 年的 30% 逐步上升到 2030 年的 50%。越南,2014 年煤炭产量为 4020 万吨,进口煤炭 310 万吨,同比增长 36.3%。2016 年越南是煤炭进口量增长最快的国家,增长了 92.4%;菲律宾次之,增长了 47.8%。或在 10 年、20 年之后泰国、马来西亚都是煤炭净进口国。

# 三、"一带一路"煤炭投资的方向

## (一)梯度开发为主,地缘政治与资源优势叠加地区优先

煤炭开采过程中的各种技术是保证煤炭安全有效开采的基础,而先进的管理手段与经验是保障。由于中国煤炭的赋存条件涵盖了国际上大部分煤炭赋存

的条件，且在这些条件下进行煤炭开采具有丰富的经验积累。中国在地质勘探、开采技术、安全技术等多方面具有自主知识产权的技术优势，且这些技术多处于国际领先或先进水平，为煤炭开采提供了有力的技术支撑。这些煤炭生产大国，虽然煤炭资源丰富，但煤炭集约化开采水平相对落后，较国内相比仍有不小的差距，如俄罗斯综采放顶煤开采技术及设备目前仍以进口为主，印度煤炭公司综采放顶煤技术全部依赖进口。建议煤炭企业海外投资坚持梯度开发，投资初期的区位选择应遵循就近原则和地区渐进原则。从我国的政治优势和地缘优势出发，把周边国家作为梯度投资的优先方向。

首先，把东盟国家作为煤炭投资的优先地区。中国与东盟国家同属发展中国家，而中国发展水平高于东盟，且差距不是很大，地缘的邻近性及文化背景的类似性非常突出，投资进入障碍相对小。根据前面的区域分析，鉴于印度尼西亚煤炭资源优势、获取资源价格相对较低，劳动力成本低，开发成本低，区位优势明显，是中国煤炭企业投资的第一目标国。所以建议投资印度尼西亚要注重煤炭资源勘探程度和煤炭储量的风险研究，重视煤炭资源勘查力度，提高权益煤炭产能。越南目前所有煤矿规模小，开采技术落后，机械化采煤是未来发展趋势。对于越南投资，中国煤炭企业可以发挥现代化矿井建设施工和先进采煤机械化装备的优势，拓展在越南的现代化矿井建设和煤炭开采合作项目。中煤能源集团承担越南广宁省 300 万吨/a 煤矿井筒建设项目工程就是成功实例。

其次，选择投资澳大利亚。目前全球范围内澳大利亚、加拿大和南非等国家的矿业开发技术和管理较为先进。选择澳大利亚，通过并购、参股或与之合作等方式来获取技术、管理技能等方面的战略资产。围绕建设"主业突出、核心竞争力强、具有国际化水平"的战略目标，通过对外煤炭资源投资开发，进一步扩大后续资源储备，提高企业盈利能力；引入国际公司先进、规范的管理运营观念和体制，提升经营管理水平，培育煤炭国际品牌。

最后，适度投资蒙古国。蒙古国煤炭资源丰富，与我国煤炭品种具有互补性。逐步开发蒙古煤炭市场的方向不能改变，但开发策略要变革。建议中国煤炭企业，一是联合其他国家投资以减少政治风险；二是争取基础设施建设和成套煤机装备输出市场。对于俄罗斯煤炭工业需要资金，其技术和工艺装备需要进行改造，我国煤炭企业可以利用好时机开拓市场技术装备市场，但不主张投资煤炭区块。

## (二) 合理选择投资模式，提升控制和获取海外能源的能力

煤炭投资模式包括获得国际矿业权和能源资产两种基本方式。从 1996 年

以来，世界范围内的企业购并案值远远超过全球能源勘查总支出。从这个数值可以看到，以资本运作为主的投资方式更为普遍。跨国公司实例也能说明这种投资模式的活力。如必和必拓集团和埃克斯卓达公司通过摩根大通银行资本运作实现成功并购。皮博地能源集团与日本三井物产株式会社、澳大利亚泰斯公司通过股权合作，从 1962 年至今已经拥有昆士兰州和新南威尔士的 11 座煤矿，以及布里斯班和纽卡斯尔办事处，成为在澳发展最好的跨国煤炭公司之一。

国际矿业权获得途径有风险勘查模式和并购矿业权益模式。（1）风险勘查模式，就是由煤炭企业以申请授予、竞标、合同等方式向能源所在国申请探矿权。发现有经济价值的矿藏后，根据协议可以优先资格取得采矿权，也可以通过矿业权市场转让给第三方而取得经济回报。这种风险勘查模式开发投资时间相对较长，不确定因素很高。中国煤炭企业在加拿大和澳大利亚等国采用这种模式进行投资较多。（2）并购矿业权益模式，即购买其他煤炭企业高级勘查阶段的探矿权或直接购买采矿权后再自主开发。这种模式的优点是可回避早期勘探阶段的风险；缺点是投入资本较高，且收益率低于从勘查做起的项目。（3）矿业资产获得的方式有收购、兼并能源公司股份或股权。（4）非股权性的项目融资，以换取项目中的部分权益或与资源国长期供货合同等。对于中国煤炭企业海外投资模式而言，风险勘查方式存在风险太高和尚未培育成熟的风险资本市场两大阻力。所以，通过购买开采权或购并煤炭资产来开发利用海外能源，这应该是海外投资今后推动和逐步加强的模式。

# 四、能源通道风险分析

人类历史的发展本质其实是由资源之争推动的。资源争夺一直是人类几乎所有战争最为直接的动力。[1] 长期以来，能源以其战略性特质成为国家间政治博弈的关键领域。作为一种现代工业高度依赖的、具有明显战略意义的资源，能源兼有非传统安全与传统安全的属性。在开采、运输和使用过程中，能源安全与经济安全、政治安全甚至军事安全可以相互转化。石油的可获得性历来被美国政府视为最主要的国家利益，美国关注中国在全球范围内寻求能源的举措，能源或合作或竞争的常态化态势，呈现在政治与外交斗争中（王联合，2010）[2]。在世界能源格局变革中，东亚能源供给始终面临着诸多风险。东

---

① 吴晔. 资源战争：世界，美国控［M］. 团结出版社，2013.
② 王联合. 竞争与合作：中美关系中的能源因素［J］. 复旦学报（社会科学版），2010（2）.

亚国家能源需求的持续增长发挥着能源"政治经济杠杆作用"。中国能源企业在能源的勘探和开发领域（上游领域）的投资对象，主要是美国不稳定或敌对国家控制的限制性市场。地缘政治的竞争思维有着较大的影响。能源运输通道（中游领域）涉及陆地能源通道和海运通道两个方面的安全问题。我国西北、西南、东北、海上四大油气战略通道初步成型。能源运输管道和海上通道控制权的争夺，是国家战略与国家实力的竞争。能源领地争端又可能涉及相关地区生存的人和环境的问题。这些社会文化矛盾与国家间关系交织在一起。

## （一）马六甲海运通道风险

现在中国的能源供给地主要来自中东和非洲、拉美地区。其余部分来自俄罗斯、中亚，这些地区可以采用铁路和管道运输。其他地区的能源运回国内主要依靠海运，尤其是依赖非常固定的几条航线，比如波斯湾—霍尔木兹海峡—印度洋—马六甲海峡—中国南海—中国大陆，或者是非洲沿岸—好望角（北端可走苏伊士运河—红海—亚丁湾）—印度洋—马六甲海峡—中国南海—中国大陆。这几条航线最终都要经过马六甲海峡。马六甲海峡成为能源运输黄金水道，也是美国与新兴市场国家国际政治和军事角逐的热点区域。其他海运通道必须经过苏伊士运河、巴拿马运河、好望角等诸多世界海洋咽喉之地，而这些咽喉之地很多都处在与中国有潜在利益冲突国家的海权控制之下，有的也处于海盗活动猖獗地区，中国目前的军事力量在关键时刻尚无力对这些海上运输要道发挥关键保护作用。国际局势的各种动荡与争端对我国能源安全可能会产生消极影响。

### 1. 马六甲通道概况

马六甲海峡呈东南—西北走向。它的西北端通印度洋的安达曼海，东南端连接中国南海。海峡全长约1080千米，西北部最宽达370千米，东南部最窄处只有37千米，是连接沟通太平洋与印度洋的国际水道。海峡现由新加坡、马来西亚和印度尼西亚三国共同管辖。马六甲海峡贸易运输量占世界海运量的1/4，是苏伊士运河的3倍，巴拿马运河的5倍。现在我国陆上能源运输通道辐射范围有限，绝大部分进口能源仍然需要通过海上通道运回国内。中国80%以上的进口石油需要通过马六甲海峡。可以说，控制了马六甲海峡，就能威胁中国的战略石油通道和能源安全。这就是中国的"马六甲海峡"困局。

**2. 马六甲通道风险评价**

这条海上能源通道风险来自两方面：一是国家战略风险。马来西亚、印度尼西亚和新加坡共管马六甲海峡带来的问题。新加坡以优越的地理位置，加之港口管理水平和效率世界闻名，其航运控制明显优于其他两个国家。但是新加坡奉行大国平衡战略，美国凭依其超强的军事实力，成为全球能源通道最具支配力的国家，必要时完全有能力封锁印度洋至太平洋的海上石油通道。对中国来说，这不仅意味着本国能源安全受制于人，而且也连带束缚了在南海问题及周边事务中的行动自由。二是马六甲海峡的航道安全风险。马六甲海峡浅滩众多，航道拥挤不堪，船只相撞、触礁等海运自然风险导致燃油泄漏事故时有发生，对海峡的生态安全提出了空前挑战。根据国际海事组织发布的公告，马六甲海峡是世界上海盗活动最猖獗的海域之一。仅在 2001 年，该海峡海盗横行造成的直接经济损失就高达 160 亿美元。"9·11"事件后，海盗活动有与恐怖主义相结合的趋势，更是对马六甲海峡航运安全构成重大威胁。

马六甲能源通道总体风险是可以控制的，一是海上运输通道的安全和公海航行自由均属国际公共产品。参与对这些公共产品的维护及其使用规则和惯例的构建，既是维护中国能源安全的组成部分，也是中美两国关系的共同利益所在。1998 年美国《东亚地区安全战略》指出，"确保航行自由，保护海上通道，尤其是马六甲海峡的安全已日益成为各国关注的共同利益"。中美在能源安全通道领域的博弈，既包含能源现实主义的影响和作用，也涉及能源自由主义的策略和举措。沟通两大洋的马六甲海峡主要风险还是国家战略风险，只要国际各国管控自身政治与军事行为，风险就不会发生。威胁马六甲海峡航行安全的非传统安全问题，是恐怖主义滋生下社会问题，也不是一国之力所能解决的，因此必须通过国际协商共治，来改善民生、铲除犯罪行为的土壤。二是"一带一路"倡议的积极作用。尤其是马来西亚作为海峡管辖区域最长的国家、东盟的重要成员，是最早、最积极响应"一带一路"倡议的国家。自2012 年以来，中国对马来西亚的投资处于上升期，中国已经成为马来西亚最大的出口市场。2015 年，中国对马来西亚的非金融直接投资增长 237%。双边贸易额 2018 年有望于突破 1000 亿美元。根据中国驻马来西亚大使馆统计，中国企业已在马来西亚当地累计投资了 380 多个项目，为当地创造了 6 万多个就业岗位。中马两国组成了"港口联盟"（中国的大连、上海、宁波、钦州、广州、福州、厦门、深圳、海南和太仓，与六个马来西亚港口——巴生港、马六甲、槟榔屿、柔佛、关丹和民都鲁进行合作）。这些务实合作增进了国家间互信、民心互通，增强了抗击海运意外事件能力。

## （二）中亚油气管道风险

中亚 5 国中，有 4 个国家为上合组织成员国。随着中亚国家积极主动融入"一带一路"建设，双方进一步发挥互补优势，释放合作潜能，中亚各国与中国的经贸投资合作持续升温，对中国贸易和市场的依赖程度不断上升。由于地理位置的关系，哈萨克斯坦是"丝绸之路经济带"的主要过境国。统计显示，2017 年中哈双边贸易额为 180 亿美元，中国成为哈第二大贸易伙伴。截至2017 年底，中国累计对哈投资存量超过 430 亿美元，各类贷款超过 500 亿美元，签订各类工程承包合同约 270 亿美元，在哈各类中资企业超过 1500 家。中国累计自哈进口原油超过 1 亿吨，每年经哈过境的中欧班列超过 1500 列。中亚在社会经济领域实施了多项改革措施，得到了国际社会的普遍认可。世行将乌兹别克斯坦位列营商环境改革成效显著国家前 10 名。世行的最新营商环境报告显示，哈萨克斯坦位列第 36 名，乌兹别克斯坦第 74 名，吉尔吉斯斯坦位列第 77 名，塔吉克斯坦位列第 123 名。

### 1. 中亚—中国油气通道概况

中亚—中国天然气管道项目起自土库曼斯坦和乌兹别克斯坦两国边境的格达伊姆，途经乌兹别克斯坦、哈萨克斯坦，最终到达新疆的霍尔果斯，并进入西气东输二线管道。项目总投资达 73.1 亿美元，管道总长度为 1818 千米，其中乌兹别克斯坦境内 525 千米，哈萨克斯坦境内 1293 千米。中亚天然气管道已经通气投产的包括 A/B/C 三线。中国—中亚天然气管道已建成 A、B、C 三线，从 2009 年底开通以来已累计对华供气超 1700 亿立方米。目前正在兴建天然气管道 D 线。D 线以土库曼斯坦复兴气田为气源，首次途经乌兹别克斯坦、塔吉克斯坦、吉尔吉斯斯坦进入中国，止于新疆乌恰的末站。全长 1000 公里，其中境外段为 840 公里，设计年输气量为 300 亿立方米，投资总额约 67 亿美元。中亚天然气管道 D 线是一个资源国、过境国、消费国实现多方共赢的项目。在 30 年运营期内将为沿线国家提供数千个就业机会，为过境国创造税收数十亿美元。中亚 D 线输送的天然气将主供国内华北地区的天然气市场，D线的建设对于改善京津冀地区大气污染意义重大。到 2020 年 D 线建成投产后，中国—中亚天然气管道的整体输气能力将达到 850 亿立方米，加上原油管线，来自中亚的油气能源供应总计将达 9000 万吨油气当量。一条原油管线——中哈原油管道，自 2006 年 7 月 20 日投入商业运营 8 年来，累计向中国输送原油超过 7000 万吨。

**2. 中亚油田气管道风险评价**

（1）中亚的地缘政治历史宿命。

20 世纪初，英国战略学家麦金德把欧亚大陆看成"世界岛"，中亚是其"心脏地带"，并指出"谁统治心脏地带，谁就能主宰世界岛；谁统治了世界岛，谁就能主宰全世界"。中亚在历史上的版图并不一致，现在一般指的是哈萨克斯坦、乌兹别克斯坦、塔吉克斯坦、吉尔吉斯斯坦和土库曼斯坦五国。历史上世界性强国的崛起几乎都与中亚有关。如波斯帝国、马其顿帝国、罗马帝国、中国的大汉大唐、阿拉伯帝国等，都先后在中亚地区进行过激烈争夺。到了 19 世纪，沙皇俄国和英帝国之间为争夺亚洲腹地控制权进行殊死较量。最后沙皇俄国取得了胜利，中亚并入俄国版图①。苏联解体后，中亚地区出现了权力真空，走上依靠本国政治强人独立的道路。"9·11"事件后，美国以反恐之名出兵阿富汗，随后驻军中亚乌、吉、塔三国，改变了这一地区作为俄罗斯传统势力范围。中亚地区的国家战略、意识冲突和文化碰撞因素日益增多。

（2）中亚天然气管道出口博弈。

里海地区油气资源潜力巨大，其天然气储量被欧洲国家视为摆脱俄罗斯垄断气源供给的最佳方案。里海由俄罗斯、伊朗、哈萨克斯坦、土库曼斯坦及阿塞拜疆 5 个国家围绕，俄罗斯和伊朗在里海地区的油气储量很小，而阿塞拜疆发展潜力巨大。中亚管道分为北向通道（通往俄罗斯）、西向通道（跨里海）、西南向通道（通往伊朗）、东南向通道（通往阿富汗）、东向通道（通往中国）。由于历史原因，里海地区油气输送管道大多与苏联内部管网相连，里海地区的油气外输，俄罗斯有传统的地区优势。俄罗斯也希望控制中亚油气的流向，加强独联体的向心力。油气管道成为制约里海地区油气勘探开发的瓶颈，中亚国家迫切需要自身经济和能源发展，打破苏联时期遗存的油气输送布局，寻求和建立多元化能源出口线路。而由于西方国家出于对重大经济和地缘政治利益的谋求，使得俄欧管道的博弈相当激烈，无论是跨里海管道，还是南方天然气走廊，都面临投资主体、投资资金等诸多困难。中亚与我国陆路相通，是我国较为理想的进口管道气资源地，而里海地区在我国"一带一路"倡议中的重要性不可忽视（见表 6-4）。

---

① Hancock K J. Escaping Russia, looking to China：Turkmenistan pinshopes on China's thirst for natural gas ［J］. China and Eurasia Forum Quarterly, 2006（3）：67-87.

表6-4                                      中亚地区天然气外输管道的分布

| 出口方向 | 现有管道 | 新建管道动向 | 建设动机 |
|---|---|---|---|
| 北向通道（通往俄罗斯） | 中亚—中央输气管道（CAC pipeline）建设时间 1966—1985 年，是连接中亚和俄罗斯最主要的国际管道，由三条 1220 毫米、两条 1420 毫米输气管道组成，设计压力 5.5 兆帕和 7.5 兆帕，总设计输量 600 亿立方米/年。"布哈拉—乌拉尔"输气管道建设时间为 1965 年，由两条 1220 毫米输气管道组成，设计压力 5.5 兆帕，总设计输量 150 亿立方米/年，近年来输量约为设计输量的一半 | 2007 年 5 月，俄罗斯总统普京在土库曼斯坦与土、哈两国总统举行三方会谈，签署关于铺设里海沿岸天然气管道和提高输送中亚天然气能力的联合声明。三国计划从 2008 年下半年开始实施沿里海天然气管道的方案，2012 年建成，新管道每年将至少可运输 200 亿立方米天然气 | 俄罗斯希望借此达到中亚天然气被其"统购统销"的目的，今后无论是乌克兰、格鲁吉亚，还是波兰、立陶宛，甚至更远的欧盟，谁想使用中亚天然气，都得通过俄罗斯 |
| 西向通道（跨里海） | 美国牵头修建"巴库—第比利斯—杰伊汉"石油管道。该管道于 2006 年 7 月投入运营，设计年输油能力 6000 万吨，为该地区第一条避开俄罗斯的石油输出管道 | 穿越里海的天然气管道（Trans-Caspian Gas Pipeline），从土库曼斯坦的土库曼巴什（Turkmenbashi）到阿塞拜疆的巴库（Baku）。计划全长 1200 千米，总投资 24 亿美元，设计输量 306 亿立方米/年 | 绕开俄罗斯，阿塞拜疆对此积极响应，却遭到里海沿岸其他国家的反对。由于上述种种原因，该管道目前仍处于议而未决的状态 |
| 东南向通道（通往阿富汗） |  | 2002 年，土库曼斯坦、阿富汗、巴基斯坦、印度四国政府曾就该项目签订了框架协议，亚洲开发银行对该项目的研究进行了资助。壳牌石油公司曾经对穿过阿富汗的管道做过经济技术论证 | 排挤俄罗斯在中亚地区传统势力范围。受阿富汗境内政治军事局势动荡影响，该项目一直处于停滞状态 |

| 出口方向 | 现有管道 | 新建管道动向 | 建设动机 |
|---|---|---|---|
| 东向通道（通往中国） | 2005年11月，中哈原油管道一期工程竣工。中亚天然气管道A/B/C三线已经通气投产 | | 这是中国首条进口原油管道，也为中亚地区油气出口开辟了一条全新的通道 |
| 中俄管道 | 中俄西线（"阿尔泰"线）输气管道合作设想，西线天然气管道将通过阿尔泰地区，将西西伯利亚开采的天然气输入中国新疆。西线全长2700多公里，将每年向中国供气300亿立方米，加上东线输气工程，俄罗斯每年将向中国输送天然气680亿立方米。未来拟将东、西天然气管线相连，使俄罗斯西西伯利亚地区的丰富天然气资源输送到太平洋沿岸，甚至可以将东西伯利亚的天然气输送至西欧 | | |

（3）经济发展的不均衡风险。

近年来，中亚国家对内深化改革，发展经济，改善民生，改善营商环境，重视基础设施建设和固定资产投资，是中亚各国当前的施政重点。如塔吉克斯坦议会2016年12月通过的《2030年国家发展战略》，强调要"确保能源独立、走出交通困境、保障粮食安全"，致力于建立节约型经济、发展旅游业、保障各地区发展平衡等。但是中亚经济发展水平严重不平衡。土库曼斯坦属于世界银行分类法中的高收入国家。土库曼斯坦约80%的领土被卡拉库姆大沙漠覆盖，天然气资源丰富，人均GDP达到6880美元。哈萨克斯坦是中亚最大的经济体，经济总量仍相当于中亚其他四国之和，也是世界银行分类中的中高等收入国家。吉尔吉斯斯坦和乌兹别克斯坦属于世界银行分类法中的中低收入国家。吉尔吉斯斯坦全国大多处于高山地区，生存环境险恶，经济发展困难，人均GDP为1323美元。乌兹别克斯坦拥有中亚五国最多的人口，其人口密度约为哈萨克斯坦的十倍左右，人均GDP为1886美元。值得注意的是，乌兹别克斯坦的工业增加值持续高于GDP增加值，目前已占GDP总量近3成。乌兹别克斯坦的《2017—2021年国家在五个优先领域的发展战略》提出实施经济新政，新建经济特区。塔吉克斯坦是经济发展最落后的国家，人均GDP（2013年）为1049美元，远低于中亚其他国家，属于世界银行分类法中的低收入国家。塔吉克斯坦国土面积为14.31万平方公里，93%是山地，其中约一半在海拔3000米以上。基础设施建设极为落后，国内近半人口生活在贫困线以下。据世界银行的预测,2018年哈萨克斯坦的国内生产总值增长率将为2.6%,吉尔吉斯斯坦为4.2%,塔吉克斯坦为5%,乌兹别克斯坦为5.6%,土库曼斯坦为6.3%。2019年和2020年中亚国家的国内生产总值将保持在同一水平。

(4)域外大国博弈附加的政治风险。

中亚国家凭借重要的战略地理位置和丰富能源,强烈吸引着俄罗斯、中国、印度、伊朗等周边国家的关注,也同时受到美国、欧盟等域外强国的影响。俄罗斯传统上将中亚国家视为自己的势力范围,为塔吉克斯坦和吉尔吉斯斯坦提供军事保护。对于俄罗斯而言,塔吉克斯坦是其抵御美、印影响力进入中亚的桥头堡,也是牵制中国的重要军事基地。俄罗斯是塔吉克斯坦保持国内局势稳定的关键性外部力量。吉尔吉斯斯坦既有可能成为中国进入中亚的门户,也有可能成为俄罗斯遏制中国西进的桥头堡。吉尔吉斯斯坦北部政经发达地区深受俄语电视、报纸的影响。俄罗斯、白罗斯和哈萨克斯坦2015年1月1日正式启动欧亚经济联盟,联盟最终可能发展成为涉及政治、经济、文化、军事等领域的全方位超国家联盟。

美国1997年7月,出台了新的中亚战略,鼓励中亚国家对俄罗斯的离心倾向,有意将中亚地区变成美国21世纪战略能源基地和制衡俄罗斯扩大势力范围的地缘政治支点。"9·11"事件后,美国借反恐战争之机在乌兹别克斯坦、吉尔吉斯斯坦建立了军事基地。在此背景下,美国加大了对中亚国家的外交、经济和军事投入。在此过程中,美国"推广民主"的野心再度膨胀,开始支持中亚国家的反对派搞"颜色革命",乌兹别克斯坦、吉尔吉斯斯坦等开始与美国拉开距离,先后关闭了美国驻本国的军事基地,并重新向俄罗斯靠拢。为扭转被动局面,美国在降低"民主改造"门槛的同时,更加注重用经济手段拉拢中亚国家。美国的"新丝绸之路计划"重点是建设贯穿阿富汗的交通、通信和能源管线,消除跨境障碍,推动中亚、南亚地区经济和社会的综合发展。寻求用软手段,继续扩大在阿富汗、西亚、南亚影响,通过大规模投入基础设施等软手段发展其持久影响力。计划试图通过推动中亚与南亚的地区性经济整合,来引导中亚国家将未来经济发展和合作的重点转向南方,并在此过程中修复美国与中亚国家的关系。中亚国家奉行"多元平衡外交",希望借美国之力平衡中、俄的影响,以获取最大利益,但又对美国的"民主推广"活动保持警惕。

欧盟"中亚新伙伴关系战略",细化与每个中亚国家的合作,并涵盖了安全领域的合作;印度也积极谋求在中亚的经济乃至军事存在;土耳其借文化和地缘优势谋求扩大传统影响；日本建立与中亚的外长级会晤机制。中亚的地缘政治出现了美俄竞争延续，同时更趋多元的复杂格局。

中国与中亚地区的哈萨克斯坦、乌兹别克斯坦、吉尔吉斯斯坦和塔吉克斯坦同为上海合作组织的重要成员国和创始国。中国首次提出共建"丝绸之路经济带"倡议就是在中亚，中亚各国是共建"一带一路"的重要伙伴。中亚五国参与建设"一带一路"的积极性不断提高，与中国合作已被纳入各自的国家战略框架中。

但是必须清醒认识，中俄美大国战略博弈，在中亚都是寻求各自利益最大化。"一带一路"倡议与美俄中亚战略存在着民意竞争。域内国家间的关系，成为域外国家所利用的平衡杠杆。哈萨克斯坦作为欧亚联盟的重要倡导者，并促成了俄白哈之间的关税同盟。俄罗斯通过哈萨克斯坦的经济体量上发挥影响力。哈萨克斯坦对于大国发展战略的优先级排序对中亚地区有着极为重要的影响。乌克兰危机以后，中亚国家担心西方对俄罗斯的制裁波及自己，也刻意在安全领域保持平衡，继续寻求西方的支持。作为中亚地区第一人口大国、第一军事大国的乌兹别克斯坦，"去俄罗斯化"政策对该国社会发展产生了巨大影响，与俄罗斯正在拉开距离。乌兹别克斯坦具有强烈的大国雄心，退出了俄罗斯主导的集体安全条约组织。2017年以来与俄罗斯的关系出现缓和迹象。土库曼斯坦1992年底宣布成为永久中立国，土库曼斯坦在天然气输出路线上采取"实用主义政策"，即与各方打交道，提出多种方案，从中选择最有利的为己所用。这三个国家对中亚的发展方向都着更加重要的作用。

（5）多元重叠的社会风险。

中亚区域宗教极端势力、民族分裂势力和国际恐怖势力是影响社会稳定的显著因素。宗教极端组织对中亚政局有直接的安全威胁。在吉尔吉斯的伊斯兰解放党在由南向北部扩充；封闭的土库曼斯坦也出现了宗教极端主义活动。"内生"性极端组织有本土化、分散化的趋势。[①] 中亚1000多万人口聚集的费尔干纳地区乌兹别克斯坦、吉尔吉斯斯坦、塔吉克斯坦三国领土犬牙交错，民族关系复杂。其中塔吉克斯坦的南北地域政治集团冲突问题并未得到根本解决。由于塔吉克斯坦人的文化和民族凝聚力中心撒马尔罕、布哈拉地区处于乌兹别克斯坦境内，塔吉克斯坦在培养、宣传民族认同上面临着很大的困难，部落和地域认同过于强大。吉尔吉斯斯坦各区域之间交往极为困难，人们需要部

---

① 孙壮志：当前中亚地区安全形势及其对中国的影响［EB/OL］. 爱思想网，http：//www.aisixiang.com/data/106585.html，2017-10-25.

族的保护才能获得安全。这让吉尔吉斯斯坦人逐渐形成了以部落认同为基础的政治心理。吉尔吉斯斯坦各地区与民族之间，在国家的发展思路上存在重大差异，最终造成了南北对立的政治局面。乌兹别克斯坦长期受困于乌伊运、伊扎布特等极端宗教势力。尤其乌兹别克斯坦年轻人比例接近65%，且存在比较严重的失业问题，底层民众对上层统治者积攒了普遍的不满，而这种不满将为宗教极端主义的传播提供最好的基础。相比于其他中亚国家，土库曼斯坦和哈萨克斯坦的主体民族所占人口比例较高，民族关系相对稳定。中亚的毒品和武器走私等跨国犯罪对地区稳定构成潜在威胁。同时，中亚地区的生态环境问题在加重，咸海等地直接受影响的居民近3500万人。此外土地盐碱化、放射性污染、水源枯竭、空气污染等问题也很突出。

总体而言，中国与中亚国家有3300公里的共同边界，是"一带一路"的通道枢纽。中亚地区的社会风险大于地缘政治风险。即使俄罗斯乌克兰危机后继续保持在后苏联空间的强势政策，但在叙利亚问题上与西方尖锐对立，有重新把中亚纳入"势力范围"的可能；特朗普推行的"美国优先"政策对地区影响减弱，但出于遏制中国的目的显然不会放弃中亚地区。这些大国博弈的结果都不会导致大面积的冲突。解决域内的民族问题、领土问题和生态资源问题都是需要回归基础设施改善、民生福祉提高上来。这对于中国来说，就是实施"一带一路"倡议的社会基础，只要坚持"共商、共建、共享"原则，就会赢得区域人民的支持。因此，中亚关系到"丝绸之路经济带"建设的成功。

## （三）俄罗斯管道风险

近年来，在中俄两国元首的战略引领下，中俄全面战略协作伙伴关系正进入更高水平、更快发展的新时代。中俄关系处于历史最好时期。习近平主席与普京总统形成了元首年度互访的惯例，建立了总理定期会晤、议会合作委员会以及完备的各级别交往与合作机制。双方政治互信不断深化，在涉及国家主权、安全、领土完整、发展等核心利益问题上相互坚定支持。在一系列重大国际和地区问题上立场相同或相近，保持密切沟通和合作。尤其是在维护二战胜利成果和国际公平正义，推动构建新型国际关系和人类命运共同体，推动国际秩序向更加公正合理的方向发展上。经贸关系取得重要发展，中国连续8年保持俄罗斯第一贸易伙伴国地位，俄罗斯在中国主要贸易伙伴中排名第11位。2017年，中俄双边贸易额840.7亿美元，同比增长20.8%。世代友好的理念不断加深。目前两国教育领域长短期留学交流人员近8万人，双方争取2020年将留学人员总数增加到10万人。

**1. 中俄管道谈判历程**

在陆路管道天然气进口方面，中俄天然气管道项目酝酿多年，建设进展缓慢。2009 年 6 月 24 日，中俄公司签署《关于天然气领域合作的谅解备忘录》，俄将经过西线及东线对华供应天然气。俄罗斯东线方案即"西伯利亚力量"天然气管道，西起伊尔库茨克州科维克金气田和雅库特共和国恰扬金气田，经哈巴罗夫斯克，东至远东港口城市符拉迪沃斯托克，管线总长 3968 公里。中俄天然气管道东线"西伯利亚力量"由俄罗斯总统普京亲自推动。2014 年 5 月 21 日中俄政府签署东线天然气合作项目备忘录以来①。2014 年 9 月 1 日，普京总统在雅库茨克出席管道首段接通仪式。2014 年 10 月 13 日，俄罗斯天然气工业股份公司和中石油签署了东线对华供气协议。中国境内工程在 2015 年 6 月开工建设，计划 2018 年竣工投产②。俄将通过东线，在未来 30 年内对华出口 380 亿立方米/年天然气，合同总金额 4000 亿美元。管道铺设和在阿穆尔州兴建天然气加工企业项目，总投资预算在 600 亿~700 亿美元。2006 年 4 月，俄罗斯总统普京访华提出中俄天然气管道"西线方案"（"西伯利亚力量-2"管道）即以俄罗斯西西伯利亚天然气产地为起点，穿越中俄西段边界地区，最终到达中国新疆维吾尔自治区的天然气输送方案。该项目的第一期是从亚马尔-涅涅茨自治区经阿尔泰边疆区对华供气，每年 300 亿立方米，为期 30 年。俄气将从西伯利亚西部铺设"阿尔泰"管道至新西伯利亚，再延长至俄中边境。项目估值约 230 亿美元，预计将于 2019 年开始供气。2006 年 10 月签署有关俄对华出口天然气的政府间协议，计划在 2011 年开始沿西线对华供气。2009 年 2 月 17 日签署了 250 亿美元能源合作协议，由俄罗斯国家管道建设垄断商公司 Transneft 在今后 20 年内通过向中方供应石油来返回这笔贷款。中国开发银行又向罗斯石油公司贷款 150 亿美元，俄罗斯将在 20 年内向中国返还供应石油 1500 万吨油当量/年（30 万桶/天）。截至 2016 年经西线对华供气的谈判③仍在进行当中。

---

① 戴桂菊. 中俄天然气合作具有长期性稳定性［N］. 中国石油报，2015-07-07.

② 张广凯. 中俄东线天然气管道中国段线路获发改委批复 中石油明年开工建设［EB/OL］. 观察者网，http：//www.guancha.cn/Project/2014_10_10_274581.shtml，2014-10-10.

③ 童师群. 俄气将自掏腰包铺设通往中国天然气管道［EB/OL］. 参考消息网，2016-02-13.

中俄原油管道历经 15 载的艰苦谈判，历经"安大线"与"安纳线"之争。2005 年 4 月 26 日，俄罗斯工业和能源部颁布 91 号令批准建设"泰纳线"。"泰纳线"方案，将原"安大线"走向向北推了 400 多公里，远离了贝加尔湖，解决了俄罗斯国内长期争论的贝加尔湖环保问题。"泰纳线"东起伊尔库茨克州泰舍特，从贝加尔湖北面 400 多公里处经过，然后沿着贝加尔—阿穆尔大铁路，从斯科沃罗季诺开始沿着中俄边境地区，最后到达太平洋港口纳霍德卡。"泰纳线"分两期建设，一期工程首先铺设泰舍特—斯科沃罗季诺区(我国黑龙江省漠河黑龙江对岸)段石油管道，设计年输油量为 3000 万吨，在纳霍德卡同时建设大型石油储存装置。管道由俄罗斯一侧黑龙江边的腾达穿越黑龙江，再由中方建设从漠河到大庆的管道。二期工程包括铺设斯科沃罗季诺—纳霍德卡石油管道，这一段的年输送能力为 5000 万吨，并将泰舍特—斯科沃罗季诺这段石油管道的年输油能力扩大为 8000 万吨。该管道由首脑运筹、多轮政府磋商、贷款协议、原油贸易等多重角力，于在 2009 年 5 月中旬开工建设。遵照双方的约定，2011 年 1 月 1 日正式投产进油。2013 年 3 月又商定要增加供应原油至 3000 万吨/年，为此中方启动建设漠河—大庆复线(从斯科沃罗季诺到漠河段设计规模即可达 3000 万吨/年)，在 2017 年年底前建成投产，届时通过中俄原油管道每年即可进口俄油 3000 万吨，成为我国长期、稳定的原油进口来源。

**2. 管道风险**

(1) 俄罗斯能源战略风险。

管道是俄罗斯天然气运输的唯一方式，俄罗斯天然气欧洲市场的主要消费者只有德国。为缓解美欧制裁之痛，俄罗斯热切期盼同中国展开大规模的天然气合作，通过中俄为期 30 年的天然气合作来遏止俄罗斯对外贸易额的严重下滑，进而保证经济体系的正常运转。未来将俄罗斯天然气输往日本、韩国等亚太其他国家，以便占据亚太地区天然气输出的市场。同时，西伯利亚和远东地区属于俄罗斯亚洲部分，是俄罗斯重要的能源产地。俄罗斯政府急需开发这里的天然气资源，建设整个天然气加工综合体项目，为相关地区的居民提供就业机会，促进地区经济繁荣，使长期困扰俄罗斯经济的地区发展不平衡问题在一定程度上得到缓解。自 2014 年年中以来，国际油价 100 美元/每桶的盛况已不复存在，取而代之的是国际市场供过于求的局面导致油价不断报收新低。再加上大宗商品市场的低迷走势，对于财政预算极度依赖石油等能源出口的俄罗斯而言，经济下滑在所难免，卢布继续贬值，股市行情看跌。但更主要的是，通货膨胀、收入减少以及俄罗斯持续一年的经济衰退严重影响到最贫困人群。为保证经济尽快恢复增长，俄政府加大了远东地区的开发力度。俄政府秉承向远东地区经济发展项目优先拨款的政策，鼓励俄国有大型企业优先向远东地区发展项目投资，大力建设跨越式开发区和符拉迪沃斯托克自由港。目前看到对中国能源企业和能源供应是利好，但能否坚持这一能源战略导向还要关注俄美、俄与欧洲国家关系的变化。

（2）政府信用风险。

由于环保、气源问题和俄罗斯国内的利益纷争，以及买方竞争、价格谈判陷入僵局等因素，中俄能源通道建设深受政府信用的影响。比如修建中俄石油管道项目，石油部门从 20 世纪 90 年代就开始与俄罗斯方面接触，探索从俄罗斯西伯利亚萨哈、恰扬金等油田建设到大庆的管道，谈判始终没有实质性进展①。1994 年中国石油天然气集团公司和俄罗斯管道运输公司、俄罗斯尤科斯石油公司通过 7 年的讨论、协商与谈判，于 2001 年签署了铺设"安大线"可行性总协议。2002 年 12 月，中俄双方可行性研究工作已近尾声。两国元首共同签署联合声明："考虑到能源合作对双方的重大意义，保证已达成协议的中俄原油管道和天然气管道合作项目按期实施，并协调落实有前景的能源项目。"之后由于日本提出"安纳线"，俄罗斯内部开始重新讨论管道走向，放弃中俄石油管道"安大线"方案。俄罗斯一度中止与中国谈判，并加快与日本合作。经过两年多的论战和博弈，2004 年 12 月 31 日，由普京总统亲自拍板建设东西伯利亚—太平洋石油管道，即"泰纳线"方案。随后俄罗斯石油公司提出了贷款换石油的合作和长期贸易合同方案。当下因乌克兰问题导致俄罗斯地缘政治困局，俄美关系"恶化"和"中俄关系"接近，以及中国市场的巨大潜能，使对管线建设工程按期完成。中俄石油管道最后建成背景是中俄战略协作伙伴关系更加巩固，互信关系增强。事实上中俄原油管道已经成了对中俄战略协作伙伴关系和两国互信的考验，同时也是俄国内政治、经济、社会因素和俄能源外交、维护俄国家利益最大化的考量，也体现了俄罗斯向东亚各国出口原油的能源外贸战略姿态。

---

① 张国宝. 中俄原油管道十五年谈判纪实［EB/OL］. 人民网-中国经济周刊，http：//world. people. com. cn/n1/2018/0109/c1002-29754237. html，2018-01-09.

### (三)中缅油气管道风险

中缅原油管道与中缅天然气管道双线并行,是"一带一路"建设先导示范项目。根据中缅双方 2009 年 6 月签署的《关于开发、运营和管理中缅原油管道项目的谅解备忘录》,中缅油气管道项目包括自缅甸马德岛、通过缅甸至中国交付点的原油管道、储运设施及其附属设施,以及在缅甸马德岛建设的一个可从超大型油轮卸载原油的码头和终端及附近建设的原油储运设施及其他附属设施。原油管道长 771 公里,缅甸境内设计输送量为 2200 吨/年。天然气管道长 793 公里,缅甸下载点设计输送量为 120 亿立方米/年,初期为 52 亿立方米。中缅天然气管道(缅甸皎漂到广西贵港)于 2013 年 7 月正式投运,截至 2018 年 7 月累计输气已超过 180 亿立方米。中缅原油管道(缅甸马德岛到广西贵港)2017 年 5 月 19 日全线一次投产成功。截至缅甸时间 2018 年 7 月 17 日,累计接卸油轮 47 艘,卸载原油 1098 万吨,向中国输送原油超过 1000 万吨。管道的全面贯通成功开辟了我国印度洋能源进口通道,源自国际市场的优质原油运往云南炼厂就地加工,供应滇黔桂等省区,有效填补我国云南省成品油生产空白,带动西南地区石油化工产业升级,构建能源供给新格局。

根据缅甸 2016/17 至 2020/21 财年国家发展第 2 个五年规划,缅甸将电力、城市运输、深水港等部分国营企业进行公私合营。同时进一步引进外资开发新的陆地及近海油气区块,鼓励国内外企业广泛参与能源基础设施建设。据商务部统计,中缅贸易额在 1988 年至 2017 年期间增长了约 2.2 倍,2017 年中缅两国双边贸易总额 135.4 亿美元,其中,缅甸向中国出口 45.3 亿美元,中国仍然是缅甸第一大贸易国。中国对缅甸非金融类直接投资存量达 51 亿美元。中国(包括港澳地区)在缅甸外商直接投资(FDI)中排名第一,投资 344 个项目共达 248.5 亿美元,占允许外商投资总额的 40.14%。

西方评论说,中国正以能源和经济安全为突破口,实施一项庞大的地缘政治战略,该战略的核心即为突破"马六甲困局",进而获得"印度洋出海口",以突破美国在太平洋遏制中国的"岛链战略"。中缅油气管道建成具有重要的战略意义和明显的区域发展共享典范价值。

**1. 社会依托困难的经营风险**

中缅原油管道穿越跨越若开山脉、伊洛瓦底江平原和掸邦高原,全线地势落差大,最高点达 1475 米。管道运行压力高,社会依托差。缅甸国内货物运输主要依靠陆路交通，使得国内运输成本居高不下。缅甸电网仅能覆盖 26%的人口，电力成本达到劳动力成本的 30% 至 40%。中石油还要面对未来不可预见的诸多维护成本。该管道翻过海拔近 5000 米的横断山脉，穿过澜沧江，经过大片原始森林，泥石流、山崩等事故时有发生。如果最终输送量达到设计输送量，即每年 2200 万吨原油和 120 亿立方米天然气，将实现最大经济性。中俄、中亚和中哈管道项目，均是从资源国直接引进管道，基本属于"资源国—过境国（中亚）—消费国"的标准跨国管道模式，只要双方都遵照协议，资源就有稳定保障。中缅管道若上游资源无法足量与可控，管道便会部分闲置，输送成本将远高于前期按基准收益率核出的管输费，导致项目亏损。油源组织是平稳有序完成输油计划的关键。中油国际管道公司中缅油气管道项目要建立有效的协调机制，加强与使用方、托运方、中缅两国海关和商检的沟通协作，及时掌握需求侧的库存储备以及供给侧的油轮船期，最大限度整合资源，确保原油供给。

### 2. 缅甸政治更迭风险

2015 年总统大选后，缅甸将正式进入民主巩固阶段。缅甸实行了半个世纪的"军政府治国"。由于缅甸宪法规定，军队在上下议院中各享有四分之一席次，且内阁中需保留三个席次由军人出任。当紧急情况出现时，总统将行政权与司法权移交军队。在军队权力过度集中情况下，即使经全民普选产生的文人政府也必须与军方就政务进行协商。安邦（ANBOUND）① 认为，在大选过后，以军人为核心的统治集团仍将在缅甸政治中扮演着重要的角色。由于军队在缅甸改革过程中的利益受到挤压，包括国防预算被削减、军队控制的"经控公司"受到挑战、民间力量频频向军方叫板等，一旦引发保守派的军方强力反弹，将给缅甸改革带来巨大的政治风险。然而，由文人所组成的民选政府能否有效控制局势，并引导缅甸深化改革受到诸多质疑。克钦地区军事冲突加剧，暴露出缅甸政府对于军方控制力的十分有限。缅甸的政治体制已发生变化，但缅甸的军方发展对华友好的政策不会改变。

### 3. 政府治理能力风险

到目前为止，缅甸的政治改革仍是渐进式的，全国民主联盟执政开启了民

---

① 安邦咨询东盟团队. 安邦东盟：缅甸投资风险报告 [EB/OL]. 共识网，http：//www. 21ccom. net/articles/world/bjzd/20150114118991_all. html, 2015-01-15.

间政党与军方合作的新模式。缅甸长期以来由军方执政，军方早就形成了能够左右缅甸政治、经济和社会的强大利益集团。民盟缺乏行政管理人员，尤其是缺乏高层执政精英是民盟的一个软肋。近年缅甸在改善其法律和政策环境、增强法治、改革政府职能和抑制腐败等方面取得显著成果。尽管缅甸《外国投资法》已经出台，但保护投资者利益的相关法律仍然十分欠缺，而且由于军政府时期许多法律的模糊性，再加上缅甸中央与地方分权、部分地区局势动荡，使经营面临许多不可控的风险。缅甸北部的克钦邦和掸邦等地实行自治，军事冲突经常发生，政局不稳，安全环境不稳定。缅甸投资在获得法律和政府批准之外，还需要赢得民众认同。民众也可能质疑决策的合法性，通过游行、示威来表达自己的诉求，干涉合作项目的开展。大型基础设施开发项目很难惠及当地居民，而在征地、拆迁过程中对当地地貌以及生活环境造成的影响引发项目沿途居民的抗争。这些因素都聚集在中国投资的莱比塘铜矿、密松水电站、中缅铁路等项目触礁案例中。结果的发生，除了因为企业未对投资环境进行完善的评估外，缅甸政府治理能力不足也是重要因素。

### 4. 错综复杂民族矛盾的社会风险

缅甸是亚洲国家中民族成分最复杂的国家之一，存在大量的民族矛盾和地区分裂势力，根据 CIA 网站数据显示，缅甸全国约有人口 5575 万，政府承认的民族共有 135 个，民族语言 100 多种。除主体民族缅族外，其余少数民族占据国家三分之一的人口和三分之二的国土。缅甸独立后，缅族长期主导政权，与少数民族矛盾尖锐，国家陷入长期内战。缅甸民族宗教争端与分离运动盛行是自独立以来一直为民族矛盾、民族冲突所困扰，民族问题贯穿于独立至今的整个历史进程，少数民族武装割据的局面没有根本改变。缅甸是佛教国家，佛教徒占全国人口近 90%，基督徒占全国总人口约为 5%，主要集中在北部的克钦地区。克钦分离主义运动也给缅甸的统一带来巨大的威胁。信奉基督教的克钦独立军（KIA）则同缅甸政府展开武装冲突。另外，缅甸国内还有近 4% 的罗兴亚人信奉伊斯兰教。罗兴亚人是在英国殖民期间自孟加拉国移民到缅甸的，信奉伊斯兰教并说孟加拉语，从外观以至文化上皆属南亚人。由于缅甸国内民族宗教争端出现恶化现象，大批罗兴亚（Rohingya）难民开始向泰国流亡。自 2012 年起，缅甸佛教徒与罗兴亚人间曾爆发大规模冲突，造成逾 200 人死亡。根据近日公布全球恐怖主义指数（Global Terrorism Index）排名，缅甸排名为全球第 35 名，属于"较受恐怖主义冲击"国家。贫富差距加大带来社会秩序变动风险。自缅甸政府推动经济改革以来，凭借着与缅甸政府保持良好关系,"新富阶级"透过低价取得国有资产。这给缅甸的可持续发展带来重大威胁。

总体上讲,缅甸与中国的共同边界绵延 2171 公里,两国山水相连,民族相通。这种互为近邻的地理位置和民族亲缘关系,是中缅两国经济社会发展的共同基石。昂山素季领导的民盟以全国和平促进全面发展的执政理念,符合缅甸发展的实际。中国在缅甸和平进程中发挥了建设性作用。中国提议建设"人"字形的中缅经济走廊(北起中国云南,经中缅边境南下至曼德勒,然后再分别向东西延伸到仰光新城和皎漂经济特区),将把缅甸最落后地区和最发达的地区连接起来,缓解贫穷问题,减少当地冲突,给皎漂地区带来更多的和平与稳定①。同时,发展中缅友好关系,为中国西南地区实现同步小康、同步建设现代化强国具有重要作用;也为维护民族地区的稳定与民族自信增添重要力量。因此,中国西南地区应加快建设内陆开放型经济,高质量推进产品结构调整,大力度发展旅游服务贸易、基础设施输出服务和绿色化学工业等新型产业集群。加快推进"一带一路南向通道"建设,做大以通道经济走廊为轴、产业基地为支点的城市群,形成西南延伸到东南亚、南亚甚至非洲的贸易新格局。

## (五) 中巴走廊风险

南亚是中国的近邻,与中国贸易往来密切,也是共建"一带一路"的重要伙伴中最具发展动能和成长潜力的地区之一。中巴经济走廊是"一带一路"建设六大经济走廊之中先行先试的典范性项目,被中国形容为海上丝绸之路的旗舰工程。2015 年,习近平主席访问巴基斯坦期间,中巴双方启动了总计 460 亿美元(几乎是巴基斯坦 2015 前所获外国投资的 3 倍)中巴经济走廊项目,以瓜达尔港、能源、交通基础设施和产业合作为重点,形成"1+4"经济合作布局。巴基斯坦吉拉姆河卡洛特水电项目成为丝路基金(面向"一带一路"的中长期开发投资基金)于 2014 年底注册成立后的首笔投资项目。由中国援建的、巴基斯坦第三大港口瓜达尔港于 2016 年 11 月正式开航。中国开辟一条从瓜达尔港陆路至新疆西部地区的能源通道,这将使中东经由阿拉伯海及马六甲海峡长达 14490 多公里的海上运输路线缩短约 85%。"中巴经济走廊"不仅将惠及中巴两国,其功能还将辐射周边,对推动"一带一路"建设有重大作

① 发改委网站. 中缅签署政府间共建中缅经济走廊的谅解备忘录 [OL]. https: //
www. yidaiyilu. gov. cn/xwzx/gnxw/65804. htm, 2018-09-11.

用（陈利君，2014）①。瓜达尔港的建设不仅为中国商品的进出口节约了时间，更使得巴基斯坦和周边国家因贸易繁荣而受益。目前，以瓜达尔港、能源、交通基础设施、产业园区为重点内容的"走廊"建设已从前期规划逐步进入全面实施阶段，逐渐对区域合作、经济融合实现一体化发挥着重要的引领作用。

### 1. 经营环境风险

巴基斯坦公共财政仍十分脆弱，政府最艰难的挑战莫过于解决长期的电力短缺。根据世界银行公布的数据，2013年巴基斯坦人均GDP为1360美元，被列为中低等收入国家。巴基斯坦的经济结构由服务业为基础。世界经济论坛《2014-2015全球竞争力报告》显示，巴基斯坦的竞争力在全球位列第129名。世界银行《2015年营商环境报告》显示，巴基斯坦的营商环境便利程度（DB排名）在全球189个国家和地区中排名第128位，介于中国和印度之间（中国第90名，印度第142名）在纳税、获得电力、执行合同方面排名均在第140名以后。政治环境、宏观经济环境、融资、劳动力市场、基础设施等其他各项指标排名均处于区域内倒数范围内，健康与基础教育领域对巴基斯坦经营环境所造成的负面影响最为强烈且具有长期性。由于反恐战争的消耗，以及国内政治动荡的拖累，巴基斯坦经济发展仍旧非常缓慢，政府将放宽对外国投资的限制规则。据巴基斯坦政府数据显示，2015/2016财年（2015年7月至2016年6月）巴基斯坦实际GDP增速为4.7%，创8年来新高；通货膨胀率创几十年来新低，为2.9%；经常账户赤字占GDP的比重从4%降至1%左右；财政赤字占GDP比率从8.2%降至4.3%。2018年巴基斯坦在"美元风暴"下的外汇储备迅速下降，而出口继续滞后，信用违约风险大增。经济走廊对于巴基斯坦经济发展来说是历史性的机遇，尤其是中巴两国规划在经济走廊途经的地区建立经济特区等，这些规划正在地激活沿线地区和省份的经济发展预期。

### 2. 政治变迁风险

巴基斯坦是中国传统友好国家，也是"一带一路"倡议沿线重要国家。中巴之间有着特殊的友好关系，为全天候战略合作伙伴关系，这在中国的双边关系中是独一无二的。巴基斯坦实行半总统半议会制。军队在国家政治生活中发挥着关键性作用，军方不仅在印巴关系、阿富汗问题等国家安全和外交政策方面拥有核心利益和决策权，其影响力还外延至国家政治领域，并很

---

① 陈利君.中巴经济走廊建设前景分析［J］.印度洋经济体研究，2014（1）：108.

大程度上决定着巴政局和社会的稳定或动荡。2008 年穆沙拉夫下台后，巴基斯坦实现了由军人治理向民选政府的和平过渡，军队正逐步退出政治舞台。巴基斯坦无论是军人政权还是民选政府都始终坚持对华友好政策。2018 年 7 月，伊姆兰·汗领导的反对党正义运动党战胜穆斯林联盟（谢里夫派）人民党，改变了穆盟和人民党轮流执政的局面。伊姆兰·汗在该党的竞选宣言中表示，中巴经济走廊是巴基斯坦振兴经济、实现发展的"黄金机遇"。此外，由于巴国特定的地缘政治位置和重要性，尤其瓜德尔港西邻油气资源十分丰富的中东地区，北面是石油天然气资源比较丰富的中亚，南面濒临阿拉伯海重要的海上能源运输通道，且凭借瓜德尔港的位置使得中国在印度洋发挥作用成为可能（姚芸，2015）①。这必然会引发印度、美国等域外利益相关大国的政治关切。美国可能以"人权"为由对俾路支省事务的进行干涉，使得俾路支省局势更加复杂。印度担忧这可能会使得其主导南亚事务的希望破灭，并逐渐被边缘化。伊姆兰·汗上任后向一直以来关系紧张的两大邻国阿富汗和印度不断伸出橄榄枝，对他提出的"新巴基斯坦"的外交政策要保持一定警觉。

### 3. 民族分化的社会风险

巴基斯坦面临着恐怖主义势力、地区主义势力和宗教冲突三大问题。恐怖主义势力并未从根本上压制下去，塔利班组织在部分地区仍然存在。巴基斯坦是伊斯兰国家，存在多种教派，主要是逊尼派和什叶派及其各自的支派。宗教问题严重影响了巴基斯坦社会的稳定，教派斗争是导致巴安全形势下滑的重要因素之一。占全国人口总数的 95% 的穆斯林中，逊尼派穆斯林约占 90%，分布在全国各地；什叶派穆斯林约占 10%。在逊尼派和什叶派内部还存在不同的分支，这使宗教问题进一步复杂化了。由于巴基斯坦的西部国境很大程度上得益于英国人画下的"杜兰线"，其中拥有大量和巴基斯坦主体民族不同的普什图人，因此在民族关系上就比较紧张（见图6-4）。而巴基斯坦重点经略的是东部地区，经济下滑使东西部民众矛盾被激发出来。同时，地区主义势力日益也引发族群矛盾。东部旁遮普省是大省，而旁遮普人是巴基斯坦最大的族群（约占总人口的 63%），在巴中央政府机构和军队中占有很大的比例，对国家政策具有极大影响力，也是受益最大的。而对于最为贫穷落后的西部俾路支省，当地民众有着强烈的被剥夺感，不满中央权力过大。瓜达尔港建设项目中

---

① 姚芸. 中巴经济走廊面临的风险分析［J］. 南亚研究，2015（2）：35-45.

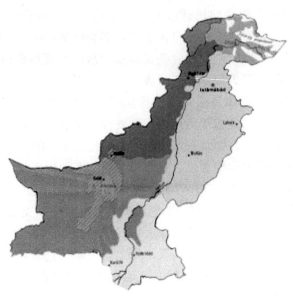

**巴基斯坦民族组成**

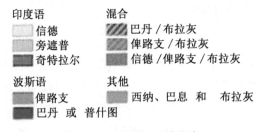

图 6-4 巴基斯坦民族分布

的大部分技术性岗位被旁遮普人和其他民族的技术工人占据着，很少能见到俾路支人的身影。在巴基斯坦最大城市卡拉奇（信德省的省会），城区和四周最好的城市土地大多为非信德人所占有。地区间的矛盾又进一步加剧了民族混居地区的族群矛盾。族群间的利益冲突和贫富悬殊致使城市地区恶性治安案件有增无减。俾路支省分离主义分子一直试图通过炸毁天然气管道、袭击外国工程师、破坏政府工作来吓跑与巴基斯坦政府合作的投资者，俾路支分离主义领导人拒绝对话解决俾路支省问题。另外，俾路支省民众边缘化情绪日趋强烈。民众认为政府并未公正地对待俾路支省人民，强烈的边缘化情绪反过来为分离主义的滋生提供了土壤，使得分离主义有抬头倾向。所以，正义运动党提出打造一个"崭新的巴基斯坦",建立清廉政府、改进国家治理、改善民生以及维护贫困阶层利益等主张均受到中下层民众广泛支持。

# 五、本章小结

本章基于世界煤炭生产与消费的总体趋势,对"一带一路"主要煤炭生产国的投资要素、市场距离和经营环境进行分析。中国周边市场的煤炭供需关系进行分析,提出煤炭投资的方向;围绕中国能源通道的政治、社会、经济等风险,对马六甲、中亚、中俄、中缅、中巴全方位剖析,推进国际经济走廊稳健发展。综合风险评价结论是,虽然世界和平与发展的主题未变,但是中俄、中美"次冷战"遏制形态基本形成。中国面临着南海和东海争端以及朝鲜半岛不稳定因素等诸多周边安全问题。这些将会直接影响到中国能源通道安全。中国学者吴磊(2003)[①] 认为,能源安全的内涵是"合理价格水平范围内的可靠、安全和稳定供应以及需求保障"。中亚能源通道深居亚欧大陆腹地,进口能源全部通过陆地管道输送或者是铁路公路的运输,这对保障中国能源安全最具有现实价值。这里也是"一带一路"最开始的地方。即便一旦处于战争或冲突局面,中国保护周边陆上运输通道的能力也要大得多。中俄能源通道是大国关系的风向标,是综合实力角逐的表现。现在中国和中亚、俄罗斯除了签署双边友好关系外,还同属于上海合作组织成员国。上海合作组织在政治和安全体系合作框架上取得卓有成效。各成员国能够超越国家制度、意识形态、民族文化等重大差异,以"平等协商、互利共赢"的原则解决了冷战遗留的边境问题,并携手开展与地区极端主义、分裂主义、恐怖主义的斗争。对环境恶化、人口膨胀、水源纷争、跨国犯罪、毒品经济等非传统安全因素快速积累,这将要求上合组织安全合作向更加深入、系统和完善的水平升级。"一带一路"倡议本着"共商、共建、共享"的原则,通过基础设施联通,改变中亚地区的民生环境,将有利于减贫与发展;通过资金融通,将推动中国与中亚能源合作,并带动贸易、交通、运输、化工、机械等相关领域的合作,有望成为多层次、多元投资主体经济合作的突破口。通过民心相通,民族往来,开放包容、互学互鉴,可以使得各国利益纽带更加紧密,相互依存度不断加深。

必须清醒地认识到,世界经济进行深度调整、社会贫富分化加剧全球变革,反全球化、民粹主义等思潮的深层次根源,仍然是发展不充分平衡问题。

---

① 吴磊. 中国能源安全［M］. 北京:中国社会科学出版社,2003.

213

因此，建设"一带一路"就是要致力于缩小发展鸿沟，从根本上化解造成各种冲突和矛盾的根源。植根于古代丝绸之路的历史土壤，摒弃霸权主义和强权政治，摒弃意识形态偏见，共商发展方略，共享建设成果，充分体现国际关系民主化。这是为破解全球发展难题贡献的中国智慧、中国方案、中国力量。这种体现理论自信和文化自信的原则，是"一带一路"建设遵循的根本指针。

# 第七章　中国能源企业海外投资模式案例分析

从经济的角度看，海外投资模式的选择，实质上就是选择一种长期利润最大化或利润稳定但风险较小的项目。从这个意义来说，能源企业海外投资模式选择的关键，就是确定合理的资源承诺和所有权控制程度，最大程度地减少风险传播。

## 一、中国能源企业海外投资模式的实践案例

### （一）混合型投资模式

混合型投资模式可分为两种类型：一是资源国与投资国联合型。资源国（或国家公司）和投资国公司各按一定比例出资组建一个新公司，双方共同负责石油勘探、开发、生产、运输和销售等经营管理活动，共同承担相关风险、费用和纳税责任，并按合同规定比例分享利润（石惠，2009）①。这种模式在实践中是并购模式与合同模式的"混搭"，形成合资+产量分成模式或风险服务合同模式等。合资合同的收益分配因合同模式而定。如产品分成合同的利润油要进行两次分成。首先将利润油按产量分成比例分成资源国分成油和合资公司分成油两个部分；然后对合资公司分成油部分再按照参股比例进行二次分配，分为资源国参股分成油和合作方参股分成油。这种混合的益处在于，资源国方和投资方共同承担相关风险；资源国方参与共同经营，可以获得合资企业管理、技术等软能力。二是跨国战略联合型。中国能源企业与国际能源公司共同联合参与能源项目开发。如神华集团与日本三井物产在分销、海外矿产开发、煤化工和煤炭使用效率等煤炭业务上进行广泛合作，并合作竞投蒙古的塔本陶勒盖煤田的开发权。这种混合对于中国能源企业获得世界级的技术和管理

---

① 石惠. 中国石油企业国际石油合作问题研究［D］. 对外经济贸易大学硕士学位论文，2009.

经验非常有益。

## (二) 委内瑞拉模式

委内瑞拉模式,是先由两国政府签订合作制度化的框架,再由中方政策性金融机构提供债务融资,支持以能源为主,拓展其他领域为辅的复合型投资合作模式。

中国与委内瑞拉合作的核心运作机构是中委联合融资基金(以下简称中委基金)。该机构是由成立于 2001 年 4 月的两国政府间高级混合委员会发展而来,出资双方机构为中国国家开发银行与委社会发展银行。中国开发银行以债权而非股权的形式出资,即以贷款形式向中委基金注入资金。中委基金是通过以政府信用和商业信用相结合,依附于石油或非石油合作项目实施阶段性菜单式融资,为投资项目提供了流动性资金支持。中委基金截至 2014 年基金规模达到 200 亿美元。委方以对华出口原油作为中方贷款保证。

委内瑞拉模式缘起于能源投资,并以之为中委"合作主轴"。中石油在中委两国间承担贸易商角色。中石油于 1997 年 11 月以非股权模式进入中标的委内瑞拉马拉开波湖项目和英特甘博项目区块;又以独资方式获得两个边际油田的 20 年生产经营权。其后中石化以并购方式获得 POSA 油田部分权益。2007年后,中石油与委内瑞拉国有石油公司(以下简称 PDVSA)先后合资开发胡宁 4 项目、奥里诺科河富油带(Orinoco)的 Petrosinovensa、Petrourica 和 Junin 10 区块。在国内合资建设年炼油能力 5000 万吨的广东揭阳炼油厂(中方占60%股份,委方占 40%股份)。联合在新加坡成立 CV Shipping 公司,负责运输委内瑞拉到中国原油运输。中石化与 PDVSA 共同开发胡宁 1 号和 8 号油田区块,并合资建设年产 1000 万吨的炼油厂。中海油也参与 Mariscal Sucre 天然气项目。

以胡宁 4 石油项目为例说明该模式的具体流程:2010 年 4 月,中石油、国家开发银行与委内瑞拉的社会发展银行、国家石油公司、计划财政部和能源石油部共同签署中委长期融资合作框架协议。根据合作框架协议,中国国家开发银行向委内瑞拉提供为期 10 年的 200 亿美元的融资贷款。中国国家能源局与委内瑞拉能源石油部签署了胡宁 4 项目政府间协议。中石油与委内瑞拉国家石油公司(PDVSA)成立合资公司,负责胡宁 4 石油项目开发。PDVSA 与中石油签订石油购销合同,作为中国贷款的长期保障。从上述投资过程来看,委内瑞拉模式具有直接投资兼有贷款换石油项目、经济援助与资源开发同步进行的特点。投资涉及从上游的勘探开发到下游的重油炼化,又延伸到中国境内原油运输与销售，形成产、炼、运、销一体化。

这种模式存在较多风险。中委虽然是全面战略伙伴关系，但是委内瑞拉法律规定必须采用合资公司的形式且外国持股在 40% 以下。委的政策变动的随意性较大，缺乏连续性。中石油先后遭遇了暴利税、国有化、合同转制、汇率调整等政治风险和经济风险（陆如泉，2015）①。美洲开发银行（BID）公布《2015 年拉美及加勒比地区贸易趋势预测》（Trade Trend Estimates Latin America and the Caribbean）指出，拉美国家贸易均受到石油和能源产品价格下滑和亚洲国家需求不足的影响，委内瑞拉贸易降幅最大，达到-49%。中方贷款与委石油生产、国际油价相绑定，中国贷款不得不应对与绑定相关的风险。

### （三）非洲投资模式

中国油气非洲投资主要是贷款换石油模式②，即通过能源国与投资国签署政府间合作协议，由投资国的国家政策性银行向资源国贷款，资源国向能源公司销售能源抵销货款的合作方式。2009 年以来，中国先后与俄罗斯、拉美、非洲等国家签订了贷款换石油协议，将贷款融资与原油供应、工程承包与项目融资、双边货币互换等相结合。这种模式在安哥拉等非洲国家成功实施，发展了资源国的经济，实现了互利互惠的双赢局面。

中石油—苏丹投资模式，是非洲投资模式的初始类型。经原外经贸部批准，中石油与苏丹政府于 1995 年签订了穆格莱德（6 区）石油勘探开发合同，融资来源主要是中国政府援外贴息贷款。此后，由中石油联合马来西亚国家石油公司、加拿大塔利斯曼公司和苏丹国家石油公司组建国际石油投资集团，组建了大尼罗河石油作业公司，并联合开发 1/2/4 区（黑格利、团结和基康油田）石油项目和油田至苏丹港原油长输管道建设。中石油与苏丹能矿部各出资 50%，于 1999 年合资建设喀土穆炼油厂。按合资协议规定，投产后苏丹政府以其出口原油的外汇收入作担保，用美元定额分月偿还中方投资本金、利息和投资回报。中石油在苏丹投资是石油一体化项目，帮助苏丹最早建成石油化工体系。苏丹项目原油产量到 2007 年就占到了中石油当年海外原油总产量的

① 陆如泉. 低油价提升委内瑞拉油气投资系统性风险 [N]. 中国石油报，2015-09-15.

② 高建，杨丹，董秀成. 贷款换石油：中外石油合作新模式 [J]. 国际经济合作，2009（10）：19-23.

1/6。苏丹模式的成功实践，成为吸引非洲产油国与中国合作的示范效应①。

安哥拉模式是非洲投资模式的主导类型。它是一种援外工程优惠贷款与石油进口相结合的模式。这种主要以买方信贷的形式进行合作，约定用开采的石油偿付贷款，以此启动安哥拉战后基础设施重建（张宇炎，2012）②。安哥拉模式的流程是，先由两国政府签订合作框架协议（框架合作协议本身不涉及石油交易）；再由中国进出口银行与安哥拉财政部签署基础设施建设项目贷款协议，安哥拉政府以对华长期石油供应收入作为贷款担保。中国公司通过竞标获得安哥拉建设工程。两国石油公司签署买卖合同将石油销售与协议还款相结合，并用销售石油所得支付中国公司的建设费用（见图7-1）。这种投资模式是一种石油、信贷、工程一揽子合作。安哥拉模式体现了由政府单向援助非洲为主转变为援外与互利合作相结合的理念。这种模式合作的限度取决于基础建设市场需求的饱和状态，也取决于非洲法律制度的约束力。在政治形态变革时期的非洲，尤其在石油项目合作"代理制"普遍存在的情况下，中国能源企业依附资源国政府官员，满足海外项目掮客的不正当利益。这种急功近利，无疑会使中国对非长期援助形成的国家形象受损。

### （四）哈萨克斯坦投资模式

哈萨克斯坦与中国新疆领土相邻，具有独特的区位优势，资源禀赋相互补充。从建立方式上看③，中石油是以购并油气资产或股权为主（股权达80%以上），以新建投资模式为辅。如中石油从1997年购入哈萨克斯坦阿克纠宾油气股份公司60.3%的股份（后又增持至85.4%）开始，再并购AMG、PK、ADM、KAM和MMG的股权。进入石油中游（输油管道的修建与运营），则是以绿地投资模式为主。从投资所有权结构来看，所有大项目都是合资经营，股权比例已经由独资或控股向参股转变。中哈能源投资是邓宁对外直接投资OIL理论的完美运用典范。中石油在哈投资模式体现了所有权优势和内部化优势。中石油通过勘探、炼化、管道的一体化的投资，实现了从开采到生产、销售的内部化优势。由于政治及地缘等原因，中国在中亚地区加强能源合作的空间相

① 姜璐，肖佳灵．中石油苏丹之路的回顾和反思［EB/OL］．http：//www.21ccom.net/articles/qqsw/qqjj/article_20140312102220_2.html，2014-3-8.

② 张宇炎．中国对"安哥拉模式"管理政策变化分析［J］．国际观察，2012（1）：58-64.

③ 郜志雄，王颖．"中石油"投资哈萨克斯坦：模式、效益与风险［J］．欧亚经济，2010（9）：12-19.

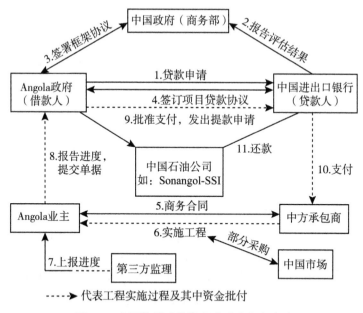

图 7-1  安哥拉模式的资金流动及业务流程

资料来源：叶萌，叶堃晖，颜哲．人民币汇率变动对"安哥拉模式"的影响及对策研究［J］．工程管理学报，2012（6）：11.

比非洲更大，哈萨克斯坦成为能源企业海外投资模式的最佳样本。中国石油企业在哈萨克斯坦投资项目情况如表 7-1 所示。

表 7-1                    中国石油企业在哈萨克斯坦投资项目简表

| 投资者 | 项目名称 | 项目概况 |
| --- | --- | --- |
| 中石油集团 | 哈萨克斯坦石油公司 PetroKazakhstan，简称 PK） | 2005 年 10 月，中石油以 41.8 亿美元收购 PK 公司，现隶属于中石油（CNPC）和哈萨克斯坦 KMG 的上、下游一体化国际石油公司 |
| | 中哈管道项目 | 管道由哈萨克斯坦石油运输公司（KTO）和 CNPC 共同兴建 |
| | 中油阿克纠宾油气股份公司 | 1997 年 6 月，中石油勘探公司（CNODC）收购阿克纠宾公司 60.3% 的股份。该项目使中石油获得 5 个油田开采权 |

续表

| 投资者 | 项目名称 | 项目概况 |
|---|---|---|
| 中石油集团 | 北布扎奇项目 | 采用 CNPC 与 Luk Oil 各占 50% 的运行模式。项目油藏埋深达 450m，原油密度大（0.945g/cm³），黏度 200mpa.s~400mpa.s |
| | Ai-Dan-Munai（ADM）项目 | 2005 年 4 月，中石油勘探公司（CNODC）并购 ADM 股份公司资产，有权开发阿雷斯油田和布里诺夫油田 |
| | KuatAmlonMuani（KAM）项目 | 2004 年底，中石油勘探公司（CNODC）参股 KAM 项目。开发克孜勒奥尔达州南图尔盖的克尼斯和贝克塔斯油田 |
| 中国石油化工集团 | First International Oil Company（FIOC）项目 | 2004 年 6 月，中石化国际石油勘探开发公司（SIPC）收购 FIOC 公司资产，拥有阿特劳州的 5 个勘探区块和 1 个开发区块 |
| | 乌拉尔-伏尔加勘探（Ural-Volga）区块 | SIPC 与中亚石油公司（CAO）合作项目，采用产量分成合同。Ural-Volga 区块总面积达 1.28 万平方公里。 |
| | 科尔占-尤阿里勘探（Kolzhan-Uyaly）区块 | 中石化国际勘探开发公司（SIPC）与中亚石油公司（CAO）合作勘探项目，区块的总面积达到 1410 平方公里。采用产量分成合同 |
| 中信集团公司 | 卡拉让巴斯(karazhanbas)油田 | 2006 年底，中信集团从加拿大内森斯能源公司购得卡拉让巴斯公司的 94.62% 股份 |
| | 东莫尔图克油田（EM）项目 | 区块面积 118 平方公里。油藏属于盐下 KT-Ⅱ层碳酸盐岩（石炭纪），油田探明储量约 5 亿桶，潜在储量为 8500 万桶 |
| 振华石油公司 | K&B 油田项目 | 哈萨克斯坦南图尔盖盆地的克尼斯和贝克塔斯（K&B）油田项目 |

资料来源：根据公开媒体报道资料整理。

### （五）煤炭企业海外投资模式

近年来，中国煤炭企业海外投资扩展到澳大利亚、加拿大、俄罗斯、印度尼西亚、南非、蒙古。煤炭企业海外投资主要有以下三种方式：一是煤炭勘探获得型投资。煤炭企业在境外投资目标是获得煤炭资源的勘探许可开发权。如中国神华 2008 年 11 月获得沃特马克勘探区块的地方许可。资源勘探合同是煤炭企业非股权投资的重要方式。二是设备输出服务型投资。中国煤炭企业在进行设备输出的同时，派出技术人员及生产操作人员从事输出煤矿设备的使用、维护、售后服务工作，或者承包与煤矿机械相关的煤矿生产工程。如中煤集团公司在销售煤炭机械产品的同时，进行煤炭生产及煤矿工程项目建设。三是煤矿绿地投资。煤炭企业购买外国生产矿井或建设新煤矿、燃煤电厂等。如神华国华印度尼西亚南苏煤电一体化 TPP（独立发电商）项目是最成功的典范。该项目由神华国华（印度尼西亚）南苏发电有限公司（PT. GH EMM INDONEISA）运营，中国神华占该公司 70% 的股份。目前跨国并购是获取海外煤炭资源最快的方式，这种并购可以选择和资源国实体合资经营，输出中国煤炭企业的先进技术和经验。在"一带一路"沿线国家，还可以选择性建设煤炭相关产业园区，甚至可以涉足煤炭下游基础设施建设。

# 二、兖煤澳洲投资模式案例分析

兖州煤业于 2004 年在澳大利亚投资开发煤矿，随后神华集团、中煤集团、开滦集团等陆续在海外投资煤矿。在国内煤炭产业价格高位引诱下，煤炭海外并购活动于 2011 年达到巅峰后，2013 年并购交易量持续下滑，煤炭企业海外投资热情降低。

兖州煤业累计在澳大利亚投资 40.1 亿美元，实施 7 次资本运作，并购澳洲 9 个煤矿或矿区。截至 2014 年底，兖州煤业在澳大利亚拥有符合 JORC 标准的煤炭总资源量 52.39 亿吨[1]，澳大利亚的煤炭资源量已近集团煤炭总资源量产的 1/3。兖州煤业成为中国煤炭行业国际化程度最高的能源企业。兖州煤业资产总额增长情况如图 7-2 所示。

（一）从稳健全资收购到激进合资并购

**1. 兖州煤业全资收购澳思达煤矿**

2004 年 10 月，兖州煤业出资 3200 万澳元收购澳大利亚的南田煤矿。

---

[1]　数据来自兖州煤业股份有限公司官网（http：//www.yanzhoucoal.com.cn/gsjj/node_157.htm）。

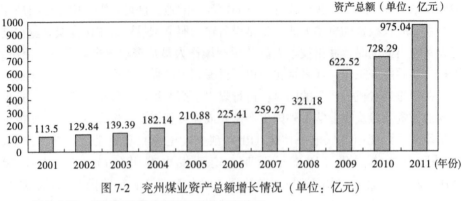

图 7-2 兖州煤业资产总额增长情况（单位：亿元）

资料来源：根据兖州煤业公司的财务报告整理。

南田煤矿位于澳大利亚新南威尔士州猎人谷地区，在悉尼以北 160 公里。该矿煤层厚度超过 8m，探明可采储量约 8000 万吨（按澳大利亚 JORC 标准资源量为 1.4 亿吨），可采煤量达 5000 万吨。该矿于 2003 年因工作面起火曾九易其主仍无法解决问题，最后被迫关闭。兖州煤业收购后将其更名为澳思达煤矿。

**2. 兖州煤业并购菲利克斯公司 100%股权①**

兖州煤业在澳大利亚投资澳思达煤矿 5 年之内并无任何并购。直至 2009 年 8 月，兖州煤业以约 33.33 亿澳元现金收购菲利克斯公司（Felix Resources）100%股权。菲利克斯公司（Felix Resources Limited）是澳大利亚证券交易所上市公司。该公司资产包括运营煤矿 4 个、开发煤矿 2 个和 3 个煤炭勘探项目（见图 6-3），按澳大利亚 JORC 标准资源量为 20 亿吨，持有纽卡斯尔港集团（NCIG）15.4%的股权及与对应的港口吞吐量配额，还拥有超洁净煤专利技术。兖煤澳洲的主要资产位于新南威尔士州和昆士兰州，此项交易达成使得兖州煤业年产量增加 14%。并购次年，兖煤澳洲实现净利润 26.64 亿元人民币。兖州煤业与 Felix 并购谈判耗时接近两年，最终成功受益于兖州煤业获得澳思达煤矿之后对于澳洲的政治、社会制度甚至法律的熟悉程度。

---

① 颉茂华，贾建楠，干胜道，焦守滨. 能源企业海外并购：取得了什么效应？——以兖州煤业并购菲利克斯为例 [J]. 管理案例研究与评论，2012，5（6）：447-462.

图 7-3　Felix 的资产分布

### 3. 澳思达并购新泰克控股公司和新泰克 II 控股公司 100%股权

2011 年 4 月，兖煤澳洲公司通过子公司澳思达公司以 2.025 亿澳元的现金对价收购澳大利亚新泰克控股公司和新泰克 II 控股公司全部股权（简称新泰克项目）。该项目为露天动力煤资源，全部总资源量为 17.32 亿吨。新泰克项目注入兖煤澳洲公司，有助于实现兖煤上市效果与持续融资目的。

### 4. 澳思达并购普力马项目 100%股权

2011 年 9 月，澳思达公司以 2.968 亿澳元收购西农普力马煤矿有限公司和西农木炭私有公司 100%股权。普力马项目的煤种也是动力煤，资源量约为 5.39 亿吨。该项目是西澳两个煤矿之一，通过本次收购为公司后续可持续发展提供了保障。

### 5. 澳思达与格罗斯特互换并购

兖州煤业的第五次海外并购，是兖煤澳洲公司通过其全资子公司澳思达公司出资 20 亿美元与格罗斯特煤炭有限公司（Gloucester Coal）实施换股合并。

2011 年 12 月，兖州煤业、兖煤澳洲公司与格罗斯特公司三方签署《合并提案协议》。兖州煤业通过控股公司兖煤澳洲与格罗斯特合并股份。兖煤澳洲公司剥离的资产包括普力马、新泰克 2 家公司和哈利布兰特、雅典娜和维尔皮纳 3 个项目及超洁净煤技术的经济权益等。完成合并后,格罗斯特成为兖煤澳思达的全资子公司,注入原格罗斯特公司拥有 7 个煤矿资产和纽卡斯尔港集团的 11.6% 股权。兖煤澳洲公司获得澳大利亚证券交易所的上市地位。至此,兖煤澳洲境外煤炭资源总量达 62.52 亿吨,总产能 4160 万吨,并且占有纽卡斯尔港集团的 27% 股权权益。

2017 年初,兖州煤业以 27 亿美元(约 168 亿元)收购世界最大矿业企业之一力拓旗下的澳洲联合煤炭,并购完成后兖煤下属的兖煤澳洲公司成为澳大利亚最大独立煤炭运营商。

根据兖煤澳洲公司 2017 年度财务数据,兖煤澳洲公司 2017 年度实现营业收入 26.01 亿澳元,较去年同期增幅 110%;税后利润 2.29 亿澳元,增盈 4.56 亿澳元。2017 年,兖煤澳洲公司原煤产量 4112 万吨,权益产量 3055 万吨,增幅 44.1%;商品煤产量 3145 万吨,权益产量 2344 万吨,增幅 46.6%;实现商品煤权益销量 2850 万吨,增幅 47.7%。年报显示,受益于并购联合煤炭、莫拉本矿扩产和煤炭价格上涨,公司于 2017 年 9 月 1 日对联合煤炭 100% 股权的收购于完成交割,贡献了 4 个月的产量和利润。伴随业绩增长,在 2017 年 9 月 1 日至 2018 年 2 月 28 日间,兖煤澳洲股价大幅上涨约 30%,市值增长至约 70 亿澳元。目前,兖煤澳洲公司已成为澳大利亚最大的专营煤炭上市公司,公司拥有联合煤炭、莫拉本等世界一级优质资产,随着收购联合煤炭的协同价值逐步释放,预计公司盈利能力持续加强,带动公司市值进一步提升。

兖州煤业澳大利亚公司组织结构如图 7-4 所示。

## (二) 兖煤投资模式的成功原因与风险因素

### 1. 兖州煤业海外并购的成功做法

(1) 审慎评价区域制度质量。兖州煤业海外投资充分考虑了澳大利亚的资源和制度质量。澳大利亚具有高度发达的基础设施,政治及法制公开、高效。且澳洲的铁矿石、动力煤优质资源,是绝大部分地区无法比拟的。本书实证和其他研究结论都证明澳大利亚是投资风险等级最低的能源国之一。但是,澳大利亚与其他经济发达体一样建立了能源投资市场准入的审查制度。特别经济发达体"指责"中国"国家资本主义"行为损害了"自由资本主义"。这种投资审核实质上是东道国设置的政治障碍,有差别地对境外投资企业的投资

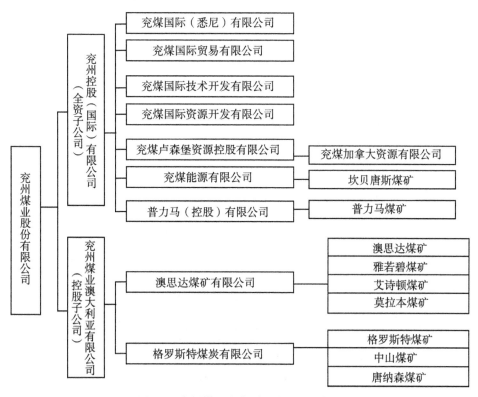

图 7-4　兖州煤业澳大利亚公司组织结构

予以阻碍或否决。神华澳洲沃特马克（Watermark）煤炭项目审查过程证明了区域政治制度的影响力。该项目是 2007 年新南威尔士州面向全球招标煤矿勘探中标结果，为神华独资开发项目。沃特马克项目设计服务年限 24 年，建设工期 18 个月，投资总额为 14.7 亿澳元。神华于 2008 年 11 月向新南威尔士州政府缴纳 2.999 亿澳元的探矿许可价款，获得沃特马克勘探区的探矿许可权。获取沃特马克勘探区域面积总共约 195 平方公里。神华于 2011 年 1 月支付 2.13 亿澳元购买新州北部 6 处农地作为沃特马特煤矿的缓冲用地，获得了州政府项目规划许可。神华从 2011 年 4 月递交相关环境影响评估的规划申请，直到 2015 年 7 月才获澳联邦环评批复。该项目环境审查经历了澳大利亚 8 年换 5 个总理，NGO 和绿党对在澳大利亚的平原和农田建露天煤矿的强烈反对。这是神华投资遭遇的政治风险和社会风险。更为严重的是经济风险，从兖煤澳洲公司 2013 年、2014 年连续出现税后亏损，到世界最大的私有煤炭公司皮博迪（Peabody）破产都说明煤炭行业发展的不确定性。2008 年澳大利亚 BJ 动力煤曾飙升到 190.95 美元/吨，而目前煤炭价格的大幅下挫，使得沃特马克煤矿项目盈利前景不佳。

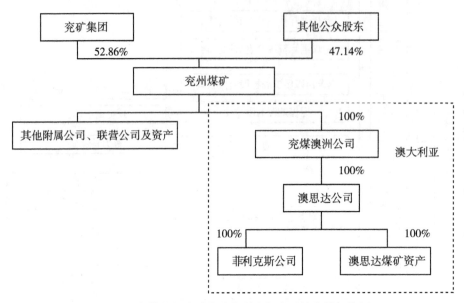

图 7-5　兖煤澳洲公司收购菲利克斯公司的交易架构图

（2）合理选用并购模式。兖煤澳洲公司选择并购模式且合资方式进行投资，建设周期相对短，对集团总体发展的支持非常显著，成为国内煤炭行业中跨国经营指数最高企业。以菲利克斯收购项目为例，公司最初方案为要约收购方式，最终采用的是安排交易方式。如果要约收购，需要向 66%~100% 的股东发出收购要约，各股东完全自主决定是否愿意出售所持股权。这样可能因兖煤无法买到有效比例的股权而导致收购失败；而安排交易并购方式，兖煤只要与主要股东达成一致，并获得法院裁定后即可确保交易成功。并且能够保证重组公司在原公司所在地上市，同时通过直接锁定交易价格，保证收购成本不上升。兖煤澳洲公司收购菲利克斯公司的交易架构图如图 7-5 所示。兖州煤业在并购交易架构设计上：先由境外子公司兖煤澳洲作为换购运作平台，规避集团总部的经营风险。在并购后兖煤澳洲公司上市运作中，将菲利克斯的资产注入澳思达公司，成为兖煤澳洲公司子公司运营资产。在并购融资上，实行"内保外贷"方案。即由兖煤澳洲公司直接境外贷款，兖州煤业在境内提供担保。

这种融资规避了公司本部的还贷压力和财务风险。在贷款额度翻倍的情况下，兖煤澳洲公司境外融资每年可节省利息费用约人民币 6 亿元，节省购汇付汇财务费用约人民币 2900 万元。如果由兖州煤业向兖煤澳洲公司提供贷款，兖煤澳洲公司在还付利息时需向澳洲政府缴纳 10% 的预提税，预计每年约人民币 4000 万元。境外直接融资不受国内并购贷款占投资总额不得超过 50% 的限制，不必履行商务主管部门审批程序，节省了审批时间。在并购公司治理结构上，实施属地化管理原则。董事会以控制为主，对经理层放权，保留原公司团队，以实现公司良性整合。

与兖州煤业投资模式选择不同。神华投资澳大利亚的进入模式是绿地投资且是独资方式进行。绿地投资本身对资源国的益处往往大于其他模式，但对资源国支持环境更为依赖。根据中国神华公告，沃特马克项目环境影响评价报告于 2015 年 1 月 28 日获得新州政府及其指定的独立规划评估委员会审查通过；7 月 4 日，澳大利亚联邦环境部正式批复沃特马克项目环评报告，标志着澳大利亚政府对该项目的环评审核已经完成。但是 2017 年 6 月 29 日，根据保护黑土地（the black soil plains）从事农业活动的既定政策，新州政府撤回了沃特马克勘探区域内以黑土地为主的约 100 平方公里的探矿许可，给予沃特马克公司经济补偿款 2.618 亿澳元，受理了沃特马克勘探区非黑土地区域探矿许可的延期申请；根据 2008 年投标时的约定，如果沃特马克公司采矿许可获得批准，则须另向新州政府支付 2 亿澳元。2018 年 7 月 25 日，沃特马克公司收到正式通知，新州政府批准了沃特马克项目探矿许可的延期申请。该探矿许可去除了黑土地区域，期限自 2018 年 7 月 13 日至 2021 年 10 月 22 日。该项目可以继续进行勘探和环境管理工作。在采矿活动开始之前，沃特马克公司仍须向新州政府申请将探矿许可转为采矿许可，并根据项目开发许可的要求，申请政府对一些具体环境管理计划的审批。根据项目审批以及环境保护和生物多样性保护法的要求，沃特马克项目目前正在准备各项有待法定审批的环境管理计划。① 神华就在环境审查中错失发展机遇，管理层将不得不面对其战略选择的痛苦。从投资模式发展过程来看，世界能源企业海外投资经历了绿地新建、购并及非股权投资模式。由于能源的特殊性，外国公司进入资源国开发一般都要订立关于勘探、开发、生产和销售的合同。因此绿地模式往往是在特定的合同下实现的。传统租让制是特定的合同形式，是殖民地、半殖民地体系下的产物。西方

---

① 中国神华能源股份有限公司. 关于沃特马克项目进展的公告［EB/OL］. 搜狐网，http：//www.sohu.com/a/244221710_115433，2018-07-30.

商人或石油公司凭借国家的势力来勘探、开发租借地内的资源。传统租让制在 20 世纪 60 年代中后期逐渐被现代租让制所代替。矿税制合同（也称许可证协议）是目前最为广泛使用的现代租让制合同。现代合资合作协议也包含有矿税制合同的基本内容。如沙特、科威特的上游产业只能组建合资公司，然后采取矿税制合同模式共同勘探开发招标区块内的非伴生气资源。一些经济实力较弱的资源国倾向采用产量分成合同。非股权的合同模式可多种形式混用①，如尼日利亚就有产量分成、服务合同、矿税制、联合经营合同。

从近年全球油气投资来看，全球依旧以并购投资模式为主。国家石油公司优化资产负债结构，持续剥离"非核心"油气资产。美国的《石油情报周刊》的数据显示，埃克森美孚、雪佛龙和康菲在 2009 至 2013 年间并购投资净值仅为 90 亿美元；欧洲 BP、道达尔、壳牌、埃尼四家公司净减少资产 455 亿美元。同期投资最为活跃的是中国能源企业，在海外投资中不同程度陷入"亚洲溢价"。随着大宗商品价格出现触底迹象，与新兴市场反周期的国际能源企业并购活动明显增加。2015 年 4 月荷兰皇家壳牌以约 700 亿美元收购英国天然气集团（BG），成为全球能源行业十年来最大的并购事件。亚洲国家石油公司忍受能源投资整合之痛，2014 年并购总金额较 2013 年下降 75%。这些信息再次反映全球能源投资模式选择的重要性。

### 2. 并购后的风险因素

中国神华、兖州煤业海外收购均为海外探矿权。兖煤澳思达煤矿是其比较熟悉技术领域问题；菲利克斯公司（Felix）为运营煤矿项目。兖矿煤业通过收购把澳思达煤矿改建成澳大利亚第一个综采放顶煤开采示范矿，取得较好的经济效益。澳思达矿于 2009 年收回全部投资，2010 年实现净利润人民币 26.64 亿元，2011 年利润 3.62 亿澳元。但是随着国内煤炭"黄金十年"接近尾声，兖煤澳洲 2012 年主营业务的营业收入为 6.01 亿澳元，较 2011 年同期下降 19%，利润总额为 2.23 亿澳元，比 2011 年同期降幅达 38.4%。2012 年公司资产负债率已经高达 60% 以上，高于国内其他煤炭行业。2012—2014 年，兖煤澳洲收入连年下滑。2013 和 2014 年净利润连续为负，净亏额合计约为 73.37 亿元②。兖煤澳洲公司 2005—2014 年的经营情况如表 7-2 所示。

---

① 温青山. 国际石油公司发展战略与财务管理［M］. 石油工业出版社，2004.
② 董来孝康. 兖煤澳大利亚"劫难"：两年净亏 73 亿［EB/OL］. 第一财经日报，2015-07-03.

表 7-2                 兖煤澳洲公司 2005—2014 年的经营情况

| 年份 | 原煤产量（百万吨） | 销售收入（亿元） | 净利润（亿元） |
|---|---|---|---|
| 2005 | | | −0.317 |
| 2006 | 44.69 | 1.144 | −3.820 |
| 2007 | 157.78 | 7.437 | 0.315 |
| 2008 | 186.34 | 16.365 | 3.594 |
| 2009 | 187.35 | 11.997 | 2.472 |
| 2010 | 1202.92 | 62.419 | 26.635 |
| 2011 | 1305.81 | 93.813 | 19.784 |
| 2012 | 19323 | 14.196 | 4.046（澳元） |
| 2013 | 21111 | 89.61，855 | −8.32（澳元） |
| 2014 | 20000 | 73.00758 | −3.54（澳元） |

资料来源：根据兖州煤业年度财务报告整理。

目前兖州煤业海外投资的困境，不是投资模式直接产生的后果。兖煤澳洲在全球经济疲软大环境下，直接面临着两大风险：

一是行业风险。穆迪将兖州煤业发行人评级和高级无抵押债务评级下调至"Ba1"，认为其盈利水平下降超出预期。兖煤澳洲炼焦煤主要销往东亚国家和印度；动力煤主要销往中国大陆。受煤炭需求萎缩的影响，澳大利亚目前出口量已经下滑至数年以来的新低。销往中国大陆的动力煤的价格并无多大优势，盈利空间十分有限。销售低价格和生产的高成本，使兖煤澳洲经营非常困难。从煤炭需求的总体趋势，消费的峰值已经错过。

二是汇率波动风险。人民币和澳元的汇兑波动，是兖州煤业收益下滑的直接原因。尤其是澳元兑美元的汇率下降，为兖煤澳洲的美元贷款带来了汇兑损失。以兖州煤业收购菲利克斯公司贷款资金为例，按照 2009 的汇率折算贷款 30 亿美元。澳元兑美元的汇率由 2009 年的 1.04 到 2013 年的 0.89，兖州煤业汇率损失折合人民币约 30 亿元的账面亏损①。这个问题暴露出中国能源企业

---

① 郑道森．兖州煤业 23.5 亿巨亏 海外收购超神华汇兑损失突降［N］．新京报，2013-08-12.

风险管理缺乏手段。

对于兖州煤业国内资源非常有限的现实来讲，兖州煤业通过并购投资，在海外拥有煤炭资源储量 53 亿吨和已探明钾盐资源储量 47.9 亿吨，是企业长远发展的坚实基础。但是从历史发展看，能源企业的海外投资目标与国家的公共产品服务同步调整。20 世纪 60—70 年代，美国政府支持本国石油公司购买沙特的石油开采许可权、建造泛阿拉伯石油管道，甚至承诺向沙特政府提供经济援助和军事保护，从而逐渐扩大对中东石油的控制权。20 世纪 70—90 年代，拉美国家资源国有化使得西方公司资源所有权逐步削弱。西方公司却通过控制开采技术、运输、销售和冶炼等环节，与能源国开展合同合作模式，仍然成为能源最大的受益者。日本对外投资采取少量股权投资，而大量采用长期协议方式获得资源，使自己处于一个有利地位。因此，中国能源企业要高度重视投资的区域风险，更加合理地将投资动机、制度质量与投资模式相结合。

# 三、本 章 小 结

本章基于中国能源企业海外投资实践，主要讨论了投资实践中形成了混合型投资模式、非洲模式、委内瑞拉模式、哈萨克斯坦模式和煤炭投资模式等。这些模式是将政府合同、政策贷款与石油投资相联系，呈现出不同投资模式与不同区域制度、区域风险相匹配。本章对兖州煤业澳大利亚并购案例进行分析，归纳谨慎评价投资区域制度质量、合理选用并购模式是成功的做法。尤其兖煤澳洲 2017 年并购力拓旗下联合煤炭，经过与国际矿业巨头嘉能可（GLENCORE）角力，最终战胜具有并购煤矿资产毗邻协同效应占优、自由现金流富足的嘉能可。获胜的核心是兖煤把握力拓的剥离非核心资产、获取现金发展的诉求。这次并购是兖煤在国资监管体制框架下，运用好"管资本"的强大定力，以不可撤销财务保证函方式成功的案例。本次没有使用以往的负债杠杆融资，收购资金全部来源于市场股权募集，实现了未增加账面财务成本的情况下注入优质资产，同时推动了兖煤澳洲降杠杆，使资产负债率由并购前的77.9%降至47.3%，财务费用节约的效果将在未来逐步显现。并购税务协同效应显著。联合煤炭生产成本低、盈利能力和现金为稳定，这可以为负债率高企的兖煤澳洲抵减所得税资产税金。兖煤澳洲完成并购后，成为澳大利亚最大的煤炭运营商，煤炭储量、产量仅次于嘉能可、必和必拓，有望参与与日澳动力煤定价谈判。资产负债率降低将公司形象、股份流动性得到提升，有助于资本市场独立融资和运营能力。需要强调，兖煤澳洲并购中出现的风险，既有全球煤炭行业调整、外汇价格波动的共性风险，又有中国能源企业管理体制风险。从神华到兖煤都要从"管资产"向"管资本"过渡，必须适应国际公司的市场运行机制，真正实现股权清晰、运营透明和社会责任担当。本章通过兖煤澳洲并购案例分析与神华海外投资、世界能源企业投资规律相联系，从总体实践到个体案例，足以说明能源企业海外投资模式与风险控制、投资动机和制度质量的关系。

# 第八章　研究结论、政策建议和展望

## 一、研究结论

目前金融危机造成的影响远未消失，全球经济仍然处于低增长乃至停滞状态；美国优先的保守主义日趋明显，逆全球化倾向逐渐抬头。全球经济发展需要新动能和新合作。"一带一路"倡议顺应时代发展需要，推动政策沟通、设施联通、贸易畅通、资金融通、民心相通，让不同国家、不同阶层、不同人群共享合作机遇和发展成果。"一带一路"经历五年的实践，实现了从愿景到行动的初级目标，因其开放合作共赢的理念，获得了国际社会的高度认同；因其共商共建共享的原则，开创了合作发展的崭新局面；也因其正确的、可实践的路径和模式，增加了沿线国人民的获得感。"一带一路"是破解人类发展难题的中国方案，也是为完善全球治理体系变革、推动构建人类命运共同体的新思路。共建"一带一路"是持久性工程，必须从机制、平台到项目都需要精雕细琢。需要从政治互信合作转向兼顾民众获利基础；需要从主攻基础设施建设转向兼顾共建国的经济转型升级；需要从注重经济互惠转向深化文化教育互通交流。能源是人类社会发展的重要物质基础，关乎各国的国计民生。加强"一带一路"能源合作既是中国能源发展的需要，也是促进沿线国家能源协同发展的需要。中国能源国有企业是"一带一路"经济合作的重要市场主体之一，通过能源合作有利于带动更大范围、更高水平、更深层次的区域合作。解决好投资模式、风险管控等关键问题，促进形成共享共赢、互惠互利的新型合作关系，将推动国有企业境外经营高标准、高质量、高效益。

（一）本书研究得出的基本观点

（1）能源企业海外投资对象总体发展趋势是石油、天然气和煤炭在相当长时间内仍是主要供给能源，但是中国能源消费总量接近峰值，煤炭石油消费进入衰减时代，天然气消费增长幅度减缓。传统能源消费增长市场主要集中在亚太新兴市场国家，清洁能源所占比例上升明显。能源供给重心西移基本确立，美国以"能源独立"重塑世界平衡时间拐点正在显现，成为能源净出国正在成为现实；但是新兴市场国家的消费市场作用同步上升，中国理应积极参与全球能源治理，推出中国倡议、中国方案。需要注意的是，全球能源体系的主导权更迭还不明显，世界进入"中国时代"将困难重重。能源供给市场多元化已为大势所趋，新能源革命引领工业变革，能源企业结构性衰退已经出现。中国能源企业应对能源海外投资环境变迁，能源上游投资区域整合应有进有退。能源企业海外投资模式和投资主体体制变革需要加快，能源海外投资的促进机制需要完善，能源通道的风险管控体系需要加强。

（2）中国能源企业海外投资现状的基本评价是，目前投资是有效益和有竞争力的，应当继续推进海外投资步伐，但是能源企业海外投资总体上属于限制型投资趋势。能源企业海外投资属于国家战略主导型投资。这类投资的背后都存在着国家的战略利益，是以实现预期的经济效益与社会效益为目标的资本运营和利润获取的行为。本书归纳中国能源企业海外投资具有央企主导和并购主型两大基本特征。根据固定效应估计法的结果，能源企业总资产、资产息税前利润率和中国开放度对跨国指数存在显著正向效应。但是中国能源企业存在投资过于短期化和忽视经济效益的问题，而问题产生与模式选择不当、投资溢价成本突出和企业体制性障碍相关。本书认为，中国能源企业海外投资模式选择，应高度重视风险控制、投资动机和制度质量的互动关系和相互影响。石油投资应是限制投资的重点，投资区域重点聚集"一带一路"范围，逐渐减少区域外投资额度，巩固和提升已有石油投资项目的效益；天然气投资应以技术寻求型动机为主，重点致力于国内非常规气田开发技术与环境保护技术的突破。煤炭企业应是"走出去"投资的主力，这既是国内环境保护的需要，也是煤炭行业可持续发展的战略需要。

（3）中国能源企业投资区域风险评价是，发达经济体国家的投资风险评级结果普遍高于发展中经济体。"一带一路"沿线国家除新加坡外总体风险处于负值区域。根据区域风险评价，中国需要在不能彻底变更现有国际能源权力结构的条件下，渐进地改进能源企业投资布局，应当从高风险区域向"一带一路"区域集聚。中国能源企业在"一带一路"区域，逐步建成能源供给国、消费国和过境国的生态链；以能源通道为纽带，实现资源、资本、技术、产业、市场等要素的有效融合，促进形成共享共赢、互惠互利的新型产业体系。能源企业要以并购模式和非股权模式为主导，逐步形成以中国资本和市场为支撑，能源资源获取与能源的技术服务、工程建设和装备制造输出相结合的互惠链式投资模式，以市场与技术双重优势来巩固在全球能源治理体系中的地位。

（4）投资动机、制度质量与中国能源企业投资模式选择的关系是，市场寻求型动机和技术寻求型动机对投资模式选择的影响显著，资源寻求型动机和总体制度质量对投资模式的作用并不显著；面向"一带一路"沿线国家的投资模式选择，投资动机展现出差异化，但总体制度质量未表现出异质性偏好。这个实证结论，支持已有研究成果，也再次强调审慎评价区域制度质量对于能源企业海外投资风险链的控制作用。本书认为，应以区域风险评价为依据，按投资动机、制度质量来选择投资模式。中国能源企业海外投资应从区域投资动机、投资模式与风险控制综合思考入手，分区域整合投资策略，完善能源企业海外投资的支持性体系。

## （二）本书研究得出的区域整合投资策略

能源企业海外投资模式的选择，是一种投资国和能源国的制度质量、风险控制和企业投资动机在不完全信息下的多赢系统博弈。这就需要有风险链管理的理念，能源企业选择海外投资模式时，应给予风险因素识别与评价的足够考量。风险管理坚持 Miller、Kent（1992）① 的"规避"、"控制"、"合作"、"模仿"与"灵活性"等基本观点。投资模式选择中的区位风险控制，要从区域制度质量出发，特别要科学评价其政治、经济和社会风险因素；再与企业属性和投资动机相结合。能源投资主体主要是国际级规模企业，相互间竞争决定投资模式的因素并不显著，相互间行业环境因素也基本相同，能够决定模式选择主要是投资国与资源国的制度环境以及区域投资动机。本书从区域差异视角，将现有能源投资区域分成资源寻求型投资、技术寻求型投资、资源+市场寻求型投资三大区域。本书按投资区域的资源禀赋、制度质量、风险评价来确立能源企业海外投资动机、投资模式和风险控制。

### 1. 中亚—俄罗斯地区的能源投资动机、投资模式与风险控制

从资源禀赋、地缘政治和风险评价来看，中国能源企业海外投资首选区域就是中亚—俄罗斯地区。该区域是"一带一路"的核心区域，对中国发展有着极其重要的作用。

中亚—俄罗斯地区的油气煤资源均居全球能源最丰富之列。尤其以俄罗

---

① Miller，Kent . A framework for integrated risk management in international business ［J］. Journal of International Business Studies，1992（23）：311-331.

斯、哈萨克斯坦、土库曼斯坦、乌兹别克斯坦的能源储量最为富饶。从区域政治经济关系来看，中国与中亚国家、俄罗斯既有地理便利和良好的政治关系，又在经济结构方面互补性强。中国与俄罗斯都是世界政治军事大国，且已经形成了战略协作伙伴关系。特别在乌克兰危机影响延续下，俄罗斯能源传统市场前景看淡，亚洲市场对俄罗斯经济重振至关重要。就中亚诸国而言，单一石油支柱产业，对引进外资和技术、管理经验来振兴本国经济尤为迫切。中国作为亚太地区最大的市场，也具有先进管理经验和石油勘探开发技术及装备的相对优势，对中亚国家具有巨大的吸引力。该区域投资基本具备了天时、地利、人和的条件。

从区域风险评价来看，样本所涉及的四个国家出现了分化。俄罗斯和哈萨克斯坦总体投资风险较低，土库曼斯坦、乌兹别克斯坦的投资风险处于样本总体次高位置，主要表现为政治风险较高。四个国家中除俄罗斯外，社会设施基础较为薄弱，民族宗教较多不稳定因素导致社会风险较高。金融危机后大量廉价资金涌入，人为制造了该区域经济体的经济复苏假象，掩盖了产业结构畸形、创新能力低下、国家资本垄断过强等结构性问题。

从中亚—俄罗斯地区能源投资的历史经验和制度质量实证来看，中国能源企业投资应坚持以并购模式为主，绿地模式为辅。中亚地区，不仅是中国能源供给来源地，更应是市场机会看多的地区。从实证（不变价人均 GDP）的结果来看，支持并购模式。对于俄罗斯而言，能源寻求型动机的实证结果主张非股权投资模式，即合同模式为主，特别是以能源技术、能源设备和能源劳务合同为重点合同模式开展能源合作，避免不必要的矛盾来损伤两国战略关系行为。中国能源企业在这个区域，还可通过能源投资带动相关技术、设备和劳务人员的出口，推动区域国际产能合作。

中国能源企业对该地区投资，从以往投资经验来看，应继续推进公司治理结构，其重点是缩小国有资本的控股比例。中国能源企业通过国有资本的混合所有制改革，实现国有资本比例相对缩减；在区域中国资本总体比例不变的情况下，降低投资的运营风险。中亚—俄罗斯地区投资风险，主要是地缘政治博弈风险和民族宗教矛盾所引发的极端恐怖主义、民族主义制造的政治风险、社会风险。中亚强人政治即将结束，政权稳定以及政治结构改革的问题也日益突出。中亚民族和宗教问题非常复杂，既受伊斯兰教恐怖主义影响，又有国内经济发展、贫富差距拉大造成的内部对立影响。中国应通过上海合作组织和公共外交方式，增进区域基层人民的经济福利，增强民族之间的信任。这些都是能源企业投资风险控制的重要内容之一。

### 2. 中东地区的能源投资动机、投资模式与风险控制

从资源丰裕程度、风险评价和经济关系来看，中东地区仍是 21 世纪主要的石油供应来源地。这个区域是"一带一路"的次中心，也是中国能源企业海外投资的重要维持地区。

从资源禀赋来讲，中东油田储量规模大、油层物质开发条件好，与中国能源通道的地理位置便利，尤其中缅能源通道建成和中巴经济走廊建设，使得中东优势将越来越大。中国与中东地区大多数国家因经济结构的互补性保持贸易合作，但是中东地区一直是西方国家控制的主要地区，对中国的介入保持高度警惕。

从样本国家风险评价来看，中东的伊拉克投资风险在样本国家中最为严重，阿联酋在同区域国家中风险最小。沙特投资风险相对较小，其风险因素为经济因素和政治因素。其他伊朗、叙利亚因数据不全无法评价。能源企业在中东地区投资总体风险是政治风险，首先主要是民族宗派对立和极端恐怖主义蔓延的风险，而这个风险持续时间将非常长。其次是中东国家法律对能源投资方的强制性规定。最后是大国政治争端的"代理人战争"变化莫测。不介入争端是中国必须保持的基本观点，能源企业在中东投资也必须保持这份清醒。

国际石油价格波动给中东国家经济带来深远影响，在能源供给重心西进过程中，中国相对中东而言在政治经济上的地位越来越重要。因此，能源企业在中东地区投资应以能源寻求型动机为主，实证结论建议以非股权投资模式为主，具体方式上可以以市场换石油，争取与中东国家合资建厂和设备出口、技术输出等相结合，实现产能合作的多样化。

### 3. 非洲地区的能源投资动机、投资模式与风险控制

从资源禀赋分析，非洲的油气资源和勘探条件相对优越，勘探开发成本相对较低。但从风险评价和制度质量来看，非洲投资风险最大，风险因素从大到小排序是政治风险、社会风险和经济风险。这个排序反映非洲在政治民主度、公共设施和社会稳定以及经济自由度等方面的制度质量存在着较大的差距。但是非洲多数国家与中国关系长期友好，且非洲劳动力成本和土地成本有比较优势，适宜中国能源企业保持一定规模的投资。因此，非洲地区的能源投资总体是限制型投资区域。

能源企业在非洲投资动机，应是市场+能源寻求型。这种复合型投资动机，依据实证结论应以绿地模式为主，以货款换石油的合同模式为辅。特别在西非海上油气地区的能源企业投资，应开展面向欧洲市场的国际贸易；在绿地模式实施中，重视与国际能源企业的战略合作，消除在非洲的"新殖民主义"负面影响，也利于深度经营欧洲市场。在东部非洲投资，应为保障国内石油供给为主，重视与东道国企业的合作，推动以市场开发为目标的国际产能合作，建立经济与生态效益共同体；在南部非洲投资，应加大煤炭企业海外投资，保障本土消费市场需求。北部非洲是国家动乱调整期，投资模式应以非股权模式为主，大力控制投资幅度。

非洲投资风险控制，主要是管控政治与社会风险。经济发展是摆脱社会动荡的根本所在，社会动荡的结局就是政治风险的爆发。非洲的苏丹投资风险最为严重，尼日尔是同区域国家风险最小的。中国能源企业在非洲投资要从发展经济、保障供给和可持续发展着眼，克服掠夺式粗放发展方式，推进区域能源产业一体化与其他经济协同发展。高度重视社会文化差距问题，借鉴日本等发达国家的投资经验，既要开展政府间合作，又要开展民众公共外交，重视文化传播和价值传播，厚植合作发展的基础。

### 4. 美洲地区的能源投资动机、投资模式与风险控制

中国能源企业在本区域投资差异性动机显著。在北美投资应以技术寻求型动机为主；在中南美洲投资应以资源寻求型动机为主。

从资源禀赋来看，北美的天然气和重油储量丰富。南美地区的深海石油资源开发潜力最大。这个区域是能源供给重心西移的标志性地区。

从风险评价来看，能源企业在发达经济体的加拿大、美国投资存量最多，各项制度质量评价指标相对稳健。相比而言，美国的社会风险得分偏低。南美洲国家委内瑞拉投资风险相对严重；巴西是同区域国家风险最小的。南美国家总体制度质量不高，直接反映在区域投资风险得分仅高于非洲。南美地区的主要产油国与中国关系友好，但是南美地区是美国的"后院"，合作过度容易导致中美利益冲突和政治信任。且南美政局稳定性差，能源运输成本较高。从长期战略上考虑，不能将南美地区作为能源企业投资的重点。

美洲地区投资模式应以并购投资为主，合同模式为辅。中国能源企业在北美洲地区投资应强化技术获取动机。北美非常规油气开发技术是世界最领先的，而美国对意识形态和制度体系认同度最低，国家审查制度障碍明显。能源

国有企业的大额度并购模式已经不再适宜，应鼓励以民营企业股权投资为主，通过能源投资的溢出效应，带动中国能源开发技术和环境保护技术的提高。中国能源企业在南美洲投资，应以贷款、石油、市场等多轮合作开发为主，通过合同模式取得份额油。

　　能源企业美洲地区投资的风险控制重点是，重视北美国家的制度性风险；由于南美政治体制和政策体系变革最为频繁，国有化风险和税收政策变化最为突出，应当优先解决南美政策贷款可能性的政治风险问题。

### 5. 亚太地区的能源投资动机、投资模式与风险控制

　　从资源丰裕程度、风险评价和制度质量来看，亚太地区是"一带一路"沿线的核心区域，也是主要的能源消费区。亚太地区是政治风险、社会风险最小的区域，其能源投资区位优势及重要性尤其突出。

　　尤其是印度尼西亚和澳大利亚的资源禀赋有利于能源企业长期投资，且是消费的潜在市场。

　　对于印度尼西亚的投资，应突出市场寻求型动机，以绿地投资模式为主。中国能源企业与国内其他行业企业混合式投资，争取基础建设、设备输出和资源获得多重合作机会。风险管控重点是政治风险和社会风险，特别是印度尼西亚的政教结合体制的复杂性。

　　对于澳大利亚能源投资动机应以资源寻求型为主，建议股权投资模式为好。鉴于澳大利亚资源管理体制和资源审查程序，绿地投资受到时间成本、环境保护等人为因素影响大，应当加以限制。法律风险和经济风险的管控，是能源企业投资优先制度安排的内容。

## 二、完善能源企业海外投资支持性体系的政策建议

### （一）中国能源企业海外投资保障的制度设想

　　政府在推动企业海外投资，降低投资风险方面发挥着不可替代的作用。宏观层次的政治风险和监管风险超出了企业的控制能力；投资的信息咨询和风险控制工具的公共属性，需要政府对东道国经营环境识别，及时对可能出现的风险进行预警，并防止其传导至国内形成系统性风险。政府法律与外交支持，特别是投资保护协议可以在很大程度上替代企业自身的风险管理措施，从而降低

其运营成本（Matthias Busse, Jens Königer and Peter Nunnenkamp, 2010）①。应对国际能源投资环境变化，建议坚持"两个基本观点"：一是中国在全球能源格局的新变化中利大于弊。能源企业"走出去"已经到了质变的阶段，不仅要获取资源、市场和技术，而且应参与全球能源市场的再分配。二是中国经济结构转型升级必然推动中国能源的代际更替。因此，能源海外投资的支持性体系需要以下变革：

（1）调整中国能源海外投资的区域规划。中国从能源通道和投资的现实着眼，能源企业海外投资战略重点应是"北通、海稳、西进"。"北通"就是北面与俄罗斯、蒙古建立能源战略伙伴，保证中国能源供给的通畅。"海稳"就是巩固近年在中东、非洲、拉美的能源投资项目，改善和提升能源投资收益。"西进"就是扩大中亚能源及相关产业的产能合作。从实证的风险评价结果看，"一带一路"沿线国家投资风险略高于非"一带一路"沿线国家。但"一带一路"沿线覆盖总人口约为 44 亿，经济总量约为 21 万亿美元，分别约占全球的 63% 和 29%。这无疑为中国能源企业及相关产业创造了市场规模和市场机会。能源企业海外投资应调整高风险区域投资存量向"一带一路"沿线适当聚集。深化"一带一路"能源领域的标准化互利合作，加强能源基础设施互联互通，推进跨境电力联网工程建设，积极开展区域电网升级改造合作，探讨建立区域电力市场。不断完善和扩大油气互联通道规模，共同维护油气管道安全。开展能源装备和工程建设合作，共同提高能源全产业链发展水平；开展能源领域高端关键技术和装备联合研发，共同推动能源科技创新发展。不断提升积极实施中国—东盟清洁能源能力建设计划，推动中国—阿盟清洁能源中心和中国—中东欧能源项目对话与合作中心建设。

（2）增强参与全球能源治理的结构性权力。苏珊·斯特兰奇（2006）②在《国家与市场》中认为国际社会存在两种权力：一是联系性权力；二是结构性权力。国际关系变革是建立在经济关系基础之上的，结构性权力表现为对规则制定的影响力和规模经济效益的垄断性。结构性权利源于生产、安全、金融和知识等领域的优势。美国正是利用在国际经济领域的结构性权力来保护海外投资利益。而这种利益保护的重点，不是对具体利益目标的追求，而是对国际经济体系的推选和维护。为此，中国应充分发挥上合组织作用和双边或多边

---

① Matthias Busse, Jens Königer, Peter Nunnenkamp . FDI promotion through bilateral investment treaties：more than a bit［J］. Review of World Economics, 2010, 146：147-177.

② 苏珊·斯特兰奇 . 国家与市场［M］. 上海人民出版社，2006：63.

机构的作用，建立国家层面的重大合作项目、管网平稳运行应急协调机制。加强金融机构在能源合作项目全周期的深度参与，形成良好的能源"产业＋金融"合作模式。推进"市场、贷款换能源"模式创新，拓宽境外项目资本市场直接融资渠道，促进金融资本与产业资本融合发展、协同发展。建立资产置换、跨境运输和储备的合作机制（徐小杰，2009）①。积极利用丝路基金和亚投行的资本市场，稳步提高人民币在国际能源贸易结算中的比重。依靠上海自贸区平台，研究建立东亚地区天然气交易市场，提高区域天然气市场价格的话语权和影响力。以"一带一路"能源合作为基础，继续发挥国际能源变革论坛、东亚峰会清洁能源论坛等平台的建设性作用，凝聚各国力量，共同构建绿色低碳的全球能源治理格局。落实 2030 年可持续发展议程和《巴黎协定》，推动实现各国人人能够享有负担得起、可靠和可持续的现代能源服务，促进各国清洁能源投资和开发利用，积极开展能效领域的国际合作。

（3）建立能源技术创新驱动的保障机制。在能源海外投资中，确立拥有能源的所有权并不等于拥有国际市场的控制权。真正的控制权，来自于能源技术创新。世界能源变革证明，能源从高碳到低碳转型，向高效清洁方向发展是大势所趋。国际能源公司开始抱团取暖，控制着全球上游资源的公司与技术服务公司合作，从以往的"低成本扩张者"逐步转向"长期总包式综合服务商"转变。中国能源企业投资模式不能以资源获得为动机根本，而应以开采技术、装备等要素综合利用作为能源企业海外投资的终极目标。如壳牌在 2005 年到 2010 年间的研发投资超过 40 亿美元，成为国际低碳发展环境下的全球石油炼化设备供应商。因此，要完善研究能源企业技术创新的利益保障机制，鼓励民营企业契合国家产业扶持和能源安全战略开展专项技术创新，分享在投资收益之外的政策红利，支持国内先进适用技术在"一带一路"相关国综合利用。

（4）改革国有资本投资的管理体制。以央企为主体的能源企业来说，海外投资不是搞跟风式或者口号式的运动，而是旨在增强国有经济活力、控制力、影响力、抗风险能力。为此，需要加强国有资本投资监督管理：一是加强海外投资立法。借鉴发达国家的经验，从国家层面制定《中国国有企业境外投资法》，规定投资主体的权利与义务。重点明确国资委、中央企业、境外企业的责任和权利。建立出资人职责、法人治理机制和决策机制。二是建立境外投资安全预警机制和责任追究体系。在重点能源资源投资地区，开展风险动态

① 徐小杰. 低油价中国该采取什么海外能源战略 ［EB/OL］. 新浪网，http：//finance. sina. com. cn/roll/20090504/01416176262. shtml，2009-05-04.

评价，加强风险预警的反应速度和准确性。建立"谁决策谁负责、谁出问题谁负责"的审查和追责机制，维护海外投资权益。

### (二) 中国能源企业海外投资风险控制的建议

(1) 科学评价制度质量，化解海外投资的政治风险。能源投资具有高度的政治敏感性，对政治风险的控制，要完善制度性因素的识别和评价。政府应从国际制度的维度，充分运用政治、外交和军事手段为央企海外投资创造良好的多边、双边国际关系。企业从法人制度层面，整合国企和民企的金融资本、产业资本，实现从国有企业单一投资主体向混合所有制为主体转变。鼓励不同所有制企业"携手"，稳定央企的带动力、影响力和控制力。保持与国际跨国企业组成能源投资多元主体，通过合资、合作或建立战略联盟的方式，实现投资"国别"利益最大化。

(2) 建立风险防范机制，强化经济风险的源头管理。经济风险来源于市场、技术和资源的不确定性。企业应建立长远战略技术发展研究机制，培育长期核心竞争力。抓住"美国能源独立"的机会和能源价格挤出效应，并购俄罗斯、加拿大等社会制度稳定的能源资产或股权，减少能源市场供给风险。特别要借鉴美国非常规能源开发管理经验，加速非常规能源开采技术的提升。美国有数千个中小石油公司和专业性服务公司活跃在能源上游产业链，致力于提供能源业高端服务。金融业为中小企业提供便捷的融资渠道。保护民营企业进入非常规能源的开发服务领域，分散技术创新风险。

(3) 加强公司治理与整合能力，积极化解社会风险。本书的社会风险评价主要反映东道国的公共设施现代化水平和社会稳定性的问题。这两个问题的解决途径就是主动创造稳定的投资氛围，积极培育民众支持基础。一是要充分认识可能面临的国家保护主义。与其他领域的投资项目相比，能源涉及"自然资源的永久主权"和"新殖民主义"等敏感话题。中国能源企业要积极与东道国政府沟通，照顾原有投资者、员工工会、社区和竞争对手等利益相关者的关切问题。制定合理的收购策略，尽量避免遭遇投资的"政治防火墙"。二是要服务东道国的民生经济。能源企业应向社会表达良好的企业责任感，优先考虑能源国发展的需求，考虑人民的愿望，尊重属地文化。特别是当地政府和民众必将严格审视投资可能对当地劳工就业带来的正面或负面影响。在投资初期，应积极与各方沟通传递本地化用工策略，甚至可以设计适当的保障就业策略，以获取当地政府和民众的更大支持。注意融合员工之间的价值观念、宗教信仰，最大限度地消除舆论偏见和政治阻力，建立起和谐共生的企业文化。

# 三、研 究 展 望

第一，在研究内容上，本书主要是基于模式选择与风险控制、投资动机和制度质量关系的视角，对石油天然气煤炭等化石能源的海外投资现状与趋势进行研究。目前中国核电、普通电力、新能源在国际市场上投资也取得了重大进展。本书限于数据获取难，对这类内容未涉及或涉及层次较低。技术创新对能源企业投资的影响力正在加强，如何将技术创新与投资模式选择相结合，也是非常有意义的研究课题。这些都是后来研究的可能方向。

第二，在研究方法上，因中国能源企业投资尚无完整数据作为参考，也没有相关能源的权威指标体系作为参考。本书在设计实证指标体系时，借鉴已有研究的统计指标和研究方法基础上，也作了一定理论推导和案例分析。在研究过程和研究方法上避免了一定的片面性，但是指标体系本身对于投资现状、区域风险的评价符合度有待进一步验证。虽然数据来源真实，但数据能够反映指标的实际作用还相当有限。因而在研究模式选择决定因素的检验中还存在一定的局限，还需要进一步探讨。

# 参 考 文 献

[1] Anderson E., Gatignon H. Modes of Foreign Entry: A Transaction Cost Analysis and Propositions [J]. Journal of International Business Studies, 1986, 17 (3): 1-26.

[2] Andersson T., Svensson R. Entry modes for direct investment determined by the composition of firm-specific skids [J]. The Scandinavian Journal of Economics, 1994, 96 (4): 551-560.

[3] Acemoglu, Antràs, Helpman. Contracts and Technology Adoption [J]. American Economic Review, 2007, 97 (3): 916-943.

[4] Asiedu E. Foreign direct investment in Africa: The role of natural resources, market size, government policy, institutions and political instability [J]. The World Economy, 2006, 29 (1): 63-77.

[5] Buckley P. J., L. J. Clegg, A. R. Cross, X. Liu, H. Voss, P. Zheng. The determinants of Chinese outward foreign direct investment [J]. Journal of international business studies, 2007, 38 (4): 499-518.

[6] Buckley P. J., Cross A. R., Tan H., et al. Historic and emergent trends in Chinese outward direct investment [J]. Management International Review, 2008, 48 (6): 715-747.

[7] Boehm B. W. Software Rik Management: Principles and Practice [J]. IEEES Software, 1991 (8): 32-41.

[8] Beamish P., Banks J. Equity Joint-Ventures and the Theory of the MNE [J]. Journal of International Business Studies, 1987, 19 (2): 1-16.

[9] Brouthers K. D., Brouthers L. E. Acquisition or Green field Start-up? Institutional, Cultural and Transaction Cost Influences [J]. Strategic Management Journal, 2000, 21 (1): 89-97.

[10] Carluccio, Juan, Thibault Fally. Global Sourcing under Imperfect CapitalMarkets [J]. Review of Economics and Statistics, 2012, 94 (3):

740-763.

[11] Conconi, Paola, Patrick Legros, Andrew Newman. Trade Liberalization and Organizational Change [J] Journal of International Economics, 2011, 86 (2): 197-208.

[12] Cho K. R., Padmanabhan P. Revisiting the role of cultural distance in MNC's foreign ownership mode choice: the moderating effect of experience attributes [J]. International Business Review, 2005, 14 (3): 307-324.

[13] Dikova D., Witte loostuijn A. V. Foreign Direct Investment Mode Choice: Entry and Establishment Modes in Transition Economies [J]. Journal of International Business Studies, 2007, 38 (6): 1013-1033.

[14] David Baldwin. The Concept of Security [J]. Review of International Security, 1997, (1): 5-26.

[15] D. H. Oughton, G. Strømman, B. Salbu. Ecologicalrisk assessment of Central Asian mining sites: application of the ERICA assessment tool [J]. Journal of Environmental Radioactivity, 2013, 12 (3): 90-98.

[16] D. W. Conklin. Analyzing and Managing Country Risks [J]. Ivey Business Journal, 2002, 66 (3): 36-41.

[17] Delios, Andrew, Witold Henisz. Political Hazards, Experience, and Sequential Entry Strategies: the International Expansion of Japanese Firms, 1980—1998 [J]. Strategic Management Journal, 2003, 24 (11): 1153-1164.

[18] Du Julan, Yi Lu, Zhigang Tao. Economic Institutions and FDI location choice: Evidence from US Multinationals in China [J]. Journal of Comparative Economics, 2008, 36 (3): 412-429.

[19] Dunning J. H. The Eclectic Paradigm of International Production: A Restatement end Some Possible Extensions [J]. Journal of International Business Studies, 1988, 19 (1): 1-31.

[20] Erramilli M. K., Rao C. P. Service Firms' International Entry-Mode Choice: A Modified Transaction-Cost Analysis Approach [J]. Journal of Marketing, 1993, 57 (3): 19-38.

[21] Enrico Pennings, Leo Sleuwaegen. The Choice and Timing of Foreign Direct Investment under Uncertainty [J]. Ecomomic Modelling, 2004, 21 (6): 1101-1115.

[22] Feenstra, Robert, Chang Hong, Hong Ma, Barbara Spencer. Contractual versus Non-contractual Trade: The Role of Institutions in China [J]. Working Paper, 2012.

[23] Formigli J. Brazil pre-salt: Opportunities and challenges [J]. World Oil, 2011 (5): 29-32.

[24] Gatignon, Hubert, Erin Anderson. The Multinational Corporation's Degree of Control over Foreign Subsidiaries: An Empirical Test of a Transaction Cost Explanation [J]. Journal of Law, Economics & Organization, 1988, 4 (2): 305-336.

[25] Gilpin R. The political economy of international relations [M]. NewJersey: Princeton University Press, 1987.

[26] Gani A. Governmence and foreign direct investment links: Evidence from panel data estimations [J]. Applied Economic Letters, 2007, 14 (10): 753-756.

[27] Globerman, S., D. Shapiro. Global foreign direct investment flows: The role of governance infrastmcture [J]. World Development, 2002, 30 (11): 1899-1919.

[28] Garcia-Canal E., M. F. Guillen. Risk and the Strategy of Foreign Location Choice in Regulated Industries [J]. Strategic Management Journal, 2008, 29 (10): 1097-1115.

[29] Gonzalez-Vicente R. Mapping Chinese mining investment in Latin America: Politics or market [J]. The China Quarterly, 2012, 209 (3): 35-58.

[30] Hu A. G., MaW., Yan Y. L. Connotation, definition and passage of "Silk-road Economic Belt" strategy [J]. Journal of Xinjiang Normal University: Edition of Philosophy and Social Sciences, 2014, 35 (2): 1-10.

[31] Houndmills, Basingstoke, Hampshire. Foreign direct investment in transitional Economies: a case study of China and Poland [M]. Macmillan St. Martin'S Press, 2000.

[32] Hill C., Hwang P., Kim W. An Eclectic Theory of the Choice of International EntryMode [J]. Strategic Management Journal, 1990, 11 (2): 117-128.

[33] Hancock K. J. Escaping Russia, looking to China: Turkmenistan pinshopes on China's thirst for natural gas [J]. China and Eurasia ForumQuarterly, 2006

　（3）：67-87.

［34］ Henisz　W. J. ，　A. Delios. Uncertainty，　Imitation，　and　Plant　Location：
　　　 Japanese　Multinational　Corporations，　1990—1996　［J］. Administrative
　　　 Science Quately，2001，46（3）：443-475.

［35］ Henisz，Witold，Oliver　Williamson. Comparative　Economic　Organization-
　　　 Within and between Countries［J］. Businessand Politics，1996（3）：261-
　　　 277.

［36］ Henisz Williamson. Comparative　Economic　Organization-within　and　between
　　　 Countries［J］. Bussiness and Politics，1999，1（3）：261-278.

［37］ Luo Y. ，Xuc Q. ，Han B. How emerging market governments promote
　　　 outward FDl：Experience　from　China　［J］. Journal　of　World　Business，
　　　 2010，45（1）：68-79.

［38］ Levchenko. Institutional　Quality　and　International　Trade　［J］. Review　of
　　　 Economic Studies，2007，74（3）：791-819.

［39］ John H. Dunning. International Production and the Multinational Enterprise
　　　 ［M］. London：George Allen & Unwin Ltd. ，1981.

［40］ John V. Mitchell，Peter　Beck，Michael　Grubb. The　New　Geopolitics　of
　　　 Energy［M］. The RoyalInstitute of International Affairs，1996.

［41］ J. M. Oetzel，R. A. Bettis，M. Zenner　Country　Risk　Measures：How　Risky
　　　 areThey［J］. Business，2001，36（2）：128-145.

［42］ Kolstad I. ，A. Wiig. What determines Chinese outward FDI［J］. Journal of
　　　 World Business. 2010，47（1）：26-34.

［43］ Kwon K. C. ，Konopa L. J. Impact of Host Country Market Characteristics on
　　　 the　Choiceof　Foreign　Market　Entry　Mode　［J］. International　Marketing
　　　 Review，1992，10（2）：60-76.

［44］ Kim，Chan W. ，Peter H. Wang. Global Strategy and Multinationals' Entry
　　　 Mode Choice［J］. Journal of International Business Studies，1992，（19）：
　　　 411-432.

［45］ Krugman，Paul. Scale Economics，Product Differentiation，and the Pattern of
　　　 Trade［J］. American Economic Review，1980，70（5）：950-959.

［46］ Lall S. The New Multinationals：The Spread of Third World Enterprises［M］.
　　　 New York：John Wiley & Sons，1983.

［47］ Ming T. T. ，Yung M. C. Asset Specificity，Culture，Experience，Firm Size and Entry Mode Strategy: Taiwanese Manufacturing Firms in China, Southeast Asia and Western Europe [J]. International Journal of Commerce & Management, 2004, 14 (3): 1-27.

[48] Mathews J. A Dragon Multinationals: New Players in 21st Century Globalization [J]. Asia Pacific Journal of Management, 2006, 23 (1): 5-27.

[49] Matthias Busse, Jens Königer, Peter Nunnenkamp . FDI promotion through bilateral investment treaties: more than a bit [J] Review of World Economics, 2010, 146: 147-177.

[50] Miller K. D. A. Framework for Integrated Risk Management in International Business [J]. Journal of International Business Studies, 1996 (2): 311-331.

[51] Mason Willrich. Energy and World Politics [M]. New York: The Free Press, 1975.

[52] Melvin A. Conant, Fern Racine Gold. The Geopolitics of Energy [M]. Boulder Colorado: Westview Press, 1978.

[53] Mona Verma Makhija. Government intervention in the Venezuelan petroleumindustry: an empirical investigation ofpolitical risk [J]. Journal of International Business Studies, 1993, 24 (3): 531-535.

[54] Michael R. Walls, James S. Dyer. Risk Propensity and Firm Performance: AStudy of the Petroleum Exploration Industry [J]. Management Science, 1996, 42 (7): 1004-1021.

[55] Nocke V. , Yeaple S. An Assignment Theory of Foreign Direct Investment [J]. The Review of Economic Studies, 2008, 75 (2): 529-557.

[56] Nazli Choucri. International Politics of Energy Interdependence [M]. Lexington Books, 1976.

[57] Nie, Huihua, Ruixue Jia. Institutional Quality and the Ownerships of Foreign Direct Investment in China [D]. Working Paper, 2011.

[58] Nunn, Nathan. Relationship-specificity, Incomplete Contracts and the Pattern of Trade [J] . Quarterly Journal of Economics, 2007, 122 (2): 569-600.

[59] North D. C. Institutions, Institutional Change and Economic Performance [M]. Cambridge: Cambridge University Press, 1990.

[60] Philip Andrews. Speed and Sergei Vinogradov, China's Involvement in Central Asian Petroleum: Convergent or Divergent Interests [J]. Asian Survey,

2000, 40 (2): 377-397.

[61] Paul J. DiMaggio, Walter W. Powell. The New Institutionalism in Organizational Analysis [M]. The University of Chicago Press, 1991.

[62] Padmanabhan Prasad, Kang Rae Cho. Methodological Issues in International Business Studies: the Case of Foreign Establishment Mode Decision by Multinational Firms [J]. International Business Review, 1995, 4 (1): 55-72.

[63] Quer D., Claver E., Rienda L. Political risk, cultural distance, and outward foreign direct investment: empirical evidence from large Chinese firms [J]. Asia Pacific Journal of Management, 2012, 29 (4): 1089-1104.

[64] Rodriguez C., Bustillo R. A critical revision of the empirical literature on Chinese outward investment: a new proposal [J]. Panoeconomicus, 2011, 58 (5): 715-733.

[65] Root F. R. Entry Strategies for International Markets (the 2rd edition) [M]. San Francisco: Jossey-Bass Publishers, 1998.

[66] Randall Morck, Bernard Yeung, Min yuan Zhao. Perspectives on China's Outward Foreign Direct Investment [J]. Journal of International Business Studies, 2008, 39 (3): 337-350.

[67] Randall J. Jones Jr. Empirical Models of Political Risks in U. S. Oil Production Operations in Venezuela [J]. Journal of International Business Studies, 1984, 15 (1): 81-95.

[68] Robert A. Manning. The Asia Energy Factor: Myths and Dilemma of Energy, Security and the Pacific Future [M]. New York: Palgrave, 2000.

[69] R. G. C. Thomas, Bennett Ramberg. Energy and Security in the Industrializing World [M]. The University Press of Kentucky, 1990.

[70] Stephen Herbert Hymer. International Operation of National Firms: A Study of Direct Foreign Investment [M]. Cambridge: MIT Press, 1976.

[71] Stefan H. Robock. Political risk: Identification and Assessment [J]. Columbia, Journal of World Business, 1971 (July-Aug.): 6-20.

[72] Sirnon, J. D. Political Risk Forecasting [J]. The Journal of Forecasting and Planning. 1985, 17 (2): 132-148.

[73] Steven Globerman, Daniel M. Shapiro. Governance Infrastructure and Us Foreign Direct Investment [J]. Journal of International Business Studies,

2003, 34 (1): 19-39.

[74] Tolentino P. E. Home country macroeconomic factors and outward FDI of China and India [J]. Journal of International Management, 2010, 6 (2): 102-120.

[75] Teece D. J., Pisano G., Shuen A. Firm Capabilities, Resources and the Concept of Strategy [M]. Mimeo Press, 1990.

[76] Vertzberger Y. Y. Risk Taking and Decision Making: Foreign Military Intervention Decisions [M]. CA: Stanford University Press, 1998.

[77] Werner S. Recent Developments in International Management Research: A Review of 20 Top Management Journals [J]. Journal of Management, 2002, 28 (3): 277-305.

[78] Wells, Louis T. Third World Multinationals—The Rise of Foreign Direct Investment from Developing Countries [M] . Cambridge Mass: MIT Press, 1983.

[79] Wilson B. The propensity of multinational companies to expand through acquisitions [J]. Journal of International Business Studies, 1980, 11 (1): 59-65.

[80] Yeung H. W., Liu W. Globalizing China: The rise of mainland firms in the global economy [J]. Eurasian Geography and Economics, 2008, 49 (1): 57-86.

[81] Zhang S., Wang W., Wang L., Zhao X. Review of China's wind power firms internationalization: status quo, determinants, prospects and policy implications [J]. Renewable and Sustainable Energy Reviews, 2015, 43 (3): 1333-1342.

[82] Zhang J. H., Zhou C. H., Ebbers H. Completion of Chinese overseas acquisitions: institutional perspectives and evidence [J]. international Business Review, 2011, 20 (2): 226-238.

[83] Zhao X., Decker R. Choice of foreign market entry mode: Cognitions from empirical and theoretical studies [D]. Publications at Bielefeld University Working Paper, 2004.

[84] 保罗．罗伯茨．石油的终结 [M]. 吴文忠，译．中信出版社，2005.

[85] 邓肯，克拉克．石油帝国 [M]. 孙晓东，刘晓青，译．石油出版社，2011.

[86] 肯尼斯·华尔兹. 国际政治理论 [M]. 信强, 译. 上海: 上海人民出版社, 2004.

[87] 罗伯特·基欧汉. 霸权之后——世界政治经济中的合作与纷争 [M]. 苏长和等, 译. 上海世纪出版集团, 2001.

[88] 让-雅克·贝雷比. 世界战略中的石油 [M]. 时波, 周希敏, 贺诗云, 译. 新华出版社, 1980.

[89] 博·黑恩贝克. 石油与安全 [M]. 俞大畏等, 译. 商务印书馆, 1976.

[90] 罗伯特·奥克赛罗德. 对策之中的制胜之道: 合作的演变 [M]. 吴坚忠, 译. 上海人民出版社, 1995.

[91] 汉斯·摩根索. 国家间政治——寻求权力与合作的斗争 [M]. 徐昕等, 译. 中国人民公安大学出版社, 1990.

[92] 肯尼斯·华尔兹. 国际政治理论 [M]. 信强, 译. 上海人民出版社, 2004.

[93] 斯·日兹宁. 国际能源政治与外交 [M]. 强晓云, 史亚军, 成键等, 译. 华东师范大学出版社, 2005.

[94] W·理查德·斯科特. 制度与组织: 思想观念与物质利益 (第3版) [M]. 姚伟, 王黎芳, 译. 中国人民大学出版社, 2010.

[95] 伯利, 米恩斯. 现代公司与私有财产 [M]. 甘华鸣, 罗锐韧, 蔡如海, 译. 商务印书馆, 2005.

[96] 苏珊·斯特兰奇. 国家与市场 [M]. 杨宇光等, 译. 上海人民出版社, 2006.

[97] 吴先明. 中国企业对外直接投资论「M」. 经济科学出版社, 2003.

[98] 吴先明. 制度环境与我国企业海外投资进入模式 [J]. 经济管理, 2011 (4): 68-79.

[99] 吴先明. 中国企业对发达国家的逆向投资, 创造性资产的分析视角 [J]. 经济理论与经济管理, 2007 (9): 52-57.

[100] 冼国明. 国际投资概论 [M]. 首都经济贸易大学出版社, 2004.

[101] 卢汉林. 国际投资学 [M]. 武汉大学出版社, 2010.

[102] 杜奇华. 国际投资 [M]. 对外经济贸易大学出版社, 2009.

[103] 赵曙明, 杨忠. 国际企业: 风险管理 [M]. 南京大学出版社, 1998.

[104] 陈漓高. 中国企业跨国经营环境与战略研究 [M]. 人民出版社, 2009.

[105] 何帆, 姚枝仲. 中国对外投资: 理论与问题 [M]. 上海财经大学出版社, 2013.

[106] 鲁桐. 中国企业海外市场进入模式研究 [M]. 经济管理出版社, 2007.

[107] 杨剑波. 多目标决策方法与应用 [M]. 湖南出版社, 1996.

[108] 陈菲琼, 钟芳芳. 中国海外直接投资政治风险预警系统研究 [J]. 浙江大学学报 (人文社会科学版), 2012, 42 (1): 87-99.

[109] 张友棠. 中国企业海外投资的风险辨识模式与预警防控体系研究 [M]. 中国人民大学出版社, 2013.

[110] 叶建木. 跨国并购: 驱动、风险与规制 [M]. 经济管理出版社, 2008.

[111] 王巍, 张金杰. 国家风险 [M]. 江苏人民出版社, 2007.

[112] 王永钦, 杜巨澜, 王凯. 中国对外直接投资区位选择的决定因素: 制度、税负和资源禀赋 [J]. 经济研究, 2014 (12): 126-142.

[113] 黄速建, 刘建丽. 中国企业海外市场进入模式选择研究 [J]. 中国工业经济, 2009 (1): 108-117.

[114] 董秀成, 曹文红. 经典跨国经营理论与中国石油企业跨国经营"综合动力场论" [J]. 石油大学学报 (社会科学版), 2003, 19 (4): 27-3132.

[115] 董秀成, 朱瑾. 我国石油企业的跨国经营环境模糊综合评价——以南美三国为例 [J]. 石油大学学报 (社会科学版), 2005, 21 (1): 7-11.

[116] 赵旭, 董秀成. 中亚里海地区油气地缘环境分析及中国的突围策略 [J]. 改革与战略, 2008, 24 (3): 23-26.

[117] 高建, 杨丹, 董秀成. 贷款换石油: 中外石油合作新模式 [J]. 国际经济合作, 2009 (10): 19-23.

[118] 祁春凌, 邹超. 东道国制度质量, 制度距离与中国的对外直接投资区位 [J]. 当代财经, 2013, (7): 100-110.

[119] 蒋冠宏, 蒋殿春. 中国对外投资的区位选择: 基于投资引力模型的面板数据检验 [J]. 世界经济, 2012, (9): 21-40.

[120] 蒋冠宏, 蒋殿春. 中国对发展中国家的投资——东道国制度重要吗 [J]. 管理世界, 2012 (11): 45-56.

[121] 杨大楷, 应溶. 我国企业 ODI 的区位选择分析 [J]. 世界经济研究, 2003 (1): 25-28.

[122] 杨增雄, 唐嘉庚. 国际生产折衷理论的发展及对我国对外直接投资的启示 [J] 国际商务, 2004 (3): 46-50.

[123] 陈浪南, 洪如明, 谢绵陛. 中国企业跨国市场进入方式的选择战略 [J]. 国际贸易问题, 2005 (7): 85-90.

[124] 阎大颖. 中国企业对外直接投资的区位选择及其决定因素 [J]. 国际贸易问题, 2013 (7)：128-135.

[125] 阎大颖. 中国企业国际直接投资模式选择的影响因素——对跨国并购与合资新建的实证分析 [J]. 山西财经大学学报, 2008 (10)：24-33.

[126] 阎大颖, 洪俊杰, 任兵. 中国企业对外直接投资的决定因素——基于制度视角的经验分析 [J]. 南开管理评论, 2009 (6)：135-142.

[127] 池建宇, 方英. 中国对外直接投资区位选择的制度约束 [J]. 国际经贸探索, 2014, 30 (1)：81-91.

[128] 聂名华. 中国企业对外直接投资风险分析 [J]. 经济管理, 2009, 31 (8)：52-56.

[129] 邓明. 制度距离、"示范效应" 与中国 OFDI 的区位分布 [J]. 国际贸易问题, 2012 (2)：123-135.

[130] 张建红, 周朝鸿. 中国企业走出去的制度障碍研究——以海外收购为例 [J]. 经济研究, 2010 (6)：80-91.

[131] 邱立成, 赵成真. 制度环境差异、对外直接投资与风险防范：中国例证 [J]. 国际贸易问题, 2012 (12)：112-123.

[132] 王恕立, 向姣姣. 制度质量、投资动机与中国对外直接投资的区位选择 [J]. 财经研究, 2015 (5)：134-144.

[133] 程新章, 胡峰. 跨国公司对外投资模式选择的经济学分析 [J]. 新疆大学学报, 2003, 31 (4)：17-20.

[134] 张小庆. 跨国公司对外投资模式选择的决策过程 [J]. 亚太经济, 2007 (3)：21-24.

[135] 余建华, 戴轶尘. 多维理论视域中的能源政治与安全观 [J]. 阿拉伯世界研究, 2012 (3)：107-120.

[136] 程惠芳, 阮翔. 用引力模型分析中国对外直接投资的区位选择 [J]. 世界经济, 2004 (8)：23-30.

[137] 周长辉, 张一弛, 俞达. 中国企业对外直接投资驱动力与进入模式研究的理论探索 [J]. 南大商学评论, 2005 (7)：149-162.

[138] 李国学. 制度约束与对外直接投资模式 [J]. 国际经济评论, 2013 (1)：160-173.

[139] 李国学. 对外直接投资模式选择 [J]. 中国金融, 2013 (1)：49-50.

[140] 周经, 张利敏. 制度距离、强效制度环境与中国跨国企业对外投资模式选择 [J]. 国际贸易问题, 2014 (11)：99-108.

[141] 李坤望、王永进．契约执行效率与地区出口绩效差异——基于行业特征的经验分析 [J]，经济学（季刊），2010，9（2）：1007-1028.

[142] 陈丽丽，林花．我国对外直接投资区位选择：制度因素重要吗——基于投资动机视角 [J]．经济经纬，2011（1）：20-25.

[143] 张中元．东道国制度质量、双边投资协议与中国对外直接投资——基于面板门限回归模型（PTR）的实证分析 [J]．南方经济，2013（4）：49-62.

[144] 郑磊．东道国经济、制度因素对中国对外直接投资的影响——基于亚洲主要国家（地区）的实证分析 [J]．财经问题研究，2015（11）：99-106.

[145] 朱磊．能源安全与气候变化背景下的能源投资建模与应用研究 [D]．中国科学技术大学博士学位论文，2011.

[146] 吴绍曾．国际石油勘探开发合作模式比较与分析 [D]．中国石油大学（华东）硕士学位论文，2007.

[147] 郜志雄．中国石油公司对外直接投资模式研究 [D]．对外经济贸易大学博士学位论文，2011.

[148] 郜志雄，王颖．"中石油"投资哈萨克斯坦：模式、效益与风险 [J]．欧亚经济，2010（9）：12-19.

[149] 裴长洪，樊瑛．中国企业对外直接投资的国家特定优势 [J]．中国工业经济，2010，268（7）：45-54.

[150] 丁蔚琳．中国企业海外投资模式比较分析 [D]．华中科技大学硕士学位论文，2010.

[151] 孟庆彬．中国对外直接投资模式选择——绿地投资和跨国并购的比较研究 [D]．重庆大学硕士学位论文，2014.

[152] 科内．中国石油企业对非洲投资的战略模式研究 [D]．武汉大学博士学位论文，2010.

[153] 王利华．中国跨国公司对外直接投资区位选择研究 [D]．华东师范大学博士学位论文，2010.

[154] 徐振强，育红．国际石油合作合同模式的特征及演进 [J]．国际经济合作，2003（1）：50-53.

[155] 孙鹏．我国石油公司国际勘探开发合作选区决策优化研究 [D]．中国地质大学（北京）博士学位论文，2011.

[156] 石惠．中国石油企业国际石油合作问题研究 [D]．对外经济贸易大学

硕士学位论文，2009.

［157］宗芳宇，路江涌，武常岐．双边投资协定、制度环境和企业对外直接投资区位选择［J］.经济研究，2012（5）：71-82.

［158］吴东．战略谋划、产业变革与对外直接投资进入模式研究［D］.浙江大学博士学位论文，2011.

［159］黄益平．对外投资的"中国模式"［EB/OL］. http：//www.ftchinese.com/story/001035955，2010-12-09.

［160］王方方．企业异质性条件下中国对外直接投资区位选择研究［D］.暨南大学博士学位论文，2012.

［161］李一文，李良新．中国企业海外投资风险与预警研究——基于中国非金融对外直接投资案例调查［J］.首都经济贸易大学学报，2014（3）：99-103.

［162］司潮．中国石油企业海外投资风险评价研究［D］.对外经济贸易大学硕士学位论文，2009.

［163］戴祖旭，舒先林．中国石油企业跨国经营政治风险模型论纲［J］.中外能源，2007，12（6）：10-14.

［164］孙洪罡，王来生．基于层次分析法的石油开发项目投资风险评估［J］.大庆石油学院学报，2009，33（5）：107-110.

［165］钟雪飞、陈惠芬．中国石油企业海外投资面临的政治风险及评价［J］.产业与科技论坛，2008，7（11）：59-61.

［166］王琛．海外油气投资视角下的国家风险及其管理研究［D］.中国人民大学博士学位论文，2009.

［167］张意翔．基于ARMA预测方法的中国石油企业跨国并购价格风险分析［J］.工业技术经济，2009（12）：111-114.

［168］韩恩泽，朱颖超，张在旭．基于Fuzzy-AHP的中国石油企业海外投资风险评价［J］.河南科学，2010（2）：235-239.

［169］李玉蓉，陈光海，胡兴中．国际石油勘探开发项目的经济评价指标体系和综合评价［J］.勘探地球物理进展，2004，27（8）：383-387.

［170］钟东桂．海外石油勘探开发项目的投资风险分析［D］.中南大学硕士学位论文，2008.

［171］宋拴臣．巴基斯坦Thar煤田煤质特征及利用研究［J］.煤质技术，2010（2）：4-5.

［172］崔小琳，于萌．煤矿项目投资风险分析方法研究［J］.物流工程与管

理，2010，32（8）：175-176.

[173] 万善福. 煤炭企业风险多级模糊综合评价方法的研究［J］. 中国矿业，
2008（11）：39-42.

[174] 王涛. 煤炭企业战略风险管理研究［D］. 西安科技大学硕士学位论文，
2009.

[175] 宋明智，王立杰. 巴基斯坦塔尔煤田投资风险综合评价［J］. 煤炭工
程，2012（9）：133-136.

[176] 申万，柴玮. 煤炭行业海外投资国别风险评价研究［J］. 煤炭经济研
究，2015（7）：80-84.

[177] 张吉鹏，衣长军. 东道国技术禀赋与中国企业 OFDI 区位选择——文化
距离的调节作用［J］. 工业技术经济，2014（4）：90-97.

[178] 李飞. 中央企业境外投资风险控制研究［D］. 财政部财政科学研究所
博士学位论文，2012.

[179] 李友田，李润国，翟玉胜. 中国能源型企业海外投资的非经济风险问
题研究［J］. 管理世界，2013（5）：1-11.

[180] 翟玉胜. 中国能源海外投资风险管理实证研究——以南苏丹石油投资
为例［J］. 财经理论与实践，2015，36（4）：74-79.

[181] 张留禄. 中国海外投资的风险与防范［J］. 河南大学学报：社科版，
1997（3）：60-63.

[182] 邵予工，郭晓，杨乃定. 基于国际生产折衷理论的对外直接投资项目
投资风险研究［J］. 软科学，2008，22（9）：41-49.

[183] 鲁春雷. 煤炭企业风险识别、评估与防控研究［D］. 西安科技大学博
士学位论文，2010.

[184] 陈枫楠. 能源和地缘政治的互动模型［J］. 世界地理研究，2011，20
（2）：29-36.

[185] 庞昌伟. 国际石油政治学［M］. 中国石油大学出版社，2008.

[186] 马斌，陈瑛. 新形势下中国与中亚的能源合作——以中国对哈萨克斯坦
的投资为例［J］国际经济合作，2014（8）：79-82.

[187] 刘明辉. "丝绸之路经济带"背景下中哈能源合作效应实证研究［J］.
新疆农垦经济，2015（1）：23-29.

[188] 何丹. 中国与中亚能源合作的战略思考［D］. 华中师范大学硕士学位
论文，2007.

[189] 赵炜. 中国与中亚能源合作安全的俄罗斯和美国因素分析［D］. 华中

师范大学硕士学位论文，2012.

[190] 苏华，王磊. 论我国与中亚国家能源合作互补性 [J]. 经济纵横，2014（10）：63-67.

[191] 蒋新卫. 中亚石油地缘政治与我国陆上能源安全大通道建设 [J]. 东北亚论坛，2007，16（3）：62-66.

[192] 张耀. 中国与中亚国家的能源合作及中国的能源安全——地缘政治视角的分析 [J]. 俄罗斯研究，2009（6）：116-128.

[193] 薛君度，邢广程. 中国与中亚 [M]. 社会科学文献出版社，1999.

[194] 郎一环，王礼茂，李红强. 世界能源地缘政治格局与中国面临的挑战 [J]. 中国能源，2012（6）：17-21.

[195] 梁咏. 双边投资条约与中国能源投资安全 [M]. 复旦大学出版社，2012.

[196] 石岚. 中国中亚能源通道与中国能源安全 [J]. 东南亚纵横. 2011（10）：86-89.

[197] 罗英杰. 国际能源安全与能源外交 [M]. 时事出版社，2013.

[198] 王联合. 竞争与合作：中美关系中的能源因素 [J]. 复旦学报（社会科学版），2010（2）：17-24.

[199] 黄晓勇，苏树辉（澳门），邢广程. 世界能源蓝皮书：世界能源发展报告（2014）[M]. 社会科学文献出版社，2014.

[200] 中国能源发展战略研究组. 中国能源发展战略选择 [M]. 北京：清华大学出版社，2013.

[201] 王志乐. 2012 走向世界的中国跨国公司 [M]. 中国经济出版社，2012.

[202] 吴磊. 中国石油安全 [M]. 中国社会科学出版社，2006.

[203] 吴磊. 中国能源安全 [M]. 北京：中国社会科学出版社，2003.

[204] 郭剑波. 构建全球能源互联网具备实践基础和发展条件 [EB/OL]. 新华能源，http：//energy. people. com. cn/n/2015/0930/c71661-27653239. html，2015-09-30.

[205] 周其仁. "控制权回报" 和 "企业家控制的企业" [J]. 经济研究，1997，（5）：31-42.

[206] 国家统计局. 2014 年国民经济和社会发展统计公报 [EB/OL] 新华网，http：//news. xinhuanet. com/2015-02/26/c_127520244. htm，2015-2-26.

[207] 国家统计局. 2015 年中国能源消费同比增 0.9% [EB/OL]. 新浪网，http：//finance. sina. com. cn/roll/2016-02-29/doc-ifxpvutf3673351. shtml？

cre＝financepagepc&mod＝f&loc＝3&r＝9&rfunc＝33，2016-02-29.

［208］王成洋．油价暴跌给中国能源业海外并购创造机会［N］．金融时报，
2014-12-24.

［209］吴莉．石油对外依存度首破60% 液化天然气进口首现负增长［EB/
OL］．中国能源网，2016-02-02.

［210］何亚飞.2016：地缘政治与地缘经济纠结缠绕之年［EB/OL］．观察者
网，http：//news. ifeng. com/a/20160121/47165613 ＿ 0. shtml，2016-01-
21.

［211］安永．丝路扬帆，蛟龙出海：中国对外直接投资展望2015［EB/OL］.
安永官网，http：//www. ey. com/CN/zh/Newsroom/News-releases/news-
2015-EY-Outlook-for-Chinas-outward-foreign-direct-investment-2015，2015-
4-22.

［212］中国出口信用保险公司．国家风险分析报告（2013版）［M］．中国财
政经济出版社，2014.

［213］国家发展改革委外交部商务部．推动共建丝绸之路经济带和21世纪海
上丝绸之路的愿景与行动［R］．中国商务部官网. http：//
fec. mofcom. gov. cn/article/fwydyl/zcwj/201511/20151101193007. shtml，
2015-11-24.

［214］王辉耀，孙玉红，苗绿．中国企业国际化报告（2014）［M］．社会科学
文献出版社，2014.

［215］商务部合作司.2015年与"一带一路"相关国家经贸合作情况［EB/
OL］．商务部网，http：//fec. mofcom. gov. cn/article/fwydyl/tjsj/201601/
20160101239838. shtml，2016-1-21.

［216］梁敦仕．"一带一路"倡议下煤炭产业发展机遇［J］．煤炭经济研究，
2015（7）：10-15.

［217］郭水文．"一带一路"倡议下中国煤炭企业的策略选择［J］．煤炭经济
研究，2015，35（7）：71-74.

［218］胡鞍钢，鄢一龙，姜佳莹．"十三五"规划及2030年远景目标的前瞻
性思考［J］．行政管理改革，2015（2）：13-20.

［219］波士顿咨询公司（BCG）．乘风破浪正当时——中国企业海外并购的势
与谋［R］．中国发展高层论坛（2015）. http：//www. bcg. com. cn/cn/
newsandpublications/publications/reports/report20150323001. html，2015-
3-23.

［220］陆如泉．低油价提升委内瑞拉油气投资系统性风险［N］．中国石油报，
2015-09-15．

［221］姜璐，肖佳灵．中石油苏丹之路的回顾和反思［EB/OL］．共识网，
http：//www. 21ccom. net/articles/qqsw/qqjj/article _ 20140312102220 _
2. html，2014-3-8．

［222］张宇炎．中国对"安哥拉模式"管理政策变化分析［J］．国际观察，
2012（1）：58-64．

［223］夏晓红，康扬洋．神华国华电力印度尼西亚南苏电厂建设发展实现"9
个第一"［EB/OL］．中电新闻网，http：//www. cpnn. com. cn/zdyw/
201504/t20150430_798369. html，2015-04-30．

［224］温青山．国际石油公司发展战略与财务管理［M］．石油工业出版社，
2004．

［225］侯明扬．2014 年全球油气资源并购特点及未来展望［J］．国际石油经
济，2015（3）：24-29．

［226］国务院办公厅．关于印发能源发展战略行动计划（2014—2020 年）的
通知国办发〔2014〕31 号［EB/OL］新华网 http：//www. xinhuanet.
com/energy/zt/nyxgc/16. htm，2014-11-20．

［227］李开孟．石油企业境外投资战略及模式［J］．中国投资. 2012（10）：
78-80．

［228］谢丹阳，姜波．中美对外直接投资表现对比［EB/OL］．FT 中文网，
http：//www. ftchinese. com/story/001042814？ page＝2，2012-01-20．

［229］杨煜．首部《中国企业国际化报告（2014）》蓝皮书发布［EB/OL］．
光明网，http：//economy. gmw. cn/2014-10-29/content _ 13692219 _
3. htm，2014-10-29．

［230］程立茹．中国企业海外并购非经济风险的凸显及防范［J］．工业技术经
济，2006，（6）：72-74．

［231］舒敏，杨坤．中国企业跨国并购的非经济风险及管理策略研究［J］．
湖南财经高等专科学校学报，2008（12）：104-105．

［232］张耀．中国与中亚国家的能源合作及中国的能源安全——地缘政治视
角的分析［J］．俄罗斯研究，2009（6）：116-128．

［233］戴桂菊．中俄天然气合作具有长期性稳定性［N］．中国石油报，2015-
07-07．

［234］安邦咨询东盟团队．安邦东盟：缅甸投资风险报告［EB/OL］．共识

网，http：//www. 21ccom. net/articles/world/bjzd/20150114118991 _ all. html，2015-01-15.

[235] 陈利君. 中巴经济走廊建设前景分析 [J]. 印度洋经济体研究，2014 （1）：107-121.

[236] 姚芸. 中巴经济走廊面临的风险分析 [J]. 南亚研究，2015 （2）：35- 45.

[237] 徐小杰. 低油价 中国该采取什么海外能源战略 [EB/OL]. 新浪网， http：//finance. sina. com. cn/roll/20090504/01416176262. shtml， 2009- 05-04.

[238] 颉茂华，贾建楠，干胜道，焦守滨. 能源企业海外并购：取得了什么 效应？——以兖州煤业并购菲利克斯为例 [J]. 管理案例研究与评论， 2012，5 （6）：447-462.

[239] 国家发展和改革委员会 国家能源局. 推动丝绸之路经济带和 21 世纪海 上丝绸之路能源合作愿景与行动 [EB/OL]. 国家能源局网，http：// www. nea. gov. cn/2017-05/12/c_136277473. htm，2017-05-12.

[240] 王沥慷. 习近平与 "一带一路" [EB/OL]. 17：43：53 中国一带一路 网，https：//www. yidaiyilu. gov. cn/xwzx/gnxw/6339. htm，2017-02-06.

[241] 赵超，安蓓. 习近平出席推进 "一带一路" 建设工作 5 周年座谈会并 发表重要讲话 [EB/OL]. 中国一带一路网，www. yidaiyilu. gov. cn/ xwzx/xgcdt/63963. htm，2018-08-27.

[242] 罗华伟，干胜道. 顶层设计："管资本"——国有资产管理体制构建之 路 [J]. 经济体制改革，2014 （6）：130-134.

[243] 楼继伟. 以 "管资本" 为重点改革和完善国有资产管理体制 [J]. 时 事报告 （党委中心组学习），2016 （1）：44-59.

[244] 程志强. 国有企业改革和混合所有制经济发展 [M]. 人民日报出版社， 2016.